Peaky Blinders

PEAKY BLINDERS
LA VERDADERA HISTORIA

CARL CHINN

Traducción de
Marina Rodil Parra

PRINCIPAL

Primera edición en este formato: enero de 2025
Título original: *Peaky Blinders. The Real Story*

Editado originalmente en inglés con el título *Peaky Blinders: The Real Story* en John Blake Publishing, un sello editorial de Bonnier Books UK.

Diseño de cubierta: Dominic Forbes
Imagen de cubierta: Shutterstock

Publicado por Principal de los Libros
C/ Roger de Flor, n.º 49, escalera B, entresuelo, oficina 10
08013, Barcelona
info@principaldeloslibros.com
www.principaldeloslibros.com

ISBN: 978-84-10424-21-0
THEMA: JKVM
Depósito Legal: B 881-2025
Preimpresión: Taller de los Libros
Impresión y encuadernación: Liberdúplex
Impreso en España — *Printed in Spain*

Las bandas de Birmingham dictaminaron las vidas de sus habitantes durante generaciones, por lo que dedico este libro a esa mayoría de la clase trabajadora que era diligente, respetable y respetuosa con las leyes.

Por poco glamurosas que fueran sus vidas, son ellos los que realmente merecen nuestro respeto.

Índice

Introducción

En 2013, la serie de la BBC2 británica *Peaky Blinders* captó la atención de los telespectadores con su primera escena: Tommy Shelby llega a la ciudad como si fuera un temido forajido del Oeste americano. Mujeres asustadas se apartan de su camino, los niños le lanzan miradas furtivas desde sus escondites y lo único que se oye son las pisadas de su caballo pura sangre. Sin nadie a su alrededor, el jinete se detiene. Sin embargo, no está en el Salvaje Oeste ni es un pistolero, sino un hombre poderoso en las calles del Birmingham industrial de 1919. Vestido de manera distintiva y elegante, con un traje de tres piezas y una camisa con el cuello almidonado, pero sin corbata, resulta una presencia imponente a la par que misteriosa; sensación que se intensifica gracias a la gorra que le oculta los ojos y que se parece a las que llevan los repartidores de periódicos.

Tras un breve encuentro con una respetuosa pareja china ataviada al estilo tradicional, Shelby se aleja lentamente al compás del tema *Red Right Hand* de Nick Cave and the Bad Seeds.[1] Con un sonido metálico y un repiqueteo, una sensación inquietante, un estilo casi siniestro y un ritmo hipnótico de *blues*, la letra es como un presagio que parece haber sido escrito especialmente para Tommy Shelby: *«He's a man, he's a ghost, he's a god, he's a guru»*.* A medida que se abre paso por el lúgubre paisaje urbano, el vapor de agua lo rodea, el humo se escapa por las chimeneas de las fábricas y el estallido de las llamas de una fundición perfora la oscura atmósfera. Veteranos

* «Es un hombre, es un fantasma, es un dios, es un guía espiritual». *(N. de la T.)*

de la Gran Guerra mendigan, otros hombres beben y apuestan al juego de lanzar monedas al aire y dos policías uniformados se llevan respetuosamente la mano al casco ante el «señor Shelby», que sigue su camino por la calle ahondada entre siniestras fábricas.[2]

Este atractivo comienzo marca la pauta de una epopeya de gánsteres maravillosamente rodada, que tiene un toque cinematográfico y se ve reforzada por sus fantásticos decorados, inteligente dirección, clásica producción, peleas a cámara lenta y cautivadoras interpretaciones por parte de famosos actores. Pero, por encima de todo, la historia creada por Steven Knight (originario, a su vez, de Birmingham) resulta interesante por contarnos de esa forma el relato de una temida y peligrosa banda llamada «Peaky Blinders» que gobierna el distrito de Small Heath (Birmingham) tras el fin de la Primera Guerra Mundial. Dicho nombre, que infunde tanto temor, proviene de las cuchillas de afeitar desechables que estos hombres llevaban cosidas a las viseras *(«peak»)* de sus gorras y que, durante una pelea, se quitaban a toda velocidad para cortar y cegar *(«blind»)* a sus enemigos.

Desde su base en el *pub* Garrison, los Peaky Blinders obtienen la mayor parte de sus ingresos a través de las apuestas ilegales y se reúnen alrededor de la intimidante familia Shelby, comandada por el segundo hermano, Tommy, un tipo violento y amenazador al que atormentan las horrorosas experiencias que sufrió durante la Primera Guerra Mundial y que resulta todavía más peligroso porque no teme a la muerte. Aun así, Shelby no es un mafioso ignorante. Es astuto, habilidoso y está motivado no solo por sus ansias de hacerse rico, sino también por una profunda lealtad hacia su familia y el deseo de alejarlos de las zonas pobres y convertirlos en personas legítimas. Pero el camino para lograrlo será tortuoso y, en esta serie dramática, acelerada y dividida en varias temporadas, los Peaky Blinders de Shelby se enfrentarán a otros gánsteres, como los londinenses Billy Kimber, Darby Sabini y Alfie Solomons; se enredarán en asuntos con el IRA y la aristocracia rusa; discreparán con el jefe de policía Campbell, al que enviarán desde Irlanda del Norte para acabar con ellos; se convertirán en los propietarios de las fábricas; plantarán cara a los desafíos de la astuta Jessie Eden, líder de los sindicatos, y sobrevivirán a la misión de venganza de un mafioso de Nueva York llamado Luca Changretta.

Desde el principio, *Peaky Blinders* tuvo un ferviente número de seguidores en Reino Unido y el furor por todo lo rela-

Jessie Eden, de mayor, en una fiesta familiar. De izquierda a derecha: sus hermanas, Nell y May; Jessie Shrimpton, su madre; Walter McCulloch, su segundo marido y la propia Jessie. Aunque no fue una figura destacable del movimiento obrero del Birmingham de mediados de la década de 1920, sí que lo fue unos años más tarde. Además, jugó un importante papel para convencer a las mujeres de que se unieran a los sindicatos. © *Mark Hanson*

cionado con ellos aumentó durante la emisión de las primeras tres temporadas, lo que dio pie a la aparición de ropa, bebidas, bares y *tours* al estilo *Peaky Blinders.* En la actualidad, es un fenómeno mundial que cuenta con varias celebridades entre sus fans y que ha ganado numerosos premios, incluido el BAFTA a la mejor serie dramática en 2015 y 2018. Dichos galardones van de la mano de los elogios de la crítica y han llevado a muchos a declarar que *Peaky Blinders* es el «*Brummie Boardwalk*»,* ya que, al igual que la célebre serie estadounidense *Boardwalk Empire,* es visualmente elegante y dramatiza la figura de personajes históricos de la década de 1920.[3]

Este acercamiento ha desencadenado un aumento significativo del interés del público por los personajes, acontecimientos y lugares reales que la serie ha rescatado del olvido histórico, pues sí existieron un Billy Kimber, un Darby Sabini y un Alfie Solomon y sí se produjo una auténtica guerra de bandas en 1921. También existió una familia italiana en Birmingham que se apellidaba Changretta y una activista laborista llamada Jessie Eden. Además, en los barrios más pobres de Birmingham había corredores de apuestas ilegales durante los años veinte. A su vez, es cierto que mandaron a un jefe de policía desde Irlanda del Norte. Y sí, en Birmingham había *peaky blinders,* pero proliferaron antes de la Primera Guerra Mundial, no después, cuando ya existían no solo una, sino varias bandas. Y lo que es más: estos *peaky blinders* no tenían *glamour* ni eran poderosos gánsteres; eran simples matones de los barrios pobres. Aunque algunos de ellos también eran pequeños delincuentes, la mayoría tenía trabajo y no pertenecía a una banda cuyos mafiosos negocios de alto nivel le permitieran ganarse la vida.

En 1890, el periodista estadounidense Julian Ralph alabó Birmingham y proclamó que era «la ciudad mejor gobernada del mundo». Sin embargo, este núcleo también se conocía por

* *Brummie* es el gentilicio con el que se conoce a los habitantes de Birmingham. *(N. de la T.)*

sus bandas callejeras y por ser uno de los lugares más violentos de Gran Bretaña.[4] Tras la buena imagen de un ayuntamiento admirado por su activismo y socialismo municipal, las vidas de decenas de miles de ciudadanos trabajadores y respetables, que vivían en los barrios más pobres, se echaban a perder por las violentas bandas callejeras.

Dichos grupos no surgieron de la nada. Aparecieron a finales de la década de 1850, cuando el recién estrenado departamento de policía de Birmingham, presionado por la clase media, tomó varias medidas contra los deportes violentos y las apuestas que los jóvenes realizaban al aire libre en las zonas más pobres de la ciudad. Aunque los tipos duros, que se agrupaban en lo que desde 1872 se llamaron *slogging gangs,* se resistieron a la acción policial, no solo atacaban a la policía: se peleaban entre ellos y agredían con crueldad a cualquiera que los hiciera enfadar, fuera cual fuera el motivo y sin importar si era hombre, mujer, joven o mayor. En Mánchester, Salford, Liverpool y Londres también surgieron bandas callejeras similares y, aunque había hombres violentos en todas partes, solo se descontrolaron en estas ciudades y en Birmingham.

Desde 1890, los miembros de estos grupos también se llamaron *peaky blinders,* término que enseguida se atribuiría a los matones despiadados, tanto si formaban parte de una banda como si no. Según el folclore de Birmingham, este nombre se origina con la leyenda de que llevaban cuchillas de afeitar desechables cosidas a las viseras de las gorras, que utilizaban durante las peleas para cortar a sus oponentes y, así, dejarlos temporalmente ciegos por la sangre que les caía sobre los ojos. Con un nombre que despertaba tanto temor, los *peaky blinders* ganaron poco a poco mala fama a lo ancho y largo del país y de la propia Birmingham, donde hay personas que todavía identifican a algún antepasado que formó parte de la banda. Mi familia está entre ellas, ya que mi bisabuelo, Edward Derrick, era un *peaky blinder* y un criminal de tercera generación. Su abuelo paterno era un delincuente habitual al que una vez deportaron a las colonias por robo, mientras que su abuela también era una ladrona convicta.[5] En cuanto al padre de Derrick, lo multaron por golpear con un atizador a un agente de policía que lo había interrumpido mientras discutía con su mujer.[6]

El hermano mayor de Derrick, John, además de ser violento, lideraba una *slogging gang*. En febrero de 1891, a la edad de veinte años, lo acusaron de atacar a un agente de policía que custodiaba a un detenido en Thomas Street (después llamada Highgate Road), en el barrio de Sparkbrook. Al parecer, le tiró un ladrillo junto con otros matones. Cuando llevaron a Derrick ante el tribunal, quedó demostrada su implicación en casi todos los altercados que habían tenido lugar en el distrito y lo encarcelaron y condenaron a trabajos forzados durante seis semanas.[7]

En esa época, mi bisabuelo, Edward Derrick, tenía once años y asistía a la Penn Street Industrial School. Los chicos menores de catorce años debían ir a estas escuelas cuando se suponía que habían cometido algún delito, como mendigar, o si sus padres no podían controlarlos. Con ello se pretendía salvar a estos chicos de su entorno.[8] Sin embargo, esa pretensión se vio frustrada con mi bisabuelo. Aunque no hay pruebas de que, como su hermano mayor, perteneciera a alguna *slogging gang*, al igual que sucedía con otros *peaky blinders*, era un violento ladronzuelo.

En 1893, lo condenaron por vagancia y, en octubre de 1894, lo encarcelaron una semana por robar cinco barras de pan. Semanas más tarde, Derrick, que ya contaba dieciséis años, fue sentenciado a cuatro meses de trabajos forzados por allanamiento de morada. Después, en 1897, lo encerraron cinco meses y estuvo bajo supervisión durante dos años por robar una bicicleta. No llevaba mucho tiempo fuera de la cárcel cuando lo apresaron de nuevo por utilizar lenguaje ofensivo y, poco después, en octubre de 1898, lo encerraron durante doce meses por allanar una contaduría. Se decretó que medía un metro sesenta y uno de alto, que tenía una marca azul en el

Mi bisabuelo, Edward Derrick, en 1895 con diecisiete años, cuando lo detuvieron por allanamiento de morada. © *West Midlands Police Museum*

reverso de un antebrazo y en una de las muñecas y una sirena tatuada en el reverso del otro antebrazo.

Ahora que se había convertido en un delincuente reincidente, Derrick agredió a un policía (acosarlos estaba particularmente asociado a los *peaky blinders)* en 1899. Un año después, lo arrestaron por embriaguez y, en octubre de 1901, bajo el alias de Fredrick Pitt, lo encerraron durante tres años por un delito de lesiones. Por último, en octubre de 1906, fue condenado a dos meses de trabajos forzados por robar un triciclo con cesta de los que empleaban los tenderos y otras personas para transportar sus mercancías.[9] Mi tío abuelo, Bill Chinn, que por entonces tenía catorce años, recordaba haber visto a Derrick y a su hermano Fred con el objeto robado y «birlando un trozo de beicon de la tienda Payne's que había en Ladypool Road esquina con Colville Road».[10] Me explicó: «Yo vendía ejemplares del *[Birmingham] Mail* por allí y vi a Fred Derrick sacar el beicon de uno de los ganchos en los que estaban expuestos. Lo agarró, lo metieron en el triciclo y ba-

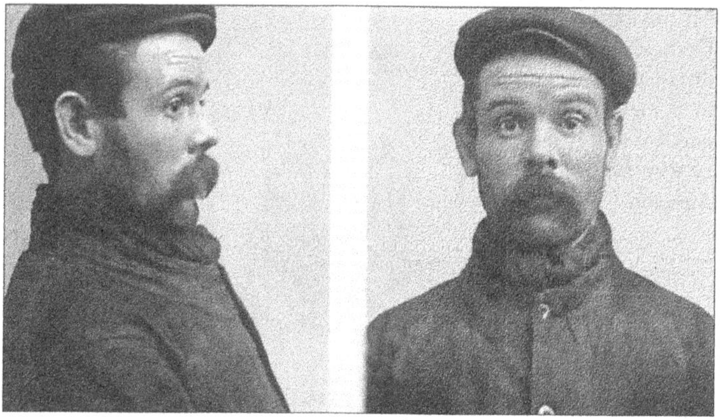

Edward Derrick, en 1906, cuando fue arrestado por robar una carreta. En esta ocasión, el informe policial establece que su estatura es de metro sesenta y tres. © *West Midlands Police Museum*

jaron por Colville Road».[11] A continuación, Derrick vendió el vehículo por ocho chelines (cuarenta peniques) con la excusa de que necesitaba el dinero para pagar a los alguaciles que lo esperaban en casa. Al final, admitió ante el tribunal que «se lo había fundido en cerveza».

Un año después, Derrick se casó con mi bisabuela, Ada Weldon, en la iglesia de Christ Church, Sparkbrook. Declaró que era albañil, aunque en registros previos aparece como sastre y en otros posteriores se autodenominaría chatarrero y trapero. El matrimonio no lo cambió para mejor. Mientras investigaba para mi tesis doctoral a principios de 1980, hablé con Lil Nead, de soltera Preston, cuya familia había compartido con los Derrick y su hija Maisy, mi abuela, el mismo patio interior de las casas adosadas de Studley Street, Sparkbrook. Lil recordaba que Derrick era un violento abusón que, cuando se emborrachaba, a menudo destrozaba su casa y del que su mujer y su hija se escondían, a veces, en el lavadero común o en la casa de la abuela de Lil, Carey, para escapar de sus ataques de ira producidos por la ebriedad. Conocida como la Anciana Carey, no solo la querían todos los habitantes de Studley Street, sino que, al tener, además, varios hijos fuertes y robustos, Derrick no podía perseguir a su maltratada mujer hasta su casa.[12]

En mi familia también se contaba la historia de que mi bisabuela solicitó el divorcio después de que Derrick la abandonara. Yo siempre dudé de ello, porque me parecía que una persona de la clase trabajadora no podía permitirse los altos costes de un trámite como ese. Pero me equivocaba. Tras años de maltrato, se declaró «una persona pobre» como establecían las leyes de la Corte Suprema y se divorció de Derrick en 1922. Los documentos presentados confirman que, desde el verano de 1913, mi bisabuelo no había proporcionado sustento alguno a su mujer e hija y que habían conseguido salir adelante gracias al sueldo de prensadora de latón que recibía ella. Más tarde, en abril de 1915, Derrick la agredió brutalmente y amenazó con matarla en su propia casa, situada en el número 25 de Studley Street.

Seis meses más tarde, Derrick la atacó a puñetazos y le ocasionó varias lesiones. Por entonces, se hizo hincapié en el hecho de que «a menudo se daba a la bebida y utilizaba lenguaje obsceno y abusivo» hacia ella y de que también destrozaba el mobiliario con asiduidad (había hecho pedazos dos de las casas en las que habían vivido). Por suerte, en enero de 1916 abandonó a su mujer e hija y se mudó a Coventry.[13]

Derrick vivió hasta los ochenta y cinco años y murió en Nuneaton en 1964. En cuanto a su mujer, Ada, se supo más tarde que había dejado a Derrick por un hombre mejor.[14] Por desgracia, ella murió de cáncer de estómago en 1925, a los treinta y nueve años.

Yo conocía la existencia de los Derrick desde pequeño, pero no supe mucho de ellos hasta que alcancé la edad adulta. Aun así, han dejado su huella en mí. Mi abuelo paterno, Richard Chinn, era alto, de piel clara y ojos azules. Yo soy bajito, de pelo oscuro, ojos marrones y tez cetrina como lo era mi bisabuelo materno, Edward Derrick, miembro de los *peaky blinders* y un hombre por el que no siento nada salvo desprecio. Era el típico *peaky blinder:* maltratador, ladrón, holgazán, violento..., en definitiva, un rufián. A diferencia de lo que vemos en la serie, no vestían con elegancia, no desprendían encanto, no tenían sentido del honor y la clase trabajadora de Birmingham no solo no los respetaba, sino que más bien se sintió muy aliviada cuando su reinado llegó a su fin.

Su desaparición hacia 1914 se debe principalmente a la fuerte acción policial que inició el jefe de policía de Birmingham, Charles Haughton Rafter, a quien se considera responsable de limpiar los puntos negros de la ciudad.[15] Pero, aunque los *peaky blinders* habían sido derrotados, algunos se unieron para formar la aterradora y feroz Banda de Birmingham, liderada por Billy Kimber. En 1921, se enfrentaron en una guerra sangrienta a la alianza de bandas de Londres —capitaneada por Darby Sabini y que incluía a Alfie Solomon—, por el control de las extorsiones a terceros y de los carteristas que operaban en los hipódromos del sur de Inglaterra. Sin embargo, ninguna de esas «batallas» se luchó en las Midlands o en Birmingham, que, por entonces, ya se había librado de su reputación de zona violenta.

En cuanto al resto de *peaky blinders,* algunos lucharon por su país en la Primera Guerra Mundial y volvieron a casa convertidos en hombres con un mayor respeto por la ley. Con la muerte de los últimos de ellos, la banda pasó a formar parte del folclore local. Algunas personas mayores mencionaban sus nombres, como ocurre con el coco, para asustar a los niños, mientras que otros disfrutaban contando la historia de los peligrosos *peaky blinders* y las cuchillas de afeitar desechables cosidas a las gorras. Se contaba que, en las peleas, el arma se empleaba para cortar las frentes de los enemigos y cegarlos por la sangre que caía sobre sus ojos, lo que les permitía golpearlos.

Poco a poco, incluso esta fábula empezó a desaparecer, pues los hijos y los nietos de aquellos que habían conocido a los integrantes de la banda también murieron. Se podría decir que desapareció hasta que la revitalizaron para una audiencia moderna y más amplia en el fantástico drama *Peaky Blinders.* No obstante, algunos aspectos de la banda difieren de lo que se muestra en pantalla, ya que sus miembros, en realidad, eran unos despreciables sin clase y no merecían respeto alguno. Es cierto, sin embargo, que, a pesar de los detestables que llegaran a ser, en conjunto fueron figuras clave del final de la Birmingham victoriana y principio de la eduardiana. Ignorados o apenas mencionados en los estudios de la ciudad, los *peaky blinders* y los *sloggers* (miembros de las *slogging gangs)* influyeron en las vidas de decenas de miles de personas durante más de una generación, aunque fuera de forma negativa, y mancillaron la reputación de Birmingham. Sus acciones están tan unidas a la ciudad y a su historia como las de sus líderes políticos y sus grandes fabricantes. Esta es, por tanto, la verdadera historia de los *peaky blinders.*

Capítulo 1

Antes de los *peaky blinders:* las *slogging gangs*

BBC News reveló el 12 de septiembre de 2013 una sombría y aterradora imagen del Birmingham de 1919 para promocionar el primer capítulo de *Peaky Blinders.* Bajo el encabezado «Los verdaderos Peaky Blinders de Birmingham», la representación que se hacía de las calles «frías y húmedas de los barrios bajos» era la de una zona gobernada por bandas de cientos de jóvenes armados con cuchillos, cuchillas de afeitar y martillos. Los asesinatos eran abundantes y «los atracos, hurtos y revueltas eran el día a día de los jóvenes miembros de las bandas, que tenían bajo control a toda la ciudad de una forma terrible y sangrienta». La policía hizo todo lo que pudo para frenar esta pesadilla diaria, pero se veía superada en número. Esta violencia grupal había surgido en la década de 1870, explicaba el artículo, cuando cientos de jóvenes luchaban, «a veces hasta la muerte, en trifulcas en masa que duraban horas» para convertirse en los «propietarios» de zonas como Small Heath y Cheapside. De estas primeras bandas callejeras, la más importante y despiadada era la de los Sloggers, o también llamada Cheapside Slogging Gang, que durante treinta años gobernó la zona a base de violencia y extorsiones. También aparecieron muchos grupos rivales, pero se determinó que la más temible que vagaba por las calles de la ciudad del siglo pasado era la de los Peaky Blinders. Tan estilosa como violenta, su escalofriante apodo «derivaba de las cuchillas de afeitar que sus miembros llevaban cuidadosamente cosidas a la parte delantera de las gorras y que empleaban para cegar a sus víctimas».[1]

Sin embargo, la realidad era muy distinta. En 1919, Birmingham no estaba aterrorizada por una guerra de bandas. Los asesinatos no eran abundantes. No había disturbios. Y la banda de los Peaky Blinders no existía. En aquella época, el mejor indicador del nivel de vandalismo de la ciudad era el regreso de los ataques a la policía. Ese año, con una fuerza policial de 1341 efectivos y una población de alrededor de 900 000 habitantes, se produjeron 134 condenas por ese delito, lo que dista de las 557 condenas que llevaron a cabo 685 agentes en 1899 con una población de poco más de 500 000 personas.[2] El descenso fue extraordinario. De hecho, la tasa de delincuencia disminuyó tanto que ni siquiera apareció en el informe anual de 1919 que elaboraba el jefe de policía de Birmingham. Sí que se mencionó, sin embargo, el aumento de las apuestas callejeras, los suicidios y los accidentes de coche, así como la marcada disminución de la delincuencia juvenil, sobre todo en los casos más serios.[3]

A pesar de no constar en el informe, se produjeron 18 asesinatos y homicidios imprudentes entre 1918 y 1920, una media de seis por año. Aunque la Ley de Orden Público se leyó* en Glasgow y en Birkenhead en 1919, y también se produjeron revueltas en Coventry, Bilston y Wolverhampton, entre otras ciudades de las Midlands, en Birmingham no hubo ninguna,[4] a pesar de la agitación y el desorden que sufría la Gran Bretaña de la posguerra, asociados al descontento de los soldados, las huelgas generalizadas, el sectarismo en Irlanda del Norte y los ataques racistas en Cardiff, Hull y demás puertos.[5]

Aun así, Birmingham soportó batallas, revueltas y asesinatos relacionados con las bandas, pero fueron antes de la Primera Guerra Mundial. De hecho, desde tiempo antes de que estallara el conflicto, Birmingham poseía ya una reputación tan

* Las autoridades locales debían leer en voz alta la Ley de Orden Pública cuando se produjera alguna concentración no autorizada y escandalosa de más de doce personas. De este modo, si el grupo no se dispersaba al cabo de una hora, los integrantes serían acusados de haber cometido un delito e incluso podían condenarlos a muerte. *(N. de la T.)*

mala y persistente que, en 1901, el *Birmingham Mail* se quejó en un artículo titulado «El renacimiento de los *hooligans*» de que la ciudad estaba:

> … ganándose a toda velocidad el distintivo de ser una de las ciudades más tumultuosas del reino. No debemos olvidar que ya disfrutamos de esta reputación una vez, pero, puesto que un halagador escritor nos otorgó el título de la ciudad mejor gobernada del mundo, o hemos mejorado a la hora de reconocer nuestros errores o hemos fallado. Es cierto, sin embargo, que los disturbios de Birmingham de hoy, en lugar de ser crónicos, son endémicos. Estallan de vez en cuando en ciertos barrios de la misma forma que lo hacen la viruela y la escarlatina.[6]

Slogging gangs

La mala reputación de Birmingham como ciudad violenta se acrecentó a causa de las *slogging gangs*. Su nombre provenía de la palabra «*slogger*» (persona que da fuertes golpes) y, aunque en su origen era un término pugilístico de la década de 1820, su uso no tardó en extenderse más allá del cuadrilátero.[7] Así, en el transcurso de una sola generación, el término «*slogger*» pasó a identificarse con las temibles imágenes de los matones de las zonas pobres de Birmingham, que se hicieron notar en abril de 1872.

El domingo 7 de abril se informó a la policía de que un extenso grupo de tipos duros se había reunido en el barrio de Cheapside, para gran consternación de los vecinos. Sumaban fácilmente cuatrocientas personas y se hacían llamar la «Slogging Gang». Tras generar grandes disturbios y romper varias ventanas, se trasladaron a la zona de Hill Street, donde «lanzaron trozos de ladrillo y piedras a los escaparates de las tiendas de ultramarinos y las confiterías que había abiertas». Los comerciantes echaron los cierres para proteger sus instalaciones y, aun así, uno de ellos recibió el impacto de un ladrillo y lo llevaron al hospital. Durante un rato, los alborotadores aterrorizaron a los transeúntes, a los que detenían e insultaban. Finalmente, echaron a correr cuando un pequeño grupo de policías se acercó a ellos y otro destacamento los dispersó de camino a Cheapside.[8]

Este estallido de violencia fue el colofón de varias semanas de agitación en las que la policía había recibido «numerosas quejas» sobre la gran cantidad de chicos que se habían reunido para romper escaparates alrededor de Cheapside y Barford Street, cerca del Bull Ring.[9] Los disturbios continuaron tras el primer levantamiento de la *slogging gang*. Tres días después, el miércoles 10 de abril, entre setenta y ochenta jóvenes se congregaron al otro lado de la ciudad, en Northwood Street y Constitution Hill. Armados con palos y bien provistos de grandes piedras, apedrearon con una a un agente y después

El número 33–35 de Cheapside. Aquí fue donde se reunió la primera *slogging gang* en 1872. © Library of Birmingham MS 2724

huyeron hacia Cox Street. Dos de ellos fueron arrestados: John Gibbon, un maquinista de trece años que vivía en Water Street, cerca de los altercados, y Michael Lowry, un pulidor de armas de catorce años que no vivía lejos de Hospital Street; encarcelaron a ambos durante catorce días. El resto de apresados durante la revuelta del domingo también eran adolescentes.

Uno de los magistrados ante los que comparecieron era Alderman Melson, que había sufrido en sus carnes los altercados de ese domingo cuando unos *sloggers* se concentraron frente a su vivienda. El juez salió a la calle y azotó a uno de ellos con una vara de fresno. Después, su hijo los persiguió calle abajo y atrapó al líder, pero se abalanzaron sobre él y volvió a casa cubierto de sangre, con el labio partido y varios cortes en las orejas. Melson declaró que «las molestias que ocasiona el lanzamiento de piedras se está volviendo del todo intolerable y el peligroso estado de las calles de la ciudad pronto servirá de refrán». Cuando alguno de estos chicos declarara ante él, tanto si realmente se lo había visto tirar piedras como si no, estaba dispuesto a tratarlos «con dureza».[10]

A pesar de estas amonestaciones, las bandas no cesaron en el lanzamiento de piedras. La noche de un viernes de junio de 1872, una veintena de jóvenes atacaron a los transeúntes desde la esquina de Great Barr Street con Watery Lane, en Bordesley, al grito de: «Somos la *slogging gang*».[11] Cabe destacar que estaban bien abastecidos, ya que los caminos de muchas de las calles de las zonas pobres estaban pavimentados con lo que llamaban «riñones de piedra»: pedruscos tan grandes como una patata de buen tamaño. Eran de un material muy resistente sobre el que era muy incómodo caminar. Además, debido a que se soltaban de manera continua, eran muy fáciles de recoger.

Dado que las piedras eran un arma sencilla y estaban a disposición de todo el mundo, esta táctica no era exclusiva de las pandillas de Birmingham. No obstante, desde finales de 1860, la práctica se transformó en una anarquía generalizada, producto de los grandes y aterradores grupos de hombres jóvenes que deambulaban por las calles y atacaban no solo la propiedad privada, sino también a miembros de otras bandas, transeúntes inocentes y agentes de policía.[12] En mayo de 1871, el Comité de Observadores, formado por los concejales que supervisaban el cuerpo policial, propuso una posible explicación para este incremento de la violencia en una de sus reuniones. Cada lunes por la mañana, los magistrados se enfrentaban a grandes cantidades de jóvenes a quienes habían llevado ante ellos por lanzar piedras y apostar los domingos. El concejal Lewis creía que una de las causas era la falta de zonas de recreo adecuadas. Debido al Acta de Fábricas, «los muchachos no podían trabajar después de las seis de la tarde y, al no existir espacios de ocio, salían a las calles y arrojaban piedras o jugaban al *bandy*» (un deporte parecido al *hockey* que se juega con una pelota pequeña y, en el caso de los jóvenes de la clase trabajadora, con palos).[13]

Había algo de razón en esta opinión: Birmingham no disponía de ninguna zona para la diversión. El único espacio de acceso público era el parque Calthorpe, en Edgbaston, situado a las afueras y al suroeste de la ciudad en un área de clase media. Estaba muy alejado de las zonas más céntricas y densamente pobladas de la ciudad, como sucedía por el este con el parque Adderley, en Saltley, que, por entonces, rebasaba los límites de Birmingham.

Fidelidad a las calles

No obstante, las bandas callejeras de Birmingham de principios de 1870 no aparecieron de la nada. Había otras razones, aparte de la falta de zonas de recreo, que explicaban el aumento de la violencia y se remontaban a la década de 1840. Una de ellas era un sentimiento de antagonismo hacia el recién formado cuerpo policial y sus intentos por controlar la conducta de los ciudadanos; en el caso de las zonas más pobres, se sumaba la fidelidad a las calles, que eran la sala de estar y el patio de juego de los pobres; a sus gentes las unían las redes de parentesco, la vida en comunidad y las experiencias compartidas. En una nación en la que se negaba tanto a los pobres, estos eran los dueños de las calles.

Aunque se refiere al período de entreguerras, el estudio que realizó Jerry White sobre Campbell Bunk, la calle del norte de Londres más dura de la ciudad, nos ofrece una visión general sobre la emoción que despierta «pertenecer a la calle» y nos traslada al siglo XIX. White percibió que en «the Bunk», la experiencia colectiva más importante que compartían sus habitantes se centraba en la propia calle, gracias a «su cultura popular, las relaciones entre los vecinos y su identidad endémica frente a un mundo más o menos hostil». Además, dicha experiencia también se expresaba a nivel de pensamiento a través de los mismos valores, visión del mundo y formas de actuar.[14]

Las familias pobres eran inherentes a su calle: provenían de ella, les pertenecía y ellos a ella. Las calles de los barrios más desfavorecidos se convirtieron prácticamente en entes vivos que personificaban las cualidades que sus habitantes alababan: la dureza, la habilidad de luchar y un carácter tosco, perspicaz y, sobre todo, franco y natural. Las personas ajenas a ellos no diferenciaban entre los residentes y las calles, ya que eran una unidad indivisible y aterradora para aquellos que no pertenecían a ellas. Por este motivo, los habitantes de Garrison Lane no eran los duros, sino la propia calle. Esa fidelidad se veía acrecentada por la endogamia y la matrilocalidad. En otras palabras: había más probabilidades de que los pobres contrajeran matrimonio con alguien de la misma calle o de alguna cercana, y la mujer prefería vivir cerca de su madre. Estos fenómenos reforzaron los vínculos interpersonales hasta tal punto que, en la zona de Bordesley, Birmingham, se decía de los habitantes de Saint Andrew's Road que «golpeabas a uno y todos cojeaban».

Ese sentimiento de pertenencia despertaba en muchos jóvenes un orgullo que se reflejaba en su propia destreza física y masculinidad e instauraba en ellos la severidad de su calle. Esto generaba peleas con aquellos que pertenecían a otras calles, algo de lo que tenemos pruebas desde 1840 gracias a las interesantes memorias de Dyke Wilkinson, quien nació alrededor de 1835 y vivió desde los nueve años en el Dog and Partridge de Kenyon Street, Hockley, una taberna que regentaba su padre. En 1912 escribió:

> Mi único patio de juegos era la calle. Mi grupo de amigos y yo jugamos cientos de veces a «*pitch back*»,* «*fox and dowdy*»† y «*bear and tender*», entre otros juegos bruscos, en la calzada que había en la esquina de Constitution Hill y Livery Street, un lugar que ahora está atestado de personas (agentes de policía incluidos) que observan los tranvías eléctricos, los taxis y los vehículos de todas clases que pasan por ella. Estos juegos relativamente inocentes terminaban, a menudo, en peleas callejeras, pues si un grupo de muchachos hacía una incursión en una zona enemiga, aquello tenía graves resultados. Creo que nunca hubo luchadores tan empedernidos como los chicos de Birmingham de aquellos días.[15]

La lealtad de los adolescentes hacia sus calles siguió siendo un rasgo distintivo de la vida de los trabajadores pobres hasta bien entrado el siglo XX. Donald Phillips, que vivió hasta los ocho años en una calle del Bull Ring, un área asociada a las bandas callejeras de mitad del siglo XIX, recordaba:

> Todos los chiquillos desde, más o menos, los seis años hasta la edad adulta (que, en 1920, eran los catorce

* Juego que consistía en ponerse espalda con espalda, tomados de las manos, e intentar dar la vuelta al otro chico por encima de la cabeza.

† Juego en el que un niño tiene que atrapar al resto de participantes, que, una vez atrapados, lo ayudan hasta que no quede ninguno. *(N. de la T.)*

> años) debían formar parte de una banda callejera y experimentar la guerra entre calles rivales para creerla. Lo habitual era que cada calle formara su banda —armada con palos, piedras, botellas y demás materiales que tuvieran a su alcance— y después irrumpiera en territorio enemigo. Entonces, se daba la alarma y todos los chicos de la otra calle salían de sus casas a toda velocidad, desesperados, a la vez que agarraban cualquier objeto que les sirviera de represalia. He visto armas hechas con los postes de los tendederos, los escombros de las obras, adoquines…, cualquier cosa que sirviera para el combate.
>
> Las batallas campales debieron asustar a muchos padres y adultos, pues siempre causaban numerosos daños personales y a la propiedad. Todavía tengo algunas cicatrices de aquellos días, incluida una ceja que me partieron con un vidrio. Puede que el chichón que me salió en la frente por una fuerte pedrada a corta distancia haya desaparecido, ¡pero quizá sus consecuencias no! Por norma general, las reyertas terminaban cuando llegaba la policía. Y después, como es lógico, los chiquillos se llevaban collejas de sus padres. Aunque, en ocasiones, si algún desgraciado salía malparado, el tumulto desembocaba en peleas entre adultos, pues los padres y las madres se lanzaban a las calles en busca de venganza.[16]

Mi tío abuelo, George Wood, era un hombre rudo que se convertiría en sargento del 2.º Batallón del Servicio Aéreo Especial británico durante la Segunda Guerra Mundial. Nació en 1915 y creció en Whitehouse Street, Aston, un barrio célebre, por desgracia, debido a la *slogging gang* que se formó allí durante la década de 1880. Él me contó lo siguiente:

> De pequeños nos peleábamos con miembros de otras calles: Avenue Road, Chester Street, Holland Road,

> Rocky Lane… Oh, los de Whitehouse Street éramos los puñeteros gallitos del norte. Éramos Dougie Ayres, Jackie Hunt, Herbert Mortiboy, Bobby Steel, yo y otro puñado de chicos. La gente nos observaba mientras nos peleábamos a puñetazos. Sabían que no nos hacíamos daño. Cuando acababas en el suelo, no podías volver a la trifulca. Nunca vi ninguna patada. Si te tocaba pelear, lo hacías rodeado de un círculo de personas y los policías solo intervenían si alguien resultaba herido.[17]

Al otro lado de la ciudad, en Sparkbrook, Fred Franklin tenía unos recuerdos similares: «Los críos se peleaban con puñeteros listones de madera y postes de los tendederos, entre otros objetos. Librábamos nuestras batallas, unas calles contra las otras». Él era de Chesterton Road pero, «los Studs,* de Studley Street, venían armados con palos y rastrillos para entrar en combate. Eran, sin duda alguna, los reyes».[18] Mi padre, Alfred «Buck» Chinn, fue un niño de Studley Street en los años treinta e insistía en que vivir allí era «muy pero que muy duro, porque siempre tenías que demostrar tu valía». Además, recordaba que, cuando era un niño de siete u ocho años, justo antes de la Segunda Guerra Mundial

> se produjo una gran batalla entre Studley Street y Queen Street que, a mí, como niño, me pareció colosal. Además, nunca olvidaré a uno de los tipos que participó, porque a mis ojos era como un gigante. Tenían postes de los tendederos, que, por supuesto, eran cuadrados, escobas y tapaderas de los cubos de basura, y se pelearon los unos con los otros. Había ocurrido algo en el lugar en el que estaban, que fue la causa del gran enfrentamiento.[19]

* Juego de palabras. *Stud* se refiere tanto a la calle Studley, de la que son originarios estos jóvenes, como a su característica virilidad y fuerza bruta (en inglés, *stud* significa 'macho o semental'). *(N. de la T.)*

Aquel era el único gran altercado que mi padre recordaba, aunque, a medida que fue creciendo, participó cada vez en más peleas con otros jóvenes: «Pero cuando nos enfrentábamos, lo hacíamos siempre hasta el final y con los puños». Estos combates tan justos y limpios, que eran la norma en el periodo de entreguerras, distaban mucho de las peleas con armas de los *sloggers* y los *peaky blinders.* Como también lo hacía la actitud poco agresiva que mostraban los adolescentes de la clase obrera hacia los policías, lo que no solo se manifestó en una caída dramática del número de agresiones hacia los agentes entre 1915 y 1934, sino que también reveló «un cuantioso descenso de los ataques violentos en general». Para ser más exactos, disminuyeron de 240 condenas en 1920 a solo 96 en 1934 con una población de un millón de habitantes.[20]

Syd Hetherington fue uno de los jóvenes obreros que personificó esta actitud menos beligerante hacia los guardias. Nacido en 1919, se crio en la pobreza de una casa adosada de Holborn Hill, Nechells, y dejó claro lo siguiente:

> Existía una curiosa moralidad en aquellas comunidades extremadamente pobres. Engañar, dentro de unos límites, a las autoridades o a las grandes compañías era aceptable, pero robar o causar sufrimiento a tus compañeros resultaba inadmisible. Por eso, existía la ley no escrita entre los niños que jugaban en la calle de que provocar daños a la propiedad de algún vecino debía compensarse. Si se rompía la ventana de alguna casa durante un juego, los participantes hacían una colecta y la ventana se sustituía de inmediato, pero si hacían añicos el cristal de una farola, detenían el juego en el momento y miraban a su alrededor para asegurarse de que nadie, sobre todo la policía, lo había visto. Nuestra relación con los agentes era tan amistosa como la de dos antagonistas, pues su trabajo era impedir que

jugáramos al críquet y al fútbol en la calle y el nuestro era que no nos pillaran. Era casi como un juego en el que la justicia se impartía al momento con un buen tortazo detrás de la oreja. Sin embargo, empeoraba cuando el agente llevaba al infractor ante sus padres, ya que mientras que el agente solo recibía una reprimenda por molestar al progenitor con esas tonterías, el chiquillo recibía una paliza por haber llevado al policía hasta el domicilio familiar.[21]

El problema del *pitch-and-toss*

Las cosas fueron muy distintas desde mediados hasta finales del siglo XIX. Muchos jóvenes de la clase obrera consideraban al cuerpo de policía su enemigo porque imponía leyes que iban en contra de la cultura popular y que habían sido aprobadas en favor de la clase media. Estos órdenes sociales intermedios a menudo consideraban los centros urbanos de la Gran Bretaña industrial —en aumento y cada vez más poblados, como Birmingham— unos lugares terribles. A nivel local, la población pasó de 178 000 personas en 1841 a algo más de 400 000 en 1881. Durante casi todo ese periodo, la mayoría de los habitantes eran menores de treinta años y alrededor del 35 % tenía menos de quince años. Muchas de estas personas estaban hacinadas en un conjunto de barrios pobres de clase obrera que rodeaban el centro de la ciudad y de los que, poco a poco, las clases medias huyeron hacia barrios periféricos más saludables, como el de Edgbaston. Liberados de las normas y del orden de la antigua sociedad paternalista que la aparición de la industrialización, la urbanización y la conciencia de clase habían borrado del mapa, esta joven población era en su mayoría bulliciosa, estridente, menos respetuosa y más aficionada a los deportes violentos y a los entretenimientos ilegales.

Un ciudadano describió en el *Birmingham Journal* la actitud y las preocupaciones de la clase media en noviembre de 1839, unos cuantos días antes de que el cuerpo policial de la ciudad empezara a funcionar. El escritor de dicha carta se oponía enérgicamente a «las prácticas constantes de unos chicos indisciplinados que se congregan en el "descampado" que hay junto a la iglesia de Saint Thomas, especialmente los *sabbat,* para gran descontento de todos los vecinos».[22] Las quejas correspondían, sobre todo, a las apuestas al *pitch-and-toss* y a juegos como el correcalles, las carreras y el *tip-cat.* Para este último —que se jugaba por todo el mundo— solo hacían falta un bate *(tip)* de unos noventa centímetros y un pedazo de madera *(cat)* de unos diez centímetros de largo y afilado por los dos extremos. Este último se colocaba en el suelo, se golpeaba en un extremo para elevarlo en el aire y, en mitad del vuelo, se lanzaba lo más lejos posible con el bate.

El *pitch-and-toss,* por otro lado, se consideraba un problema a nivel nacional, ya que lo practicaban grupos de jóvenes y adultos. Consistía en lanzar peniques hacia una marca en el suelo, y el jugador que más se acercara ganaba el derecho a lanzar todas las monedas al aire y quedarse con las que aterrizaban bocarriba. El segundo de la competición volvía a lanzar las restantes y el proceso se repetía hasta que no quedaba ninguna.

Debido al rápido crecimiento de la población, en Birmingham se edificó la mayoría de los terrenos de la parte antigua pese a que las casas adosadas que predominaban en estos distritos no disponían de jardín. Este suceso solo dejaba disponibles las esquinas y algunas pequeñas parcelas para que los jóvenes se reunieran los sábados, avanzada la tarde, o los domingos, puesto que trabajaban seis días a la semana, y su pasatiempo favorito era el *pitch-and-toss.*

Pese a las peticiones que se realizaron a las autoridades para que intervinieran y detuvieran las reuniones de estos chicos junto a la iglesia de Saint Thomas, no se llevó a cabo ninguna actuación. Como Geoffrey Floy indicó en su estudio sobre la policía de Birmingham antes de la Primera Guerra Mundial, el cuerpo apareció en 1839 y, durante los primeros años, se mostró comprensivo en lo referente a la aplicación de la ley sobre las actividades de la calle.[23] Pero, durante los años siguientes, se animó a los agentes, de manera gradual, a que adoptaran un enfoque intervencionista en todo lo relacionado con las «molestias ciudadanas», como que los chicos nadaran en el canal y que las palomas, los limpiabotas y los vendedores ambulantes bloquearan la vía pública.[24] Esta nueva y estricta forma de vigilancia llegó acompañada de un endurecimiento de las leyes contra las apuestas en las calles. Entre 1820 y 1849 tan solo hubo seis menciones del *pitch-and-toss* en los periódicos locales y solo una de ellas se refería a una condena. Pero, desde finales de 1850, se produjo un marcado aumento de noticias sobre personas que habían sido arrestadas por jugarlo.

A nivel nacional, las clases medias estaban cada vez más preocupadas por las actividades que no se consideraban pasatiempos racionales y que tanto atraían a amplias e indisciplinadas masas de jóvenes de la clase obrera, en especial en los días dedicados a la adoración. En Birmingham, la llamada a la acción contra el *pitch-and-toss* se escuchó en marzo de 1856, cuando el influyente reverendo G. S. Bull de la iglesia de Saint Thomas denunció en la reunión anual de la Sociedad Pastoral Eclesiástica que no se estaba apoyando de ninguna forma al cuerpo policial para que detuviera esas prácticas.[25] Esta situación no tardó en revertirse y, el 27 de septiembre de 1857, el *Birmingham Journal* anunció que se ponía en marcha una «cruzada contra las apuestas en las calles».

Según explicó el artículo, puesto que se habían presentado varios casos ante los magistrados, el estipendiario, el señor Kynnersley, había recalcado que el juego del *pitch-and-toss* «en la vía pública y, especialmente, los domingos, se había convertido en una costumbre y era la causa principal de un gran número de quejas por parte de los ciudadanos». Para apoyar estas declaraciones, debía darse ejemplo con aquellos delincuentes a los que habían pillado in fraganti. A un hombre de carácter bastante dudoso, por ejemplo, lo multaron con diez chelines al sorprenderlo junto a otro hombre que tuvo la suerte de que sus jefes hablaran bien de él,[26] pues ello jugó en su favor ante el magistrado y solo tuvo que pagar una multa de dos chelines por el delito. Aun así, lo castigaron de tal manera que, en el futuro, el resto de los trabajadores «respetables» se mantendría alejado de la policía.

De hecho, parece que el intento de reprimir el juego en las calles fue el catalizador del aumento de los ataques a los agentes y de la aparición de las bandas callejeras que darían lugar a los *sloggers* y a los *peaky blinders*. En 1853, solo aparece en los periódicos de Birmingham un arresto por obstrucción de la vía pública por jugar al *pitch-and-toss*. Un sábado de noviembre, el detective Palmer se tropezó con una muchedumbre de treinta o cuarenta «ladrones», según los describieron, que apostaban a dicho juego en Thomas Street, una parte muy pobre de la ciudad. Tras observarlos a escondidas durante uno o dos minutos, se acercó a ellos, pero «todos huyeron como si los persiguiera una patrulla entera de policías y no un solo agente». En una astuta persecución, Palmer apresó a Joseph Ranford, «un hombre de casi metro ochenta y de una corpulencia proporcional a su estatura»,[27] y no sufrió ninguna agresión.

Por el contrario, cuatro años después, un domingo de finales de abril de 1857, el agente O'Hara conducía a dos «jugadores de *pitch-and-toss*» a la comisaría cuando se produjo un intento de rescate. James Jennings, un huelguista de Well Lane, le lanzó una piedra «que lo golpeó con violencia en la cabeza» y apremió a sus compañeros a que lo imitaran. Aunque el jefe del detenido habló en su favor, se le impuso una multa de veinte chelines más los costes resultantes de un ataque de semejante naturaleza. Si no los pagaba, se enfrentaría a veintiún días de prisión.[28]

Al año siguiente, el 28 de abril de 1858, un titular del *Birmingham Daily Post* conectaba de forma directa las apuestas callejeras con los ataques a la policía. Cuando dos agentes intentaron arrestar a unos hombres por jugar al *pitch-and-toss* de nuevo en Thomas Street, «treinta o cuarenta sujetos de la banda lanzaron sobre ellos una lluvia de piedras gruesas como el granizo». Uno de los agentes apareció en el tribunal con la cabeza vendada debido a las heridas que había sufrido y tres hombres fueron multados pese a que, según se observó, los delitos de apostar en la calle y tirar piedras a los policías eran incidentes que ocurrían casi a diario.[29]

La «cruzada de la policía contra el *pitch-and-toss* en las calles» ganó fuerza y, en septiembre de 1860, se informó de que, desde hacía algún tiempo, se habían presentado ante los magistrados, en un solo día, hasta dieciséis hombres, adultos y jóvenes, acusados de practicar ese «mal» que era de «naturaleza dañina en tantos sentidos».[30] Sin embargo, a lo largo de 1860, las quejas por carta sobre la inactividad de la policía todavía llegaban a los periódicos locales. Una de ellas fue la

Juzgado de Thomas Street, donde unos hombres que jugaban al *pitch-and-toss* acribillaron a pedradas a un par de policías en 1858. Esta era una de las zonas más pobres de la ciudad. © Library of Birmingham, LS 2/1-134

del reverendo H. H. Horton. Un *sabbat* de 1861 se sintió tan ofendido por los vergonzosos actos que sucedían en los terrenos baldíos de la acera de enfrente, al final de Dartmouth Street, que llamó a la comisaría de Duke Street para solicitar su intervención. Puesto que le garantizaron que el problema se solucionaría y no fue así, el reverendo anunció que, tras observar que los juegos de *pitch-and-toss* seguían y haber increpado a varios agentes por no intervenir, no confiaba en absoluto en el cuerpo de policía.[31]

Al tomar en consideración la violencia de la que, a menudo, eran objeto, no debería sorprendernos que varios agentes, sino muchos, se mostraran reacios a enfrentarse a las bandas que apostaban a este juego. Floy señaló que el periodo más turbulento de desorden público abarcó de 1867 a 1880. Durante dicho período, la policía —quizá de manera comprensible—, tardó en reaccionar ante estos brotes a causa de los ataques que sufrían cuando intentaban arrestar a alguien.[32] Además, en esta lucha por las calles de mediados de la época victoriana —durante la que se encargó que se impusieran unas leyes basadas en las actitudes de la clase media—, se veían superados en número. En 1867, la fuerza policial autorizada de Birmingham contaba con 400 efectivos, una media de un agente por cada 813 personas. Ese mismo año se produjeron 465 agresiones a policías.[33]

Como es lógico, no todos los ataques estaban conectados con las bandas del *pitch-and-toss.* En su estudio más importante sobre la delincuencia y los cuerpos de seguridad de Birmingham entre los años 1867 y 1877, Barbara Weinberger expone que, en la década de 1870, «gran parte de la hostilidad dirigida hacia la policía nacía de sus intentos por hacer cumplir las leyes reguladoras de la venta y consumo de alcohol, por su presencia en las inmediaciones de los *pubs* y por interferir en la forma y los lugares en los que bebía la clase trabajadora».[34] Aun así, las reuniones de amplios conjuntos de jóvenes que jugaban al *pitch-and-toss* resultaban intimidantes y potencialmente peligrosas, ya que eran personas preparadas para atacar a la policía en cualquier momento, si estos últimos trataban de parar el juego.

Matonismo en las calles

El aumento de la atención que despertaban los «tipos duros» se asoció con el uso de una nueva descripción para sus actividades: el matonismo callejero. En un principio, este movimiento se identificaba con las bandas de Londres, sin embargo, se empleó por primera vez a nivel local en 1864, cuando tres jóvenes fueron acusados de obstruir el paso y utilizar lenguaje obsceno en la esquina de Cottage Lane con Nelson Street West, en Ladywood.[35] Eran Matthew Boyle, gasista de dieciocho años; Alfred Ellis, zapatero de veintiséis, y John Sheridan, peón de fundición de veintidós. El jefe de policía del distrito declaró que «no pasaba un solo día sin que recibiera cuatro o cinco quejas sobre la deshonrosa conducta de semejantes rufianes», mientras que el estipendiario Kynnersley anunció que los encarcelados pertenecían a «un grupo de hombres que suponían un fastidio insoportable». Tanto Sheridan como Ellis fueron encarcelados durante catorce días y condenados a realizar trabajos forzados, pero Boyle quedó en libertad porque alguien habló en su favor.[36]

Estas sentencias no frenaron la situación y, en julio de 1866, se informó de que «una banda de tipos duros» todavía infestaba Cottage Lane y Nelson Street para el descontento y riesgo de sus pacíficos habitantes.[37] Pero existían bandas territoriales como esta por todas partes. En marzo de 1868, una de ellas —que se reunía a diario en la esquina de Loveday Street con Princip Street, en Gun Quarter, donde perturbaba la tranquilidad del barrio con sus apuestas y palabrotas—, llamó la atención de la policía.

En su esfuerzo por aplicar la ley sobre dichos grupos y ante la posibilidad de despertar reacciones violentas, la policía adoptó una táctica distinta: mandar patrullas más numerosas —incluidos agentes vestidos de paisanos— a aquellos lugares en los que se jugaba al *pitch-and-toss*. En una semana de 1868, «unos cincuenta animales de las calles y vías vecinales, que se divierten y deleitan jugando al lanzamiento de monedas por toda la ciudad, a costa de la tranquilidad ciudadana», fueron llevados a juicio. Rápidamente, los siguieron otros quince, a los que impusieron una multa de dos chelines y seis peniques. Con edades comprendidas entre los doce y los veintidós años, estos jóvenes provenían de distintos barrios del Birmingham de la clase trabajadora entre los que se incluían Bordesley, Hockley, Highgate, el Gun Quarter, Ladywood, Ashted, el centro de la ciudad y Saint Bartholomew (el actual Digbeth).[38]

Los lugares que atraían a los jugadores de *pitch-and-toss* de todas partes de la ciudad se encontraban en el casco urbano. Uno era Edmund Street, que se perdió cuando esta zona se transformó en el distrito civil y financiero. Algo distinto ocurrió con los lugares de reunión que se situaban en los barrios de la clase trabajadora, ya que no se vieron afectados y atrajeron a una gran multitud. De hecho, se cree que las bandas callejeras de Birmingham habrían surgido a partir de estas concentraciones.[39] Una de ellas, en realidad, estaba ya activa en 1870. En abril, un policía detuvo a unos veinte o treinta jóvenes por gritar y blasfemar. Armados con palos y piedras, informaron al agente de que iban a enfrentarse a una banda de Sun Street con la que habían tenido un desacuerdo la noche anterior. Hubo que pedir refuerzos para mantenerlos separados.[40]

Esta banda de Barford Street estaba asociada a una zona donde se jugaba al *pitch-and-toss*. En 1871, un lector de un periódico se quejó de «las vergonzosas escenas que se sucedían en Barford Street, en especial los domingos». Rara vez se veía a un policía haciendo la ronda por la zona y «no solo se trata de bandas de tipos duros jugando al *pitch-and-toss* el *sabbat,* sino que estos matones rebeldes —que no tienen miedo alguno de que los caballeros de azul les hagan una visita porque saben muy bien que no ocurrirá—, rompen ventanas y cometen demás actos vandálicos con los proyectiles que acostumbran a lanzar».[41]

El problema de las bandas fue en aumento y se expandió por la Birmingham de la clase obrera. En 1870, un periódico local apodó a los tipos duros que se reunían en Islington (junto a Five Ways) «Mohawks»,* mientras que, a unos kilómetros al este, se consideró a la banda del barrio de Henrietta Street, en el distrito de Summer Lane, una pesadilla para sus habitantes.[42] En septiembre de ese mismo año, se leyó en voz alta en una de las reuniones del Comité de Observadores (el grupo de concejales que supervisaba al cuerpo de policía), la carta de queja que habían recibido sobre los matones callejeros que bloqueaban el paso en las esquinas de las calles que rodeaban Sandpits. Además, según el autor de la carta, empleaban un lenguaje tan grosero que a las personas les resultaba imposible estar a gusto en sus propias casas. Un cirujano de Exeter Row, a la altura de Smallbrook Street, también estaba preocupado por el peligro que suponían las piedras que lanzaban los chicos hacia el descampado sin vallar que había cerca de su casa; y Alderman Manton observó que, el día anterior, se había llevado a dieciséis muchachos ante el juez por lanzar piedras, entretenimiento que molestaba a los vecinos.[43]

Unos meses más tarde, el domingo 30 de abril de 1871, una banda organizó una revuelta en el Gun Quarter. Y, una vez más, el incidente estaba relacionado con el lanzamiento de monedas. Esa noche, los agentes Falvey y Palmer estaban de servicio en Weaman Street cuando vieron a un grupo de sinvergüenzas apostando. Los delincuentes corrieron hacia un acceso que llevaba a Slaney Street y «se quedaron al final de esta con ladrillos en la mano mientras amenazaban con tirárselos a los agentes si intentaban tocarlos». A la vez que los policías se abalanzaban sobre la banda, uno de los jóvenes lanzó medio

* Mohicanos. *(N. de la T.)*

ladrillo al agente Palmer, pero, por suerte, falló. El agente Falvey atrapó a Edward Lundy, «que era muy violento e intentó zafarse de él». Walter Joyce le lanzó un arma arrojadiza que lo golpeó en la frente y lo dejó sin sentido. Era una herida grave y, mientras el policía permanecía «tumbado en estado de inconsciencia, Lundy le tiró varias piedras». Joyce, de diecisiete años, fue condenado a tres meses de trabajos forzados por agresión violenta y Lundy permaneció en prisión preventiva.[44]

A causa de los altercados del año siguiente, no solo se pasó a utilizar el término *«slogging gangs»*, sino que, como posible respuesta a su proliferación, en 1873 se incrementó en 50 el número de agentes hasta alcanzar un total de 450. Aun así, la proporción todavía era de uno por cada 778 residentes y, ese año, 473 sufrieron algún ataque.[45] El 30 de marzo se produjo «un repertorio de atrocidades en distintas partes de Birmingham». En Rea Street South, una multitud intentó liberar a un hombre de la policía, a la que agredió con piedras. Al otro lado de la ciudad, en Great Hampton Street, unos jóvenes atacaron con barro y piedras a varios agentes y pasajeros de un ómnibus y después se subieron a los tejados de unas casas para lanzar tejas a los policías que los perseguían. En la cercana Newtown Row, varios guardias resultaron heridos cuando una muchedumbre trató de rescatar a un detenido mientras lanzaba piedras, y el mismo método se empleó con otros agentes en Great Queen Street, en el centro de la ciudad. También se reportaron problemas en Aston, donde una banda de sesenta matones «rompía ventanas y golpeaba a transeúntes por la calle» y, el 25 de marzo, quince agentes —que pertenecían al cuerpo de Warwickshire porque, por entonces, Aston se encontraba fuera de los límites de Birmingham— también fueron agredidos a pedradas.[46] A estos *sloggers* de Aston les gustaba juntarse y enfrentarse a otras bandas junto al puente del canal, en Avenue Road.[47]

El 1 de abril, el *Birmingham Daily Post* se lamentaba de que los graves ataques que sufría la policía mientras ejercía sus deberes se estuvieran convirtiendo en una práctica extendida por la ciudad. Estos incidentes sucedían, sobre todo, los domingos, cuando más gente se reunía para jugar al *pitch-and-toss* y cuando «los crueles cobardes daban rienda suelta a la violencia».[48] Diez días después, el periódico se lamentó de las «once semanas de altercados que llevamos sufridas en Birmingham» al condenar una serie de delitos que calificó como «el pesaroso registro de una violencia sin precedentes que ha caracterizado a Birmingham desde hace algún tiempo», y entre los que se incluía una lamentable escena que sucedió en Livery Street, una vez más, en domingo. La policía había tratado de dispersar a unos chicos que se habían juntado en una casa en ruinas, pero estos los recibieron a ladrillazos. Aunque lograron apresar a catorce, «una amplia muchedumbre los siguió hasta la comisaría mientras los abucheaba y les lanzaba barro y piedras». Cuando la furgoneta policial llegó para conducir a los detenidos ante el cargo público de Moor Street y encerrarlos, «una multitud de unas cien personas de ambos sexos la siguieron por Great Hampton Street, Constitution Hill y Snow Hill y la bombardearon con barro, piedras y demás armas arrojadizas».[49]

Las *slogging gangs* estaban cada vez más asociadas con algunas calles a las que los jóvenes atribuían cierta reputación y, además de agredir a la policía y a los espectadores inocentes, también se peleaban entre sí. En marzo de 1873, el *Birmingham Daily Post* menciona que un grupo de jóvenes de la *slogging gang* de Bradford Street había abordado a un miembro de la de Park Street y que, después de apalearlo, lo derribaron y patearon.[50] Ese mismo año, dos agentes se enfrentaron a una de las *slogging gangs* de Little Francis Street, en Duddeston, y declararon que iban armados con porras hechas de un material parecido a la goma y con palos con los extremos de hierro. Otra banda de tipos duros, en Great Tindal Street, Ladywood, fue descrita como «una auténtica pesadilla para el vecindario».[51]

La lealtad a las calles, los esfuerzos policiales por reprimir el juego los domingos y las reuniones de jóvenes en las esquinas fueron los factores clave que condujeron a la proliferación de las *slogging gangs*. Pero estas, según Weinberger —una historiadora pionera en el campo del crimen y la policía—, también formaron parte de una tendencia más extendida. De acuerdo con sus investigaciones, los más pobres y peor representados de la clase trabajadora eran los que expresaban, de forma directa, una mayor hostilidad hacia el cuerpo policial, que no dejaba de aumentar. Asimismo, este sentimiento se debía a la negativa de los gobiernos locales y central de aceptar nuevas tendencias. La pasividad con la que se llevaban a cabo las tareas policiales, pues el orden público se mantenía simplemente patrullando por las calles, estaba dando paso a una manera de actuar más coercitiva y punitiva.

En un intento por imponer la disciplina en la ciudad, la policía se implicó cada vez más con personas a la que, en otras ocasiones, no habrían molestado. Como consecuencia, la tolerancia de la clase obrera hacia el cuerpo de seguridad se redujo y las nuevas iniciativas policiales contra los delitos de conducta, como la embriaguez y el juego en las calles, provocaron una resistencia que dio lugar a un aumento significativo de las agresiones que sufrieron los agentes a lo largo de 1870 en ciudades de toda Inglaterra. En concreto, Weinberger sostenía que las bandas callejeras rechazaban las afirmaciones que hacía la policía al atribuirse el derecho a mantener el orden en los territorios que estas gobernaban.[52]

Aunque los cambios en el mantenimiento del orden público fomentaron el ascenso de las bandas callejeras de Birmingham, muchos de los jóvenes y adultos relacionados con ellas eran sujetos indeseables que arruinaron las vidas de los respetables trabajadores con los que coexistían. Según publicó el *Birmingham Daily Post* el 24 de junio de 1873, a pesar de las duras sentencias que dictaban los magistrados, «el matonismo todavía se impone de manera considerable en Birmingham». En algunas partes de la ciudad, los domingos estaban «monopolizados por los tipos duros que se divierten con el juego, el lanzamiento de ladrillos a las casas, los ataques a los pacíficos transeúntes y el rescate de los prisioneros bajo custodia policial».

Estas zonas también estaban bajo el control de las bandas los sábados por la tarde. Edwin Cook, residente en el 40 de Potter Street, en el barrio de Gosta Green, se encontraba entre los pacíficos ciudadanos a los que asaltaron con gran violencia unos *sloggers.* Este fabricante y pulidor de cañones tomaba el té con su familia durante la tarde del domingo 8 de junio cuando escuchó que alguien tiraba monedas y decía palabrotas en el exterior de su casa. Salió a la calle y vio a varios rufianes jugando al *pitch-and-toss,* a los que pidió que se marcharan. Sin embargo, ellos se mofaron de él y lo insultaron. Joseph French, el cabecilla, lo amenazó al decirle que acabaría con él si se acercaba y sacó una barra de hierro unida al grueso mango de un látigo. Entonces, golpeó a Cook en la frente mientras el hombre se aproximaba con valentía al grupo.

Aunque tenía una gran brecha y la ropa empapada de sangre, Cook agarró a French, que pasó el arma a otro matón que le ordenó que «se tumbara en el… suelo» (los puntos suspensivos del artículo del periódico simbolizan una palabrota). Cook obedeció y el matón huyó. Aun así, el intrépido hombre se las ingenió para sujetar a French hasta que apareció un agente que intentó llevárselo a comisaría, pero fracasó porque la multitud lo liberó. El domingo siguiente, Cook vio a su agresor en York Street y se lo indicó a la policía, que lo apresó tras una astuta persecución. No obstante, mientras el sargento Millard lo escoltaba a la comisaría, «una aglomeración de personas apareció de manera inesperada y lo atacó a pedradas». French aprovechó el desconcierto para quitarse la chaqueta y escapar. Una vez lograron presentarlo ante los magistrados, se lo sentenció a dos meses de cárcel y trabajos forzados por haber cometido un ataque tan grave.[53]

Las bandas inglesas e irlandesas

El ataque a Cook provocó un aumento de la actividad policial y, a principios de julio de 1873, el *Birmingham Daily Post* deseó con optimismo que, ahora que las autoridades se habían percatado de «la gravedad de ese nuevo mal de las calles de Birmingham, el matonismo», este pronto pasaría a ser historia.[54] Sin embargo, su deseo no se cumplió. A principios de febrero de 1874, John «Jacky» Joyce, de quince años, apuñaló en el cuello a John Thomas Kirkham, de la misma edad, al parecer, en un altercado entre las bandas de Park Street y Milk Street. La víctima murió en el hospital y John fue declarado culpable por el tribunal penal de Warwick, que lo condenó, por homicidio premeditado, a pasar un mes en prisión y cinco años en un reformatorio.[55]

Por esta época, el barrio de Milk Street despertaba temor por «estar tan infestado de "rufianes" de ambos sexos que para un policía suponía un peligro "hacer la ronda" solo, pues la muchedumbre le daba caza y lo "echaba de las calles" a pedradas».[56] En las cercanías, los *sloggers* de Barn Street también estaban adquiriendo mala fama, y lo mismo ocurría con la banda de Allison Street.[57] Esta última calle discurría paralela a Park Street y es probable que las bandas de ambas vías fueran la misma. Su «capitán» era Thomas Joyce, hermano de John «Jacky» Joyce.[58]

Nacidos en Birmingham de padres irlandeses, los hermanos Joyce se mudaron al barrio de Park Street en la década de 1870.[59] Según el censo de 1881, no cabe duda de que Thomas Joyce vivía en Park Lane, la continuación de Park Street. Tenía veintiséis años y era hojalatero y agresivo,[60] al igual que su hermano. El viernes 23 de septiembre de 1874, Andrew Toy —un trabajador que hacía tubos de metal y vivía en Bordesley Street— y él se vieron involucrados en una sangrienta pelea con William Smallwood, de dieciocho años y residente en River Street. Tanto Joyce como Toy terminaron en el hospital y aparecieron en el tribunal con las cabezas vendadas. Joyce explicó que, mientras volvía a casa del trabajo con su amigo, Smallwood y una pandilla de unos veinte hombres los habían abordado cerca de Deritend Bridge porque querían saber qué miraban. Entonces, Joyce acusó a Smallwood de agredirlos a él y a Toy en la cabeza con una correa en cuyo extremo había una hebilla que les produjo heridas graves. Toy corroboró estas declaraciones y añadió que a él, además, lo habían atacado con una navaja que después le había arrebatado a Smallwood.

Según el agente Butler, Toy no llevaba ningún cuchillo encima y Smallwood contó al tribunal que solo había utilizado el cinturón cuando «la panda de Allison Street intentó apuñalarlo». Un testigo independiente, el hijo del dueño de una fábrica local, corroboraba esta última versión. Había visto a Joyce y a Toy peleándose con un joven junto al puente y había oído a uno de ellos insultar fuertemente a Smallwood, que no hizo uso del cinturón hasta que sus atacantes sacaron unas navajas. Los jueces decidieron que Smallwood había dado a Joyce y a Toy «una buena paliza, un poco de su propia medicina», en defensa propia y lo liberaron.[61]

Parece ser que tanto esta reyerta como la anterior entre las bandas de Park Street y Milk Street, en la que asesinaron al joven Kirkham, se intensificaron por animosidades étnicas. Park Street y la adyacente Allison Street se consideraban un área irlandesa, mientras que Milk Street, a solo cinco calles de Digbeth, era territorio inglés. Según Weinberger, «las bandas callejeras de 1870 se formaron partiendo, en mayor grado, de una base territorial y étnica más que delictiva, por lo que cada una de ellas vigilaba y defendía sus derechos territoriales de los extraños, fueran estos policías o una banda rival».[62] Philip Gooderson también planteó que, «al menos en la zona de Digbeth, la identidad étnica parece ser uno de los temas claves de principios de 1870, a pesar de que se desvaneció a medida que los irlandeses integraron».[63] Aunque es cierto que algunas de las primeras *slogging gangs* estaban relacionadas con asuntos étnicos, resulta importante recalcar que no surgieron a raíz de la cuestión irlandesa.

Hacia 1871, la población de Birmingham nacida en Irlanda había caído, desde su cénit una década antes, hasta las 9076, lo que suponía el 2,64 % del total de 343 787 habitantes, aunque esa proporción era mayor si se incluía a los hijos de los inmigrantes que ya habían nacido en Inglaterra. Los irlandeses estaban repartidos por toda la ciudad, pero había pronunciadas diferencias en su agrupación. Las familias obreras más pobres de los condados irlandeses de Roscommon y Mayo se asentaron en varias calles de las partes más antiguas e insalubres de Birmingham. Esto implicaba que no había un gueto irlandés de por sí, aunque la mayoría consideraba Park Street como el barrio irlandés. Sus habitantes fueron los que más sufrieron durante las revueltas de Murphy de 1867, cuando el conflicto étnico convulsionó ciertas zonas de Birmingham, y de este barrio surgió una de las primeras y más infames *slogging gangs*. Es probable, por lo tanto, que dicha banda callejera se formara para proteger a los irlandeses tanto de la policía como de los canallas ingleses.

Las revueltas de Murphy se iniciaron el 16 de junio de 1867, cuando los irlandeses de Park Street se unieron para lanzar quejas, silbidos y tirar piedras durante una de las reuniones que había organizado William Murphy, un demagogo y cura protestante célebre, por desgracia, por sus sucios y viles ataques al papa, las monjas y la Iglesia católica. Puesto que, al día siguiente, se desencadenó una trifulca con la policía, una cuantiosa multitud de ingleses atacó Park Street. Los irlandeses se defendieron de esta pandilla de rufianes que, según un observador que simpatizaba con el bando irlandés, estaba compuesta «principalmente por pugilistas, carteristas, verdugos y esos grupos denominados "las clases peligrosas"». Con la ayuda de la policía, esta mal llamada «comitiva del orden» echó a los irlandeses que intentaban proteger su calle y destrozó sus viviendas.

Allanaron y arrasaron casi todas las casas de Park Street. Desprotegidos, los niños y mujeres irlandeses se acurrucaron en las esquinas y se lamentaron por la pérdida de sus pequeños hogares «en un silencio interrumpido únicamente por algún gemido medio desesperado o los sollozos de los chiquillos».[64] Finalmente, el alcalde llamó a los militares del cuartel de Ashted y los magistrados leyeron la Ley de Orden Público, según la cual se autorizaba a la autoridad local a ordenar la disolución de cualquier grupo de doce o más personas que se hubieran reunido de forma ilegal, bulliciosa y tumultuosa. Si no se cumplían los términos pasada una hora desde su lectura, los agentes podían hacer uso de la fuerza para dispersar a la muchedumbre.

Durante las revueltas de Murphy, la policía de Birmingham se vio muy superada en número, pero se la acusó de aliarse con el bando inglés y de convertir en objetivo de arresto a los irlandeses. En su estudio detallado sobre dicha revuelta, Patsy Davis reveló que los 450 agentes especiales que tomaron juramento para apoyar a la policía se convirtieron en meros subordinados de la pandilla inglesa. Además, el jefe de policía de Birmingham, George Glossop, contó que la revuelta del lunes terminó cuando la parte «respetable» de la banda inglesa «se alineó frente a la policía y lanzó piedras a los irlandeses con tanta fuerza que los agentes se convirtieron en los dueños y señores de la calle».[65] Después de que los irlandeses vieran cómo aplastaban sus propiedades, también se los declaró culpables de los incidentes y se los condenó por ellos.

Los disturbios continuaron durante todo el año de 1867. En octubre, una pandilla inglesa marchó sobre Saint Alban, una iglesia anglo-católica, e intentó atacar las zonas irlandesas y las iglesias católicas de Saint Chad, Saint Peter y Saint Michael, que los propios irlandeses defendieron. Las tensiones alcanzaron su punto álgido durante los años siguientes y, el 28 de abril de 1872, tres semanas después de que se hablara por primera vez de las *slogging gangs*, varios agentes dieron con «unos cuatrocientos matones, divididos en dos "bandas": una irlandesa y otra inglesa». John Morris fue arrestado por perturbar el orden público, lanzar piedras e incitar a los demás a que lo imitaran. Tenía treinta y cuatro años y era un albañil de Galway, Irlanda, que vivía con sus padres en Barford Street, una calle arrolladoramente inglesa.[66]

Gooderson descubrió que existían más indicios de este antagonismo étnico en 1874. Ese año, el superintendente Glossop presentó ante el Comité de Observadores una bandera de papel negra y verde con una calavera con dos tibias cruzadas y un trébol que se había encontrado clavada en el viaducto ferroviario de Allison Street, tras una pelea entre bandas rivales.[67] Aun así, la hostilidad entre las bandas inglesas e irlandesas, que vivían unas junto a las otras en el barrio de Digbeth y sus alrededores, se desvaneció a medida que la población de nativos irlandeses disminuía y aumentaban los matrimonios mixtos. Además, mientras que el rencor que sentían los jóvenes irlandeses de segunda generación de Park Street y Allison Street se intensificaba debido a la implicación de los agentes en el saqueo de la primera durante las revueltas de Murphy, lo mismo sucedía con las bandas callejeras de muchas zonas en las que predominaban los ingleses pobres. Era un odio que también extrapolaban a aquellos que testificaban contra los *sloggers* y a los que consideraban «polizontes», es decir, informantes de la policía.[68]

Esto se hizo evidente en una revuelta del verano de 1874, que se formó en la zona de Digbeth y en la que se dice que participaron entre quinientas y seiscientas personas. Unos días antes, un vecino se presentó en comisaría para prestar testimonio por el ataque que había sufrido un agente, delito por el que el culpable fue detenido y sentenciado a seis semanas de prisión. Pero la noche del 13 de julio, un grupo de personas localizó y acosó a dicho testigo, quien, desesperado, buscó refugio en una casa de Bordesley Street que fue apedreada. Aunque una fuerza policial de quince agentes y un sargento siguió los alborotadores hasta Allison Street, cuando llegaron a Coventry Street «se detuvieron porque las piedras que les lanzaba la muchedumbre eran como una fuerte granizada».

La policía detuvo y acusó a cuatro de sus líderes, cuyas edades iban de los veinte a los sesenta y cuatro años. Otras personas, entre las que se encontraba Julia Giblin, una paragüera de quince años de New Canal Street, también fueron acusadas de perturbar el orden público. Este caso de una joven involucrada en el altercado de una *slogging gang* es uno de los pocos que se dieron en la década de 1870, aunque existen otras pruebas de finales de siglo sobre la participación de mujeres en asuntos de los *sloggers* y de los *peaky blinders.* Giblin, al igual que algunos de los arrestados, era de ascendencia irlandesa (aunque entre la multitud también había personas de origen inglés). El concejal Arthur Chamberlain, hermano menor del alcalde Joseph Chamberlain, tenía una fábrica en la zona en la que había ocurrido la revuelta. Como testigo del altercado, no solo habló de la frecuencia con que estos ocurrían en el distrito, sino también de las bandas de Park Street y Mill Street.[69]

La revuelta de Navigation Street

Las agresiones a la policía siguieron, como lo hicieron las peleas entre las bandas callejeras. Una tarde de domingo de marzo de 1875, se informó de que entre cien y doscientos jóvenes se estaban arrojando piedras y trozos de ladrillos en Hall Street, Ashted. Pero eso no fue todo. En Coleshill Street multaron a dos jóvenes con dos chelines y seis peniques cada uno por lanzar piedras y atacar al agente Morley,[70] y, el 7 de marzo de ese mismo mes, se produjeron unos violentos disturbios en Navigation Street a raíz de la detención de William Downes, sospechoso de haber participado en un robo. Lo apresaron dos agentes en la taberna Bull's Head, en Wharf Street, que estaba abarrotada de amigos suyos. Mientras Downes desfilaba por

Navigation Street, «unos matones lanzaron piedras y barro a los agentes y una inmensa multitud se congregó a toda velocidad». El sargento Fletcher acudió en ayuda de los guardias cuando vio que corrían grave peligro e intentó retener a la muchedumbre, que tenía altas posibilidades de rescatar al preso. Sin embargo, una panda de veinte a treinta matones lo rodeó, derribó, aporreó, apedreó y se abalanzó sobre él.

Para entonces, los agentes ya habían llegado hasta la esquina de Suffolk Street, donde vieron que el agente Lines se aproximaba, y uno de ellos exclamó: «¡Por el amor de Dios! ¡Ve a socorrer al sargento Fletcher, lo están matando!». El valiente policía corrió, sacó la porra y acudió al rescate del sargento, que presentaba cortes en la cara y varias heridas en el cuero cabelludo. A pesar de que Fletcher se alejó, los matones rodearon al agente Lines y, como un testigo describió con todo lujo de detalles, «se aferraron a él como las ratas e intentaron derribarlo, pero no lo consiguieron». Aunque él se los quitó de encima, «en el fragor de la batalla, uno de los rufianes le clavó un cuchillo en el cuello, cerca de la oreja izquierda, y Lines se desplomó». Después, los asaltantes lo patearon y golpearon hasta que se corrió la voz de que se acercaban más policías, con lo que la masa se dispersó. El agente Lines fue trasladado al Queen's Hospital de Bath Row, donde falleció el 25 de marzo.

Se arrestó a doce hombres por su participación en la revuelta de Navigation Street, cuyas edades comprendían entre los diecisiete y los veintitrés años, y se hizo evidente que todos eran ladrones convictos que habían causado numerosos problemas a la policía y que varios, además, habían cumplido condena en distintas ocasiones por agredir a los agentes.[71] A uno de ellos, Jeremiah Corkery, «Corcoran», se lo declaró culpable del asesinato del agente Lines y terminó en la horca. Otros cuatro hombres fueron condenados a cadena perpetua por agresión ilegal. Sus nombres eran: John Creswell, Thomas Whalin, Thomas Leonard y Charles Mee.[72] Según una carta que recibió el *Birmingham Weekly News* en 1955, Creswell salió de prisión veinte años después y, en la década de 1890, residía cerca de Broad Street, donde se convirtió en un hombre respetable y trabajador.[73]

Will Thorne, fundador del Sindicato de los Trabajadores del Gas, que nació en 1857 y creció en Farm Street, Hockley, escribió en sus memorias que «siempre había alguna pandilla de tipos duros que buscaban problemas» en la zona de Navigation Street. Al parecer, además de robar en propiedades privadas y atacar a la policía, también ponían en práctica una dura política de proteccionismo. Sin embargo, tras el asesinato del agente Lines ocurrió lo siguiente:

> La acción policial limpió por completo el vecindario, lo que supuso un alivio, sobre todo para los dueños del Teatro Real de Birmingham, que se encontraba junto a Navigation Street y era uno de los sitios favoritos de la banda callejera de esa calle para cometer sus fechorías.
>
> Uno de sus juegos era acercarse al teatro cuando la gente estuviera haciendo cola para entrar. Yo me encontraba, a menudo, entre la multitud y recuerdo que, justo cuando se abrían las puertas, esquivaban a la multitud que esperaba, corrían hacia la platea y se apoderaban de los asientos más centrados. Después, vendían algunas de esas entradas y se quedaban otras tantas para ellos. Hasta que se produjeron los disturbios, ni la policía ni las autoridades del teatro fueron capaces de evitar estas incursiones.

Aunque invadir el teatro y asesinar a un agente de la ley difieren bastante en la escala de violencia, el testimonio de Will Thorne muestra el estado de agitación general de la época y revela la existencia de una atmósfera que se inclinó hacia dicho aumento de la violencia por iniciativa propia. Esta clase de inquietud generalizada no se limitaba a esta zona de la ciudad. A pesar de la desintegración de la banda callejera de Navigation

Street, el resto de las bandas de la ciudad no dejó de arruinar las vidas de los respetables trabajadores pobres y de atormentar a los policías que estaban servicio. El problema era tan grave que, en mayo de 1875, una delegación de Duddeston Ward, la cual creía que no se castigaba a los criminales violentos con la suficiente dureza, se reunió con los portavoces de los magistrados de los distritos para tratar ese tema. Liderados por el concejal Derrington, los miembros de esta delegación indicaron que muchas de las peleas callejeras se habían producido en los distritos de Duddeston, Nechells y Saint Bartholomew. En numerosos casos se habían producido como consecuencia del alcohol, pero, en otros, parecían ser peleas de facciones en las que «se atraía a las fuerzas contrarias al barrio y se producía una melé generalizada». El *Birmingham Daily Post* pensaba que la delegación se equivocaba y aseguró que sus miembros habían ensalzado y transformado todos los pequeños altercados callejeros en brotes de matonismo, afirmaciones que resultaban infundadas como bien demostraban las estadísticas oficiales de criminalidad.[74]

No obstante, este rechazo de la prensa apenas habría servido de consuelo para alguien como Margaret Moran, de veintiún años, fabricante de pequeños objetos de metal y vecina de Navigation Street. Era una de los testigos que habían soportado el acoso y las amenazas tras declarar contra los alborotadores. Y en su caso, además, «temía por su vida» porque la hermana de Corcoran la había apuñalado.[75]

Por el contrario, los jueces sí que se tomaron en serio las quejas de la delegación. Alderman Manton señaló que, de cada seis casos, ni uno solo había acabado en los periódicos, mientras que el estipendiario Kynnersley agregó que, aunque estaba claro que «se habían cometido grandes atrocidades, aquellos que aparecían frente al tribunal tenían poco que ver con los delitos en sí y, a menudo, los llevaban ante él por negarse a ayudar a la policía». Sería una gran injusticia castigar a estas personas como si fueran los responsables, mientras los verdaderos cabecillas apenas aparecían ante los magistrados.[76] Aun así, y tal vez motivado por la delegación y el asesinato del agente Lines, el Comité de Observadores aumentó el número de efectivos en cincuenta hombres para que patrullaran en turnos dobles por las zonas más peligrosas.

Estas acciones y las duras sentencias que cayeron sobre los alborotadores de Navigation Street parecieron surtir efecto pues, en febrero de 1876, el *Birmingham Daily Post* publicó: «Hemos disfrutado tanto tiempo de la inmunidad contra las peleas callejeras en Birmingham que empezábamos a tener la esperanza de que el espíritu bullicioso de ese "residuo" local, por fin, se hubiera refrenado, por no decir que se hubiera desvanecido por completo». Dichas esperanzas se frustraron, sin embargo, cuando se produjo una pelea entre unos matones y la policía en un altercado organizado.[77]

Un año después, se denunció que, durante varios meses, «un extenso número de jóvenes rufianes se había congregado en la esquina de Great Charles Street y se había entregado a lo que vulgarmente se conocía como *slogging*». Se atacaban unos a otros con palos largos, piedras y trozos de ladrillo mientras se mantenían alerta por si aparecía la policía, momento en el que echaban a correr y desaparecían.[78]

A estas alturas, los problemas con los matones en Birmingham recibían una atención no deseada a nivel nacional. En 1877, en los tribunales de Northampton, el juez Hawkins comentó que, «noche tras noche, las calles de Birmingham se convierten en escenas de un salvajismo y una brutalidad prácticamente irrefrenables». A esta declaración la siguió una carta al *Times* en la que su autor buscaba una explicación para la discrepancia que existía entre los elogios que se dedicaban a Birmingham por la perfección de sus instituciones municipales y el amplio número de casos de violencia que acumulaba la ciudad. Dicha carta generó «una acalorada discusión» en una de las reuniones del Comité de Observadores. Los consejeros coincidieron en que esas recientes declaraciones eran un estigma que se había basado en una distorsión de la realidad. Birmingham estaba siendo sometida al ridículo y el menosprecio no solo en cada esquina de Inglaterra, sino también a lo largo y ancho del mundo civilizado. Cada vez que alguien preguntaba «¿qué dice el *Times?*», la respuesta era que en Birmingham los crímenes violentos eran incidentes nocturnos. Como consecuencia, se decidió que el mayor Bond, el jefe de policía, debía escribir al periódico y proporcionarle estadísticas que refutaran dichas alegaciones.[79]

Los líderes de Birmingham realmente valoraban la reputación que habían logrado para la ciudad, tanto a nivel nacional como internacional, por su buena gestión, políticas progresivas y socialismo municipal. Cuatro años antes, en 1873, el ayuntamiento había pasado a manos de los jóvenes miembros del Partido Liberal. Bajo el dominante liderazgo de Joseph Chamberlain, se llevaron a cabo importantes reformas, como la municipalización de las compañías del gas y el agua. Además, como Chamberlain, muchos de los concejales que lo apoyaban eran inconformistas,* representaban a los grandes fabricantes y, aunque tenían relación con las personas más cualificadas y con empleo estable de la clase trabajadora, sus vidas eran radicalmente distintas a las de los pobres en todos los sentidos: tanto en temas de vivienda, economía, educación y aspiraciones en la vida como de discurso, actitud y creencias. De manera que los pobres quedaron al margen del nuevo concepto cívico de Birmingham.

Como remarcó Weinberger de manera acertada, la postura que tomó el ayuntamiento de negar las acusaciones de desorden, junto con la falta de acciones decisivas por parte de los magistrados, «señala claramente que la actitud de las autoridades con respecto a los alborotos de ciertas áreas de la ciudad, importaba a poca gente más que a los habitantes de dichas zonas». El trabajo de esta historiadora se centraba en la

* Nombre con el que se designa a los miembros de la iglesia anglicana que no se muestran de acuerdo con todos sus mandatos. *(N. de la T.)*

llamada «clase criminal», sobre la que, según sus conclusiones, la élite urbana implementó una estrategia de exclusión, puesto que no representaba «una amenaza política real y cumplía una decreciente función económica».[80] Estos comentarios tan esclarecedores podrían aplicarse sobre los jóvenes más pobres en general. Su exclusión de la entidad ciudadana fue otro de los factores que contribuyeron a la expansión de las bandas callejeras en la Birmingham de 1870; una década, por lo demás, considerada como un período positivo durante el cual la ciudad se modernizó y avanzó.

Los *sloggers de Aston*

La violencia callejera se extendió por los distritos de la clase trabajadora de Birmingham y, en 1878, se contabilizaron 478 ataques a la policía. A lo largo de los próximos años, esa cifra descendió de forma notable hasta solo 279 agresiones en 1883,[81] lo que pudo deberse a una estrategia más cautelosa por parte de los agentes de servicio hacia las personas que jugaban los domingos. En realidad, las acusaciones hacia estos individuos parecían haber caído en picado y los arrestos que se realizaban eran de chiquillos más que de jóvenes.[82] Esta nueva actitud de la policía la sugirió un residente de Aston, que escribió que el juego del *pitch-and-toss* en el barrio de Kensington Street era una molestia intolerable por culpa de una panda de matones. Sin embargo, cuando se destinó a varios agentes de policía a Porchester Street para vigilar que no hubiera ninguna agresión hacia los miembros del Ejército de Salvación, no se encontró ni rastro de los jugadores.[83]

La edificación de los terrenos baldíos de Birmingham también tuvo un efecto temporal en el descenso de los arrestos por jugar al *pitch-and-toss.* Con la pérdida de esos grandes espacios, los lanzadores de monedas se concentraban los domingos en grupos más reducidos y en calles más secundarias de los barrios obreros.[84] Esta práctica continuó hasta la década de 1920. De hecho, mi abuela, Lil Perry, y otros jóvenes dedicaban las tardes de los domingos a observar a los hombres que salían de los *pubs* —como el Albion, en la esquina de Whitehouse Street y Aston Road North—, que «lanzaban peniques hasta que aparecía la policía y salían corriendo».[85]

Tal vez la policía no actuara con más cuidado solo con los círculos del *pitch-and-toss,* sino también con las *slogging gangs,* pues las denuncias disminuyeron a principios de 1880. Sin embargo, cualquiera que tuviera la esperanza de que hubieran desaparecido para siempre estaba equivocado. En junio de 1882, las bandas de Harding Street y Whitehouse Street se pelearon cerca de Miller Street. El *Birmingham Mail* informó de que, «al parecer, el suceso ha surgido de la nada, motivado por la existencia de un grupo de rufianes que se juntan y se hacen llamar a sí mismos *"slogging gangs"*. Los individuos reúnen a partisanos de ciertas calles y se pelean, lo que, en numerosas ocasiones, provoca lesiones considerables». Y ese fue el caso de esta reyerta. Thomas Dan recibió un golpe en la cabeza con un ladrillo, cayó al suelo y lo patearon mientras yacía inmóvil. Esta agresión no terminó hasta que lo golpearon con un bloque de hierro que le rompió el cráneo. Terminó inconsciente, con una fractura abierta de cráneo y un brazo y un pulgar rotos.[86]

Ese mismo año, una pandilla causó problemas en la esquina de New Canal Street con Fazeley Street y, como consecuencia, los periódicos anunciaron la vuelta de las *slogging gangs.*[87] El jefe de policía, el señor Farndale, apaciguó al Comité de Observadores y les aseguró que, aunque se habían presentado algunas quejas sobre la prevalencia de las llamadas *slogging gangs,* la mayoría de los apuñalamientos se producía en los patios de las casas adosadas o en residencias privadas.[88] Esta desdeñosa observación apoya la teoría de Weinberger de que los ataques a las personas más pobres solo interesaban a sus vecinos.

El interminable problema de los *sloggers* se hizo evidente en 1884, cuando se denunció que varios jóvenes se tiraban piedras los unos a los otros en Summer Lane, y, dos años después, cuando las *slogging gangs* de Aston salieron en los titulares.[89] En julio de 1886, los agentes Dawson y Houghton escoltaban a Alfred Simpson de Whitehouse a la comisaría, «cuando una panda de matones se abalanzó sobre ellos mientras los agredían con piedras y se comportaban con mucha agresividad». Los guardias se vieron obligados a buscar refugio en una tienda y, una vez dentro, Simpson se acercó al agente Houghton y le dijo «"te la tengo jurada" y, de inmediato, una de las piedras que volaban en todas direcciones lo golpeó en la nuca»; además, una persona que pasaba por allí se desmayó a causa de una pedrada y un taxi la llevó a casa.

En el tribunal se señaló que Simpson era miembro de una de las *slogging gangs* que infestaban Aston Road, Whitehouse Street y los barrios de los alrededores. De hecho, «raro era el día en que los chicos de la banda de Aston no se encontraban con otra e iniciaban una batalla campal armados con piedras y trozos de ladrillo». El problema era tan grave que se pusieron en activo más agentes. Simpson, que pertenecía a una familia con mala reputación, fue condenado a veintiún días de prisión y trabajos forzados.[90]

Un mes después, el miércoles 18 de agosto, el superintendente Walker relató ante el juzgado de instrucción que el domingo anterior «se produjo una grave pelea, entre la *slogging gang* de Aston y otra banda, que se extendió por Rocky Lane hasta casi llegar a Aston Cross». Hacia las cinco de la tarde ya había dos mil personas involucradas, incluidos chicos de entre trece y dieciséis años y hombres adultos, todos armados con cinturones pesados, palos y trozos de ladrillos que lanzaban por todas partes. El alboroto fue tan generalizado que la policía de Birmingham envió refuerzos a los límites del barrio y ordenó al resto de efectivos disponibles en Aston que acabaran con la pelea. Aun así, solo se detuvo y acusó a dos hombres de entre toda la multitud.[91]

Las *slogging gangs* más próximas a la de Aston eran las de Nechells, que se centraba en Charles Arthur Street, y la de Duddeston, concentrada en Great Lister Street y Cromwell Street. También existían en el área de Digbeth, como la de Oxford Street. Además, hacia octubre de 1888, se temía que el número de matones fuera en aumento de forma seria, tanto en Birmingham como en Aston, ya que había pruebas de que algunas pandillas se estaban organizando de forma superficial.[92] Charles Frith, un fabricante de ejes para carruajes y vagones de diecinueve años y residente en Cromwell Street, fue nombrado el «rey» de la banda de Charles Arthur Street cuando lo acusaron de un delito de lesiones, mientras que la Aston Slogging Gang estaba relacionada con el chantaje.[93]

Según los artículos de los periódicos de septiembre de 1888, esta última tenía un seguro obligatorio, que financiaban en conjunto los miembros de la banda para pagar las multas. Sin embargo, los magistrados pusieron en jaque este «programa de seguros» cuando encarcelaron a todos los miembros de la banda, a quienes se condenó sin opción a fianza. Como respuesta, los rufianes idearon otra estratagema: recolectarían el dinero para beneficio de cualquier miembro que acabara de salir de prisión. Con este afán, Simpson y otros hombres de la banda de Aston «visitaron a un residente de su calle y le solicitaron que se suscribiera a la reserva de fondos, pero, cuando este rehusó, lo golpearon de inmediato en la cabeza con las hebillas de los cinturones». Simpson fue arrestado y enviado a prisión durante dos meses.[94]

La infamia de los *sloggers* de Aston se acrecentó en febrero de 1889, cuando se acusó a cinco de ellos de atacar a la policía en Birmingham. Identificados como miembros de la banda de Whitehouse Street, estos individuos tenían asuntos pendientes con un tipo de Digbeth, y una noche de sábado fueron con más hombres a ajustar cuentas con él. Dos agentes vieron a William Greening y a Frederick Robinson mientras se quitaban el cinturón, corrían por Digbeth y atacaban a un desconocido a la vez que Greening gritaba: «¡Así nos las gastamos en Whitehouse Street! ¡Tomad lo que es bueno!». Uno de los agentes lo apresó, pero se puso tan agresivo que el guardia se vio obligado a llevárselo al interior de una panadería cercana. Desde dentro, Greening exclamó: «¡Dadles una paliza, muchachos! ¡No paréis! ¡Acabad con estos hijos de...!» (en estos casos, los puntos suspensivos simbolizan una blasfemia). Entonces, golpeó al agente varias veces en la cabeza mientras Robinson lo pateaba.

Los miembros que estaban fuera lanzaron varias piedras. Entre ellos se encontraba John Coley, que vociferó: «¡Vamos, chicos de Aston! ¡Démosles bien a estos...!». Siete u ocho se quitaron el cinturón y atacaron a varios policías. El estipendiario declaró que estos disturbios eran una desgracia para una ciudad civilizada y que, si la ley tenía la oportunidad de acabar con ellos, debía hacerlo. Coley y un tal Frederick Gibbs fueron sentenciados a dos meses de prisión y trabajos forzados; y Greening y Robinson tendrían que pagar cada uno una multa de veinte chelines más costes o, de lo contrario, pasarían un mes en la cárcel también con trabajos forzados.[95]

Daba la sensación de que los *sloggers* de Aston estaban desatados. En febrero de 1889, James Casey agredió de forma violenta, junto con otros hombres, a tres policías. Lo condenaron a dos meses de prisión con trabajos forzados por cada uno de los ataques, pero, mientras se lo llevaban del banquillo de los acusados, informó a los magistrados de que «haría la vida imposible a los "polizontes" cuando saliera». Ante esta amenaza, los magistrados pidieron que se lo devolviera al banquillo y aumentaron su pena un mes más. Casey, impertérrito, anunció entonces: «Eso solo son siete meses y quince días, y sé que no podéis condenarme a más de doce meses, así que cumpliré lo que he dicho».[96]

La ferocidad con la que los *sloggers* atacaban a la policía quedó patente en julio de 1889. Ese mes se informó al juzgado de instrucción de Aston de que George Guy, un obrero, había derribado al agente Payne de un fuerte golpe. Cuando este se puso en pie de nuevo, Guy, Joseph English y William Perkins lo patearon y sacudieron brutalmente. Además, mientras forcejeaba desde el suelo, le robaron el silbato y el brazalete y le quitaron el casco. Por fortuna, los agentes Lander y Griffiths acudieron en su auxilio y, como para entonces ya se había congregado un numeroso grupo de gente, un tal William Haywood prestó su ayuda a los policías. Fue el único en hacerlo y, como prueba, habló no solo a la brutalidad de Guy, sino también de la indiferencia de la gente, que no se había molestado en socorrer a aquellos agentes a los que estaban utilizando como «pelotas de fútbol». Haywood también colaboró en el traslado de los tres detenidos a comisaría. Uno de ellos se puso tan agresivo que lo arrastraron a la fuerza. El superintendente Walker declaró que los apresados eran los peores tres sinvergüenzas de Aston y que era imposible mantener a hombres buenos en el cuerpo debido a la «brutalidad de tipos como aquellos, que eran prominentes miembros de la *slogging gang*».[97]

Solo otras pocas ciudades tenían problemas como los de Birmingham y Aston. Liverpool tenía a los *cornermen;* Mánchester y Salford a las *scuttling gangs;* y, en Londres, las bandas callejeras existían desde, al menos, la década de 1880.[98] Se considera que los *scuttlers* fueron la primera banda juvenil de culto de Gran Bretaña, pero tendrían que haber compartido esa denominación con los *sloggers.* Los dos grupos de jóvenes se unieron a bandas territoriales; luchaban de forma agresiva los unos con los otros, lanzaban piedras a sus enemigos y utilizaban cinturones en las peleas. Tras una exhaustiva investigación, Andrew Davies destaca en su libro sobre las bandas de Mánchester y Salford un artículo de Alexander Devine titulado *Scuttlers* y *Scuttling,* que se publicó en 1890 en el *Guardian,* donde su autor explicaba el uso de los cinturones como arma:

> La parte más peligrosa del cinturón es la hebilla, que está hecha de latón y, en general, mide unos siete cen-

> tímetros y medio de diámetro, aunque las he visto tanto más grandes como más pequeñas. Para emplearlo en las peleas, los *scuttlers* abrochan un extremo de la correa al de la hebilla y, después, envuelven la mano con la correa desde la muñeca, agarran el cuero y dejan entre veinte y veinticinco centímetros sueltos que sirven de arma. Las vueltas que le dan alrededor del brazo son lo que impide que se lo arrebaten durante las peleas.

La única diferencia entre los *scuttlers* y los *sloggers* era que los primeros llevaban zuecos con puntas de latón y los otros preferían las botas con puntas de acero.[99] Hacia finales de 1880, las *slogging gangs* causaron problemas tanto en Birmingham como en Aston. Los periódicos informaban a menudo sobre los lanzamientos de piedras, las agresiones y los ataques que llevaban a cabo las *slogging gangs* de Nechells,[100] Floodgate Street,[101] Allison Street, Milk Street y Charles Henry Street, sin olvidar las de Blucher Street y Legge Street.[102] Como cabía esperar, las bandas de Aston y Birmingham no solo gozaban de mala fama a nivel local, sino también nacional. En 1882, el *Sheffield Daily Telegraph* informó de forma sarcástica de que «la última aportación de Birmingham a las instituciones de nuestro país son las *"slogging gangs"*. Aunque su nombre no es demasiado atractivo, las describe a la perfección. Sus miembros son unos matones que es posible que se denominen así porque sus modales carecían de la gentileza que a uno le proporciona creer en los valores del derecho a la propiedad y el carácter sagrado de la vida».[103] A partir de 1890, los *sloggers* y las *slogging gangs* pasaron a conocerse también por otro nombre que gozaría de una reputación aún peor: los *peaky blinders*.

Capítulo 2

La ciudad de los *peaky blinders*

Gorras planas y cuchillas de afeitar

A pesar de ser una persona planificadora y reflexiva, Tommy Shelby también es un temible combatiente. Lo deja claro en la primera temporada de la serie tras enfrentarse a los Lee, la familia de gitanos romaníes, en la campiña. Cuando tres de ellos se mofan de Arthur Shelby, Tommy, enfurecido, se acerca a ellos con gesto amenazador y exige saber si se ríen de su hermano. Ellos dan un paso al frente para encararse con él, pero no le responden, lo que alimenta su ira. Entonces, uno de los Lee insulta a la madre de Tommy.

Iracundo, Tommy se quita la gorra de estilo repartidor de periódicos por la parte de atrás, pues de la rígida visera asoman varias cuchillas de afeitar desechables. En una escena de lucha realzada por la cámara lenta, Tommy desliza la visera por encima de los ojos del Lee que le ha ofendido y le hace unos cortes. Cegado por el dolor y la sangre de la herida, el romaní cae al suelo de espaldas y se cubre la cara con las manos. Entonces, Arthur raja a toda velocidad a otro de los Lee y, junto a su otro hermano, John, los Shelby patean y propinan cabezazos y puñetazos a los hermanos gitanos, que terminan magullados en el suelo.[1]

En 2013, el creador y guionista de la serie, Steven Knight, explicó que llamó a la serie *Peaky Blinders* porque, a principios del siglo xx, «los jóvenes gamberros de Birmingham colocaban cuchillas de afeitar en sus gorras y de ahí salió su nombre». Tras la Primera Guerra Mundial, «estos chiquillos problemáticos se organizaron cada vez más y dieron lugar a los Peaky Blinders».[2] Esta explicación se ha colado entre las reseñas y ha llegado a aceptarse como una realidad histórica. Por ejemplo, en septiembre de 2013, John Crace escribió que la serie «se basa en una banda que existió en la vida real (cuyo nombre procede de las cuchillas de afeitar que escondían en sus gorras para cegar a la gente), que operaba en la Birmingham de después de la Primera Guerra Mundial, por lo que supongo que hay cierta verdad en la representación que hacen de la ciudad: un bastión sin ley gobernado por bandas de veteranos, curtidos y traumatizados, que han vuelto de las trincheras armados hasta los dientes».[3]

Pero, después de 1918, Birmingham no era un bastión sin ley gobernado por bandas de veteranos curtidos y traumatizados y no existía ninguna banda llamada Peaky Blinders. Ese nombre, en realidad, era un término genérico que se empleaba para designar a los matones de la ciudad. Se había vuelto popular desde, al menos, 1890 y, en su origen, se intercambiaba indistintamente con el de *slogging gangs* cuando se quería nombrar a cualquier miembro de una banda de la época. Además, no existía ninguna prueba de que las bandas de *peaky blinders* reales cosieran cuchillas de afeitar desechables a las viseras de sus gorras planas para utilizarlas como armas. Lo cierto es que el nombre provenía de la forma en que se colocaban la gorra: con la visera *(peak)* inclinada hacia un lado de la cabeza, que prácticamente les cubría o cegaba *(blinding)* uno de los ojos. Aun así, en su apogeo, los *peaky blinders* de la vida real fueron tan brutales y agresivos como sus equivalentes en la ficción, a pesar de que sus armas eran hebillas de cinturón, piedras, cuchillos, porras y botas. Todos estos utensilios formaban parte de su vestuario, estaban a mano o eran baratos y fáciles de conseguir. Aunque alguna de las bandas realizaba pequeños chantajes a cambio de protección, en general eran desorganizadas y les preocupaba más pelearse que ganar dinero de forma ilegal. Y lo más importante: no eran glamurosas; sino viles y despiadadas.

Su final llegó antes de la Primera Guerra Mundial gracias a la fuerte acción policial que capitaneó el jefe de policía de Birmingham, Charles Haughton Rafter. Al igual que el inspector jefe Campbell —convertido después en mayor—, que aparece en la primera temporada de la serie, Rafter también era un protestante norirlandés. Sin embargo, mientras que el primero es agresivamente puritano, el segundo se había ganado el respeto de los nacionalistas irlandeses y tenía un ayudante católico, Michael McManus. Además, gracias al apoyo de los numerosos habitantes de los barrios pobres que respetaban las leyes, a unas condenas más severas, a la creciente popularidad de las asociaciones de fútbol y a la aparición del boxeo como deporte reglamentario, Rafter y sus hombres se libraron de los *peaky blinders* y convirtieron Birmingham en una ciudad más pacífica.

El mito de las cuchillas de afeitar

En el folclore, la mala reputación de los *peaky blinders* se magnificó por la naturaleza de su nombre, que llevaba implícitas referencias al gansterismo, la violencia y el temor. El mito de que cosían cuchillas de afeitar desechables a las viseras de sus gorras planas para cortar a sus enemigos en la frente y que la sangre les goteara sobre los ojos y los cegara apareció, en realidad, una generación después de que los *peaky blinders* y las *slogging gangs* desaparecieran, y se cree que lo empezaron los periódicos o, al menos, ese fue el medio por el que se extendió. La primera mención del uso de una gorra como arma es de 1929, cuando el *Warwick and Warwickshire Advertiser* rindió homenaje a James Ravenhall, el ayudante del jefe de policía del condado, por su jubilación. Había servido como sargento en Aston en 1892, lugar en el que, entre los *peakies,* demostró tener aptitudes para el trabajo de detective, Además, regresaría más tarde a dicho lugar convertido en inspector. Para explicar a sus lectores qué eran los *peakies,* el periódico declaró lo siguiente:

> [...] también se los conocía como *peaky blinders,* nombre que adquirieron en virtud de su peculiar tocado. Eran unos personajes violentos que llevaban una gorra con visera inclinada sobre un ojo. Esta contenía, a menudo, un pedazo afilado de metal que podía convertirse en un arma terrible. Sobre el otro ojo llevaban un rizo de pelo cuidadosamente amansado. Vagaban de un lado a otro en bandas rivales conocidas como *«slogging gangs»* y sus armas de ataque principales eran pesados cinturones con enormes hebillas. Cuando una banda entraba en conflicto con otra, con frecuencia resultaban terriblemente heridos. El señor Ravenhall recuerda ver el suelo de la comisaría encharcado de sangre cada vez que arrestaban a un *«peaky blinder».* Otro rasgo peculiar de su atuendo eran las enormes campanas de sus pantalones.[4]

Estas palabras eran las del periódico, no las de Ravenhall. Ese mismo año, el *Daily Mail* declaró que hubo un tiempo en que se conocía a Birmingham como «la ciudad de las noches espantosas»; el hogar de los *peaky blinders* y su «ingeniosa costumbre de llevar láminas de acero en las viseras de las gorras con las que alegremente se lanzaban sobre los ojos de sus víctimas».[5]

Una década después, en abril de 1939, en un artículo titulado *Belt and Buckle Days. Saga of Birmingham's Peaky Blinders ('Los días de la hebilla y el cinturón. La saga de los* Peaky Blinders *de Birmingham'),* el *Birmingham Mail* observó que «la vestimenta de los gánsteres estaba coronada con una gorra de tela ordinaria, salvo porque poseía una visera reforzada. Un movimiento repentino de la cabeza con este arma puesta era capaz de iniciar una pelea y, con mucha frecuencia, terminarla en ese mismo instante».[6]

A finales de 1950, la historia de que los *peaky blinders* esgrimían las gorras como si fueran armas tomó impulso gracias a la campaña que el destacado y polémico Norman Tiptaft difundió contra lo que él percibía como un aumento de los delitos violentos en Birmingham. En sus días de alcalde, se lo conocía como «el justiciero extraordinario», título que le venía como anillo al dedo debido a su participación en el Comité Nacional de la Liga Antiviolencia, de la que fue fundador y donde defendían que se dictaran sentencias más duras sobre los delincuentes violentos.[7] Por eso, entre 1957 y 1961, Tiptaft envió varias cartas a los periódicos en las que solicitaba que algunos casos de violencia se castigaran con el látigo. Y, para apoyar esta idea, trajo a la memoria:

> [...] los días de principio de siglo, cuando los jóvenes *«peaky blinders»* agredían a la gente con las cuchillas de afeitar que portaban en las viseras de las gorras. Los jueces municipales y los magistrados los multaban con cinco y diez chelines. Entonces, el juez Day llegó a Liverpool y ordenó que dieran veinte latigazos a un joven rufián. Asimismo, envió a otros tantos a prisión durante siete, catorce y veinte años. Les hizo sufrir, que es lo que se merecían. En dos años no quedaba ni un solo *peaky blinder.*[8]

Muchas de las afirmaciones de Tiptaft en este escrito hiperbólico son incorrectas. Es cierto que, en la década de 1880, el juez Day ordenó que flagelaran a los miembros de las bandas de Liverpool, pero, cuando estuvo en los Tribunales de Warwick, no infligió dicho castigo sobre los *peaky blinders* porque los latigazos solo se aplicaban en los casos de robo armado. Además, la mayor condena que Day impuso a un pandillero fueron diez años de prisión, y se debió a un caso excepcional. Por último, Day no se encontraba en las Midlands durante el cambio de siglo y sus acciones no acabaron con los *peaky blinders* en dos años. La afirmación de Tiptaft de que estos atacaban a las personas con las cuchillas de afeitar de sus gorras picudas era tan errónea como todo lo demás que aparecía en su declaración.

Aunque nació en 1883 y creció en las décadas de bonanza de las *slogging gangs* y los *peaky blinders*, queda patente que Tiptaft sabía poco de ellas. De joven, vivió en la casa que había detrás de la ferretería de su padre, en Spring Hill. Recibió una educación próspera y religiosa en una escuela privada de Handsworth (por aquel entonces, una zona de clase media). Su padre se convirtió en fabricante de joyas y Tiptaft entró en el negocio en 1898, cuando dejó el colegio, y se convirtió en su representante comercial dos años después, razón por la que pasó mucho tiempo alejado de Birmingham. De hecho, en ninguna parte de su biografía menciona los problemas con los matones, los *peaky blinders* o las *slogging gangs*.[9]

Hacia la década de los sesenta, el mito de las cuchillas de afeitar se había apoderado de la imaginación colectiva. Además, se vio acentuado por el hecho de que el término *peaky blinder* sugería en sí mismo una visera que cegaba. Y con *A Walk Down Summer Lane*, la novela de John Douglas que se publicó ampliamente por el país, la leyenda tomó impulso en 1977. Ambientada en el periodo de entreguerras en lo que muchos consideraban por antonomasia el barrio más pobre de la clase obrera, causó un gran revuelo entre muchos de los habitantes de Birmingham por jugar con los estereotipos negativos de la zona y reforzarlos. Algunos estaban furiosos porque describía Summer Lane como un territorio lleno de miseria, peleas de borrachos, gente dura y luchadores. En una sección, Douglas escribió:

Grupos de hombres vestidos de domingo esperaban en las esquinas a que los *pubs* abrieran: llevaban camisas limpias con puños gastados, algunos de ellos almidonados; no había muchos con cuello o corbata, pero llevaban un pañuelo blanco de seda atado a la garganta y, si la tenían, una gorra de pico. Abrían las viseras para introducir peniques, cuchillas de afeitar o pedazos de pizarra en ellas y, después, las cosían. Las gorras, también llamadas *peaky blinders,* se utilizaban en las peleas. Se las quitaban y las deslizaban por los ojos del oponente con la intención de cegarlo momentáneamente o cortarle las mejillas. La marca del «cegador». La última tendencia era comprarla en Zissman's, donde te preguntaban si querías que te partieran la visera para que cayera sobre uno de los ojos en cierto ángulo. Un toque de elegancia.

El sábado, algunos de los hombres hablaban de la pelea de la noche anterior, y unos cuantos presentaban cicatrices, rostros abultados, ojos morados y orejas y labios partidos. Otros esperaban solos en las esquinas, con las manos a la espalda, emulando a los gánsteres que aparecían en las películas del «Globe»:* al estilo de Edward G. Robinson, que se elevaba sobre los dedos de los pies y encogía a toda velocidad los hombros.[10]

En respuesta a la representación de la zona que hacía Douglas, Pauline y Bernard Mannion escribieron un libro más directo y realista sobre la Summer Lane del periodo de entreguerras. Reconocieron que «se habían contado cantidad de fábulas sobre Summer Lane, algunas ciertas y otras rocambolescas», pero también recalcaron que, como personas que habían vivido allí, «querían que sus recuerdos, durante los años veinte y treinta, sobre la vida en Summer Lane quedaran registrados para que

* Hace referencia al Globe Electric Palace, un cine situado en el distrito de Aston que abrió sus puertas en 1913 y cerró en 1955. *(N. de la T.)*

Estos son los auténticos héroes de Birmingham: desde las madres de Deritend, una de las zonas más pobres de la ciudad (arriba © BirminghamLives Archive), al grupo de hombres del taberna Stag's Head, en la esquina de Summer Lane con Brearly Street, en un día de descanso (abajo © BirminghamLives Archive). A pesar de que estas personas sufrían dificultades a diario, en su mayoría, eran individuos honestos y trabajadores, que respetaban las leyes, se esforzaban por permanecer limpios y ser respetables y construían fuertes relaciones dentro de los barrios en los que vivían.

todos los leyeran». El enfoque objetivo que ofrecían los Mannion hacía hincapié en lo buenos vecinos que eran sus gentes y en lo orgullosos que se sentían de su calle, cualidades que compartían con muchos otros residentes de los barrios de clase trabajadora más pobres de la Gran Bretaña urbana. Afirmaron que se producían peleas, sobre todo los sábados por la noche —aunque esto también sucedía en muchos distritos de Inglaterra—, y que las bandas luchaban en los callejones: «Quizá fuera un *pub* contra otro, pero los furgones de la policía salían de comisaría y regresaban cargados de rufianes». Aun así, los Mannion no hacen mención alguna a los *peaky blinders,* lo que no resulta del todo extraño, pues no quedaba ninguno en la Birmingham de esa época.[11]

En cuanto a los auténticos *peaky blinders* de 1890 y principios del siglo XX, no existen pruebas que indiquen que cosieran cuchillas al interior de sus gorras. De todas las armas que se citan en los informes de la policía, los juzgados y los periódicos sobre las peleas y ataques relacionados con las *slogging gangs* y los *peaky blinders,* ninguno menciona el uso de dichas cuchillas. Del mismo modo, no se las nombra en las memorias de ninguna persona de la época.

George Morris nació en Thorp Street en 1885, en un distrito que, en la década de 1890, según subrayó, era un foco de problemas debido a que, «a veces, ni siquiera dos agentes de policía podían pasear sin que se produjera alguna intromisión». Su padre nació en Bread Street (que ahora forma parte del lugar donde se construyó la estación de tren de New Street), y contaba historias sobre los «Peaky Blinders» y «los terribles días de la guerra entre bandas» de Birmingham, de las que recordaba que, «de pequeño, vi peleas con revólveres, navajas, bayonetas, hebillas de cinturón, botellas y trozos de ladrillo... ¡y cabezas destrozadas!».[12]

Más importante todavía es el hecho de que las cuchillas de afeitar desechables que se atribuyen a los *peaky blinders,* tanto en la mitología de Birmingham como en la serie, no estaban disponibles cuando las bandas eran más prolíficas. En el siglo XIX, los hombres se afeitaban de dos formas: solos, con una navaja de cuchilla recta, o en el barbero, ya que el precio de dichas navajas era elevado. Las maquinillas de afeitar, que tenían una protección entre el filo de la cuchilla y la piel, se anunciaron en la década de 1830, pero no eran desechables, detalle que resulta clave a la hora de analizar este mito. Las cuchillas tenían que serlo para introducirlas en las gorras; de lo contrario, habría resultado imposible. Hasta 1880, no se registró en Estados Unidos la primera patente de una maquinilla con cuchillas extraíbles. Este modelo tenía un mango unido a una cabeza en la que se colocaba la cuchilla extraíble, sin embargo, la cuchilla no era desechable, por lo que debía afilarse y pulirse del mismo modo que se hacía con las navajas de afeitar. En definitiva, afeitarse con una maquinilla resultaba caro.

Un anuncio de 1883 ofrecía los precios de varias maquinillas: de uno a seis chelines. Para los hombres de la época era una cantidad inasequible, ya que un trabajador no cualificado podía considerarse afortunado si ganaba quince chelines a la semana (también debía adquirir el jabón, las brochas, las cuchillas y la correa de cuero para afilarlas). Hacia principios del siglo XX, el umbral de pobreza se situaba en alrededor de una libra (veinte chelines) a la semana. En 1904, el último modelo de maquinilla de afeitar de Wilkinson Sword se vendía por ocho chelines y seis peniques, con un estuche que incluía seis cuchillas más por treinta y cinco chelines. El total superaba por más del doble el umbral de pobreza.

Habría que esperar a principios del siglo XX para que King C. Gillette perfeccionara una cuchilla de afeitar desechable. Los primeros anuncios de este invento no aparecieron en Gran Bretaña hasta 1910, justo cuando desaparecieron los *peaky blinders* y las *slogging gangs.* Un set de afeitado estándar, con estuche de terciopelo y doce cuchillas de doble filo, se vendía por veintiún chelines, mientras que un juego, que incluía jabón y una brocha Gillete, costaba entre veinticinco chelines y tres libras. Estos precios también estaban fuera del alcance de los obreros, pero, además, no es la única leyenda con respecto a los *peaky blinders,* pues tampoco utilizaban gorras planas.

Bombines y gorras planas

Arthur Matthison proporcionó una visión importante y poco conocida de los *peaky blinders.* Nació en 1870 y vivió en Summer Lane durante la década de 1890, época de apogeo de las bandas. Cuando contaba dieciocho o diecinueve años, su padre se convirtió en el registrador de nacimientos y defunciones del distrito de Saint George, por lo que se trasladaron a la zona y adquirieron una casa bastante grande en Summer Lane. En 1937, Matthison recordaba que:

> [...] era una de las calles infernales de Birmingham, con tugurios por todas partes y lugares de reunión de los tipos duros conocidos en la época como *«peaky blinders»*. Estos eran producto de la pobreza, la miseria y un ambiente barriobajero; una pesadilla para la gente respetable de hace cuarenta años. Se tomaban en serio su apariencia y se vestían con una maestría acorde con su papel: pantalones de campana sujetos con un cinturón con hebilla, botas con clavos en las suelas, algún tipo de chaqueta, un pañuelo chabacano y un bombín con una visera amplia y alargada. Este sombrero cubría uno de los ojos casi en su mayoría, de ahí el uso del término *«peaky blinder»*. Llevaban el pelo rapado al estilo carcelario excepto por un «tupé», que dejaban crecer y que les cubría la frente en diagonal. Pertenecían a una *«slogging gang»*, y se producían terribles batallas entre bandas rivales. Además, aterrorizaban a la policía —que patrullaba en parejas por Summer Lane todos los sábados por la noche—, pero

> nunca acosaron a ningún miembro de mi familia. Tal vez, al vivir a su lado, por cortesía o adopción, nos trataran como a un integrante más de la banda. Yo volvía a casa a cualquier hora del día, según la jornada que me tocara hacer en la oficina de telégrafos, y los matones locales siempre me dedicaron saludos corteses y de camaradería. Una noche, actué en una obra de teatro *amateur* y volví a casa a medianoche con el disfraz puesto: un uniforme de la caballería. Pasé por delante de un par de ejemplares que holgazaneaban a la entrada de un callejón de mala fama y sin salida. Uno de ellos dijo: «Vamos a arrancarle las espuelas a ese soldadito», pero el otro, tras examinarme de arriba abajo, agregó: «Válgame Dios, no es un soldadito; solo es el bastardo del registrador». No cabe duda de que, en esa ocasión, mi presunta ilegitimidad me salvó de ser violentamente agredido, pero me sentí bastante orgulloso de que me hubiesen reconocido como a un hermano y camarada.[13]

Otras descripciones de la época confirman que llevaban las ropas que Matthison detalla. En 1890, Arthur Cotton, un pícaro, fue nombrado miembro de la banda de los «pantalones campana» de Charles Henry Street. Este tipo de pantalón se declaró la prenda oficial de los *sloggers* y, un año después, las bandas se denominaron «las pandillas de los pantalones de campana».[14] Además, la parte ancha, a menudo, iba adornada con una fila de botones de nácar.[15] En cuanto al bombín que cita como tocado de los *peaky blinders* a principios de 1890, era un modelo de sombrero hongo que se atribuía a los obreros, como dejó claro el *Birmingham Daily Post* el 19 de mayo de 1891. Se había descubierto en el canal, a la altura de Saltley, el cadáver de un hombre mayor que «evidentemente pertenecía a la clase trabajadora», porque iba ataviado con un traje de sarga azul oscuro, pantalones de pana, botas de cordones y un bombín.[16]

El relato de Matthison, que señala que los *peaky blinders* se llamaron así por llevar bombines con un ala alargada que les cubría uno de los ojos, es muy importante y lo apoyan los recuerdos de otras personas que también los conocieron de primera mano. En 1936, un tal F. Atkins escribió al *Birmingham Weekly Post* y declaró que el atuendo de los *peaky blinders* consistía en unos pantalones que medían cincuenta y cinco centímetros por abajo y unos cuarenta alrededor de la rodilla, aunque unos los preferían de piel de topo y otros de pana. Lucían, asimismo, un pañuelo de seda, o «narciso», como lo llamaban, enrollado dos veces alrededor del cuello y atado por los extremos. Entonces, se conocía como «gargantilla». En cuanto al sombrero, era un bombín con el ala diseñada para adaptarla a los lados de la cabeza, mientras que la visera terminaba en punta casi como si fuera el pitorro de una jarra. Este efecto se conseguía al mojar el ala y calentarla al fuego para moldearla a la forma deseada.

Como también observó Matthison, esta se llevaba hacia un lado para mostrar el mechón de pelo que sobresalía por el otro en forma de «tupé».[17] El padre de Norma L. Beattie nació en Langley Road, Small Heath, en 1879, y ella misma confirma que, «en la década de 1920, no había ni rastro» de los *peaky blinders*. Existieron durante la juventud de su padre y «los sombreros que llevaban eran bombines cuya parte delantera acababa en un pico que inclinaban para cubrirse los ojos; de ahí el término "*peaky blinders*"».[18]

La policía de Birmingham fue el primer cuerpo del país que registró las imágenes de las personas detenidas, y el Museo de la Policía de las Midlands Occidentales tiene una amplia colección de fotografías de los prisioneros, sobre todo de entre 1892 y 1895, de una importancia histórica significativa.[19] En ellas, de los que llevan sombrero, 64 aparecen con bombines, 59 con gorras planas de alguna clase y 4 con otro tipo de tocado. Por contraste, en las fotografías de los prisioneros de 1903 a 1907, 479 llevan algún modelo de gorra plana, 73 lucen sombreros hongo y solo un puñado lleva otra clase de gorro. Este marcado cambio en las tendencias estilísticas se reflejaba también en los *peaky blinders.*

Nacido en 1892, V. W. Garrett creció siendo un pobre del barrio de Bath Row. En su biografía, publicada en 1939, observó que, de pequeño, las bandas rivales de los tipos duros estaban compuestas por *peaky blinders,* «que vestían gorras con viseras largas y pantalones anchos de campana que se estrechaban hacia la rodilla. Una fila de brillantes botones de latón colocados en la zona inferior de la parte delantera les aportaba distinción». En cuanto a las armas, empleaban cinturones y puños de acero.[20]

Fred Sutton, que también conoció a los *peaky blinders* de primera mano, nació en 1898 y creció en Aston. Él es otra de las personas que habla de sus sombreros: «Solo eran *peaky blinders* porque llevaban una gorra bien inclinada sobre los ojos. Hablo de la visera, claro. La ladeaban sobre los ojos y apenas se les veían. Y si alguno te hablaba, tenías que ponerte así para apreciarlos, ya sabes a lo que me refiero. Llevaban la visera totalmente inclinada, esa es la verdad».[21] Antes de la Primera Guerra Mundial, esta moda de los *peaky blinders* de cubrirse la cara con la gorra colmó las noticias de varios periódicos.

Al cambio en las preferencias, que sustituyó el sombrero hongo a la gorra plana, lo acompañó una variación en el estilo del peinado, pues, hacia finales de 1890, se impuso el pelo rapado con un flequillo corto.[22] Según un escritor del *Birmingham Mail* de la época, este copete «daba un aspecto malévolo a cualquier rostro que lo luciera».[23] En el verano de 1906, cuando los *peaky blinders* se acercaban al final de su reinado, en los juzgados de Victoria Law de Birmingham se percataron de que estos rufianes lucían un nuevo corte de pelo. Por lo general, «el matón de barrio lleva el pelo rapado, salvo por el flequillo, con el que se cubría la longitud de la frente. Al parecer, este particular estilo ha pasado de moda y ha dado paso a la raya

Charles Battle, de catorce años, fotografiado por la policía de Birmingham en octubre de 1892. A la derecha, lleva el bombín y el pañuelo de seda característicos de los *peaky blinders* originales. © *West Midlands Police Museum*

George George luce la gorra plana y ancha de visera larga con el pañuelo típico de los últimos *peaky blinders*. Sin embargo, el mechón de cabello que lleva hacia el lado, es típico de los *peakies* originales.
© *West Midlands Police Museum*

al medio». En conjunto con la cabeza rapada, el efecto que producía se consideró bastante curioso.[24]

Geoffrey Pearson, un pionero en la investigación del vandalismo y las bandas callejeras, observó que los *hooligans* de Londres también adoptaron «el uniforme de las gorras con visera, los pañuelos al cuello, los pantalones de campana que se estrechaban en las rodillas, los pesados cinturones de cuero con diseños de tachuelas metálicas y el pelo rapado casi hasta el cuero cabelludo con un "flequillo corto" que les colgaba sobre la frente».[25] Los *scuttlers* de Mánchester y Salford también presentaban un aspecto similar: pantalones acampanados, llamativos pañuelos de seda atados al cuello y el pelo corto por detrás y los lados. Tenían, sin embargo, un flequillo largo «que colocaban sobre la frente y les cubría el ojo izquierdo. Además, llevaban una gorra con visera de cartón ladeada e inclinada hacia la izquierda para mostrarlo».[26]

Aun así, en Birmingham al menos, se apreciaban algunas diferencias en las prendas de vestir en función de los ahorros de los que dispusiera el *peaky blinder* en cuestión, como señala un tal J. R. C. en un artículo del *Central Literary Magazine* de 1899. Este escritor explica que los *peaky blinders* iban en pandillas de veinte o más personas y que su ropa oscilaba de la siguiente manera:

> [...] entre la respetabilidad bien lucida (con chaqueta de terciopelo, un pañuelo de colores brillantes, un gran anillo de metal y la joya de la corona: el cigarrillo) y la pana menos favorecedora (un despliegue de trapos raídos, descuidados, desarreglados y ordinarios, sujetos por alfileres o incluso por clavos). En conjunto, conforman, de algún modo, un ejército imponente, una pesadilla para el pequeño comerciante, un irritante tormento para la monótona ronda del policía, una amenaza constante para su paz y su placer, por no mencionar para su seguridad y, a menudo, su vida.

J. R. C. creía que a los jóvenes que se comportaban como auténticos ciudadanos los *peaky blinders* y a los separaba un gran abismo. Nacidos de padres poco cuidadosos o indiferentes, desde muy pequeños, las calles eran su único patio de juegos. En ellas encontraban «a sus camaradas, entre chiquillos igual de ofensivos que ellos. Al sentir que nadie se preocupa por él, y viceversa, el *peaky* aprende enseguida a medir la fuerza de sus enemigos que, para su mente, son unos seres tan inútiles como los policías que los obligan a ir al colegio, los jefes, los propietarios de las viviendas, los "polizontes" y los "inquisidores"». Tras las comidas, travesuras y deportes, «que iban del fútbol al *pitch-and-toss* en la reclusión de un patio o un callejón», su día a día era una sucesión de altercados.[27]

Aun así, alienados como debían estar por el resto de la sociedad, los *peaky blinders* y los *sloggers* no tenían presencia alguna fuera de sus comunidades. Vivían en los barrios de clase obrera y la mayoría se dedicaba a un amplio conjunto de profesiones. Los casos judiciales que hemos mencionado, y otros de los que hablaremos más adelante, revelan que muchos eran obreros, otros se dedicaban a la industria del latón y uno, incluso, era batihoja. El resto de los hombres descritos por la policía eran simples muchachos trabajadores.

Aunque un gran número de autoridades miraban a los *peaky blinders* y a los *sloggers* como si procedieran de un grupo aislado a los márgenes de la vida cívica, un análisis más profundo nos muestra una imagen muy distinta. En términos laborales, lo más frecuente era que no procedieran de los «restos» —la clase criminal e inútil para el trabajo—, sino de los distintos niveles de trabajadores industriales que, en conjunto, conformaban la mano de obra joven y masculina de Birmingham. En 1936, un lector del *Birmingham Weekly Post* que mandó una carta firmada como «criado y nacido en Birmingham», insistió en que un *peaky blinder* era «solo un trabajador normal y corriente. [...] Durante el día siempre se lo encontraría en alguna fundición de latón, trabajando en el torno o en el tornillo de banco o, quizá, en la pulidora o en el taller de moldeo».[28]

En su exhaustivo estudio sobre las bandas callejeras y los *hooligans* de Londres, Heather Shore también apoya esta opinión, ya que sitúa a los chiquillos y jóvenes que se involucraban en la violencia de las calles en sus propias comunidades obreras. Sin embargo, estas zonas no eran simples barrios bajos. En su mayoría, los jóvenes «vivían, trabajaban, iban a los *pubs* y se relacionaban en comunidades formadas por distintas clases sociales». La retórica de la prensa victoriana pudo haber etiquetado a los *hooligans* como miembros de la clase criminal, pero, «en realidad, pertenecer e identificarte con una banda callejera era, tal vez, más caótico, flexible y efímero de lo que se pensaban sus coetáneos». Aunque la mayoría de los jóvenes de Londres a los que Shore estudió trabajaban, lo hacían en empleos de bajo nivel y poca cualificación, al igual que en el caso de Birmingham, por lo que las bandas habrían funcionado como lugares de refugio y amparo. Puesto que se sentían socialmente marginados, el distintivo identificativo que les proporcionaba pertenecer a una banda callejera asociada a la pequeña zona en la que vivían tenía un gran significado para ellos.[29]

Las chicas de los *peaky blinders*

En un artículo de un periódico de 1901, se refieren a los *peaky blinders* como «'Arry» y a las jóvenes que se relacionaban con ellos como «'Arriet».* Estos nombres genéricos se empleaban de forma ofensiva y estaban al mismo nivel que los términos de uso despectivo «Kevin» y «Sharon»† en la sociedad actual.

* Abreviaciones de Harry y Harriet. *(N. de la T.)*

† Nombres que, en la actualidad, forman parte de la cultura social y se emplean para referirse a personas que tienen alguna clase de comportamiento desquiciante. *(N. de la T.)*

No obstante, por término general, las mujeres relacionadas con los *peaky blinders* apenas aparecían en prensa, si no era en alguna referencia ocasional cuando las agredían. En 1901, por ejemplo, los lectores del *Birmingham Daily Gazette* se escandalizaron con el caso de un *peaky* de Lower Loveday Street llamado Dennis Kennedy, que fue sentenciado a dos meses de prisión por agredir a Isabel Madden con una lima y ocasionarle varios cortes (acababa de cumplir tres meses de condena por atacar a la hermana de esta). En el juicio, aunque Madden declaró que Kennedy había llamado bastardo a su hijo y negó tener relación alguna con él, explicó que este «siempre iba con el joven con el que salgo y, hasta ahora, me había tratado bien». Admitió que pudo haberlo arañado con el pasador del pelo y, de hecho, él presentaba una marca roja en el rostro. Sin embargo, aunque él la había golpeado primero, ella lo perdonó.[30]

El periodista reconoció que el caso arrojaba una luz no demasiado agradable sobre la vida de los bajos fondos de la ciudad, pero, como sucedía en tantos casos similares relacionados con la clase trabajadora y, en especial, con los pobres, se filtró a través de los ojos de la clase media. Con esto en mente, es importante tener en cuenta la investigación y los descubrimientos que realizó el historiador Alan Mayne sobre las representaciones sensacionalistas de los «barrios bajos» que aparecían en la prensa de finales de la época victoriana. En general, los observadores de la clase media denigraban los barrios pobres y los tachaban de lugares oscuros, sombríos y perversos, que no solo estaban impregnados de pobreza, sino también de violencia, vicio, criminales y borrachos. Los hombres eran matones y las mujeres eran buenas o malas —amas de casas o descuidadas— y, a menudo, también eran víctimas de los brutos de sus maridos o novios.[31]

Davies trata estas cuestiones de género en su perspicaz artículo sobre la juventud, la violencia y el cortejo en la Birmingham de finales de la época victoriana. En él, se centra en el caso de James Harper, un pulidor de metales de dieciocho años. En diciembre de 1898, se lo declaró culpable del homicidio imprudente de Emily Pimm, su antigua novia, a la que pateó en la cabeza y también en el cuerpo mientras permanecía postrada.

Los comentarios sobre Harper que aparecieron en los periódicos de Birmingham versaban sobre su pertenencia a alguna banda o *«peaky blinder»*, mientras que, tanto a él como a Pimm, se los reconocía como residentes de uno de los distritos más pobres e infames de la ciudad: Summer Lane. Aun así, las pruebas contra Harper demostraban que no llevaba las ropas típicas de un *peaky blinder* y que tanto él como su familia eran, al menos hasta cierto punto, respetables. Sin embargo, para la prensa local y el sistema judicial, el caso estaba resuelto: Harper fue condenado, como miembro de una banda violenta, por saltarse el privilegio que tenían los maridos de los bajos fondos de pegar a sus mujeres. Como residente en una zona pobre y, por lo tanto, como una figura socialmente marginada, se lo consideraba incapaz de reprimir sus impulsos salvajes y su comportamiento era un lastre para la civilización. No cabía duda de que las acciones de Harper habían sido violentas y moralmente corruptas, pero culparlo solo por sus circunstancias sociales no era correcto ni justo para el resto de las personas que compartían su misma situación. Davies profundizó en la realidad que se escondía tras la violencia y su análisis plantea dudas sobre el hecho de que este tipo de comportamientos se limitara únicamente a los habitantes de los suburbios. Aunque la violencia en las relaciones de pareja y en matrimonios no era universal, se consideraba una práctica habitual y se extendía por todas las clases sociales.[32]

Durante las protestas que surgieron a raíz del comportamiento de Harper, el *Birmingham Mail* envió un reportero a Summer Lane para que averiguara las opiniones de los jóvenes locales. Una de las entrevistadas fue la «novia» de un *peaky* y, a través de sus ojos, los lectores accedieron a las «formas de hacer el amor que la fraternidad de los pantalones de campana emplea hoy en día». Sin duda, muchos de los lectores de periódicos habrían sentido bastante interés por la descripción de esta figura «exótica» a la que habrían considerado «de clase baja». La novia de un *peaky* era fácil de reconocer porque su forma de vestir y de peinarse era un reflejo de la de ellos. Lucía un maravilloso despliegue de botones nacarados, un flequillo que le cubría la frente casi hasta los ojos, una pañoleta de seda y colores brillantes que le tapaba el cuello y la cabeza oculta bajo un ancho y elaborado sombrero decorado con plumas y amapolas.

Según el autor del artículo, la novia del *peaky blinder* se vanagloriaba de las cicatrices que mostraba su amado en la cabeza rapada casi por completo y las consideraba pruebas de su hombría.[33] Otro periodista reiteró este hecho seis años después, cuando reveló que los *peaky blinders* preferían el pelo corto para que se distinguieran las cicatrices que les habían causado las hebillas de los cinturones y las porras de los policías. Las estimaban de la misma forma que un soldado a sus medallas: como una muestra honorable de las hazañas realizadas. Pero no eran los únicos: «Sus queridas, como llaman a sus novias, las contemplan con un orgullo fastuoso. Cuantas más cicatrices decoren la coronilla, más chicas lo preferirán».[34] Es importante tener en cuenta que la representación de los *peaky blinders* y de las jóvenes que se relacionaban con ellos se ve a través de los ojos de los periodistas de la clase media y está repleta de prejuicios de clase. Como observó de manera acertada Benny Green, las masas urbanas en conjunto nunca se mostraron como realmente fueron, «sino como algo que podría convertirse en algo más».[35] Esta circunstancia era incluso más innegable para los grupos situados en los márgenes de la clase trabajadora, como los *peaky blinders,* ya que nunca hablaban por sí mismos.

En contraste con estos relatos elaborados desde el punto de vista de la clase media, Cecilia Costello (de soltera Cecilia

Kelly) supone una fuente de información excepcional y valiosa gracias a la perspectiva que da, como mujer de la clase trabajadora más pobre, de los *peaky blinders* y sus novias. Nació en 1884 en el seno de un matrimonio del oeste de Irlanda y, aunque creció en las casas adosadas de distintas calles del Bull Ring, su padre, Edward, le enseñó las canciones tradicionales irlandesas que había aprendido antes de emigrar. A la propia Cecilia la descubrieron unos expertos en música folk en 1951 y, en 1967, Charles Parker y Pam Bishop recopilaron una gran cantidad de sus canciones y recuerdos. Uno de ellos trataba sobre los pantalones que llevaban los jóvenes de su época, en la década de 1890:

> […] solían moverse como las faldas de las mujeres, ya que eran de campana. Además, siempre llevaban una gorra a juego y se colocaban un pañuelo de seda negro al cuello con una flor. Si eran irlandeses, era un trébol verde y si eran ingleses, un [¿narciso?], cortado y tejido a la bufanda. Pero nunca llevaban los pantalones ajustados, como se hace hoy en día, iban sueltos y se balanceaban; con la gorra a un lado. Si veíamos a un hombre normal como tú, ni se nos ocurría mirarlo: «¿No te parece corriente?». Y con las mujeres nos pasaba lo mismo, con sus guantes subidos hasta aquí y el sombrero bien puesto. Pero la chica de los Peaky Blinders llevaba un gran sombrero y el mozo la acompañaba por la calle. Además, solía cantar:
>
> Mi mozo es un *peaky* y no hay nada de malo en ello.
> Viste pantalones de campana
> y una gorra de pico inclinada.
> Lleva anillos en los dedos
> y un pañuelo alrededor del cuello.
> ¡Que los metomentodos me dejen en paz![36]

En Mánchester y Salford, Davies encontró pruebas de la existencia de mujeres *scuttler*, y hay indicios de que algunas jóvenes de Birmingham también estaban activamente involucradas en las bandas de los *peaky blinders*.[37] En el artículo que J. R. C. escribió en la época, menciona que los *peaky blinders* no eran solo hombres, sino que «sus hermanas acuden bastante a menudo al amenazador alboroto y, con frecuencia, son cooperadoras necesarias e inductoras de sus compañeros masculinos de la calle».[38] Un informe de mayo de 1897, que explicaba que dos bandas habían causado ciertos apuros a la policía en la zona de Bath Row, secunda esta afirmación. Según este dosier, dos agentes que respondieron a una pelea en Owen Street se tropezaron con una banda de jóvenes, en su mayoría armados con palos, entre los que también contaron veinte chicas.[39]

Los auténticos *peaky blinders*

Hacia finales de la década de 1890, Birmingham había hecho valer su fama de ser la ciudad mejor gobernada del mundo gracias a la efectividad y eficiencia de su ayuntamiento y, sobre todo, por haber municipalizado la provisión del gas y el agua, entre otros servicios. Como reconoció el *Sheffield Evening Telegraph*, «en cuestión de demostraciones del sentido comunitario, no cabe duda de que la capital de las Midlands marca el camino a seguir». Aun así, era una humillación para la ciudad que la violencia en las calles fuera tan corriente como duradera. Predominaba una gravísima situación en la que los holgazanes de las esquinas de las calles, «que, en cuestión de cifras, imperaban de forma nada envidiable en Birmingham», cometían auténticas atrocidades. El periódico de Yorkshire enfatizó que estos indolentes eran los personajes más despreciables del planeta y que los magistrados de la ciudad debían aplicar la pena máxima de cárcel a todos los delitos violentos que hubiera cometido algún *peaky blinder*.[40] De hecho, el dominio de estos rufianes era tan desfavorable que, a menudo, se menospreciaba a Birmingham llamándola «la ciudad de los Peaky Blinders».[41]

Este nuevo término para referirse a los miembros de las *slogging gangs* de la ciudad apareció por primera vez en prensa en la primavera de 1890, lo que sugería que ya era de uso común y que provenía de la forma en que los *sloggers* se colocaban el bombín sobre uno de los ojos. El domingo 22 de marzo, entre la hora del té y las once de la noche, un joven llamado George Eastwood entró al *pub* Rainbow, situado en la esquina de High Street Bordesley con Adderley Street y, puesto que era abstemio, pidió una botella de cerveza de jengibre. Al rato, varios hombres conocidos como la «banda de los *peaky blinders*» accedieron también al local. Eastwood, de veinte años y peón de una fundición de latón, era de la cercana Arthur Street, en Small Heath, y conocía a la banda de vista porque vivían en el mismo barrio. Los hombres, que tenían mala reputación, «de inmediato hicieron comentarios ofensivos sobre su condición de abstemio y el hecho de que estuviera bebiendo cerveza de jengibre. Apenas se había dirigido Eastwood al propietario para preguntarle si no tenía derecho a pedir lo que quisiera cuando uno de los gamberros lo hizo tropezar hacia atrás».

Por suerte, las cosas se calmaron y los tres hombres se marcharon, pero cuando Eastwood se fue a casa, lo siguieron:

> Al llegar a una zona solitaria de Adderley Street, donde dos puentes se cruzan, el líder de la banda, un hombre llamado Thomas Mucklow, de la propia Adderley Street, gritó: «¡Ahora, muchachos, a por él!» y le dieron puñetazos. Eastwood trató de defenderse, pero, al final, lo vencieron con un fuerte golpe de la hebilla de un cinturón que, según afirma, le propinó un hombre llamado Groom. Se derrumbó y, mientras permanecía tendido en plena calle, lo patearon y lo golpearon en la cabeza varias veces con las hebillas de los cinturo-

El *pub* Rainbow en la década de 1950, situado en la esquina de High Street Bordesley con Adderley Street. En marzo de 1890, se produjo la primera agresión atribuida a los *peaky blinders* a unos metros de aquí.

nes. Aun así, Eastwood se puso en pie y corrió hasta la entrada trasera de la Allcock Street Board School* perseguido por la pandilla. Allí, escaló un muro, cruzó el patio y trepó otro muro hasta llegar a Allcock Street, donde se refugió en la casa del señor Turner. Eastwood estaba exhausto y sangraba profusamente por las heridas que le habían producido. Debido a la actitud de los matones, que esperaban a las puertas de la casa del señor Turner mientras gritaban «¡como lo pillemos, nos lo cargamos!», hasta las doce de la noche no trasladaron al herido al Queen's Hospital.

El pobre George Eastwood había sufrido heridas graves en la cabeza y tenía contusiones por todo el cuerpo y las dos pier-

* Las *board schools* eran escuelas que se abrieron para los niños pobres después de que la educación entre los cinco y los diez años se volviera obligatoria a partir de 1880. *(N. de la T.)*

nas. En la parte derecha de la frente presentaba una herida de dos centímetros y medio, tenía el hueso frontal gravemente fracturado y astillado y «la masa cerebral también había resultado dañada». Además, tenía otra herida grave en el cuero cabelludo de dos centímetros de profundidad y se le veía el hueso.

Como consecuencia de las lesiones, a Eastwood tuvieron que hacerle una trepanación. Por medio de dos instrumentos parecidos a la barrena y el berbiquí de un carpintero, el equipo médico le extrajo una sección circular del hueso del cráneo. Y, como cabía esperar, permaneció postrado en estado crítico en la cama del hospital durante veinticuatro días. Después de que la agresión se notificara a la policía, se puso en marcha la búsqueda de los responsables y la cacería duró toda la noche del sábado y el domingo. Sin embargo, habían huido asustados por las posibles consecuencias de sus actos, por lo que se emitió una orden de arresto.[42]

Poco más de dos semanas después, un ciudadano de Birmingham escribió al *St. James's Gazette,* un periódico londinense:

> En Birmingham y en el condado vecino de Aston existe lo que se conocen como *«slogging gangs»,* unas bandas que disfrutan acechando a las personas que caminan desprevenidas por las calles solitarias, se abalanzan sobre ellas sin que se den cuenta y las maltratan con brutalidad. Un ejemplo reciente es el de unos rufianes que derribaron a un hombre y lo patearon hasta que una pobre mujer se acercó y les rogó que se detuvieran. Su respuesta fue tirarla al suelo a ella también. En otro caso, que sucedió el sábado pasado, un joven apellidado Eastwood fue agredido mortalmente por varios miembros de una banda conocida como los «Peaky Blinders» de Small Heath. Según lo acontecido con este caballero, da la impresión de que la policía será

el objetivo de una parte excepcionalmente grande de tales atrocidades.[43]

Esta carta obtuvo una amplia difusión en los periódicos desde Aberdeen hasta Chichester, en especial bajo el titular de *«Slogging Gangs»*.[44] Sin embargo, aunque la banda aparece citada como los Peaky Blinders de Small Heath, como Gooderson ha dejado claro, en realidad, Adderley Street está en Bordesley.[45] Como todos los distritos centrales de Birmingham, se fusionó de forma casi imperceptible con algunas zonas circundantes como Deritend, Camp Hill, Saint Bartholomew y, efectivamente, Small Heath. Este último discurría por gran parte de Coventry Road, que empezaba cerca de Adderley Street y, aunque existían muchas casas adosadas en la parte urbana del distrito, más adelante también había viviendas más grandes en las calles asociadas con la clase media.

De la banda callejera de Adderley solo detuvieron a Thomas Mucklow, un obrero de veinticuatro años de la propia Adderley Street que, en mayo, fue acusado de agredir de manera violenta a Eastwood. El *Birmingham Mail* declaró que, cuando la víctima pidió su cerveza de jengibre, Mucklow le preguntó por qué se pedía esa mierda, a lo que Eastwood respondió que no era de su incumbencia. Entonces, Mucklow lo retó a una pelea y, como es natural, Eastwood rehusó. La pandilla se marchó poco antes de las once, pero esperó fuera hasta que Eastwood se fue a casa. El hombre reconoció que no fue el golpe de Mucklow el que le causó las heridas, sino el que le propició uno de sus otros dos compañeros (aunque un tipo llamado Roberts escuchó al preso incitando a sus compinches a que dieran una paliza a Eastwood). En base a las pruebas, los magistrados mandaron el caso al Tribunal Supremo, dejaron a Mucklow en libertad bajo fianza de cincuenta libras y le impusieron una multa por la misma cantidad. Esta suma, sin embargo, era demasiado alta para un trabajador poco especializado, pues debía considerarse afortunado si ganaba diecisiete chelines y seis peniques a la semana.[46]

En junio, declararon a Mucklow culpable de infligir graves daños corporales a su víctima. Curiosamente, el inspector Drinkwater dijo que el acusado no era un matón, sino un hombre trabajador, lo que resalta un punto importante: muchos *peaky blinders* no eran simples holgazanes u hombres que dependían de los delitos menores para ganarse la vida; al contrario, eran jóvenes y adultos que tenían trabajos respetables, pero cuya vida fuera del ámbito laboral estaba intrínsecamente ligada a los enfrentamientos. Por desgracia para Mucklow, que no había sido el cabecilla de la pelea, la policía había sido incapaz de dar con suficientes pruebas para arrestar al hombre que había golpeado al pobre Eastwood con el cinturón. A la hora de dictar sentencia, el ayudante del juez declaró que el caso «era terrible, pero que tomaría en consideración el buen comportamiento del prisionero y, como resultado, sería condenado a nueve meses de prisión y trabajos forzados».[47]

Este castigo debió de ser agotador para Mucklow. Las prisiones se adherían al «código de silencio», diseñado para quebrantar la voluntad de los convictos con silencios totales y largos, e inútiles y exhaustivos trabajos forzados, como caminar por una rueda gigante con escalones que no iban a ninguna parte. Los reos se agarraban a una barra y subían los peldaños durante diez minutos y descansaban cinco. Así, durante turnos de ocho horas que equivalían a trepar unos dos kilómetros y medio. Otro castigo era que el preso girara una manivela que había en la celda, que a su vez desplazaba unas paletas que había dentro de una caja de arena, un número determinado de veces para ganarse la comida.

Tras cumplir su condena de trabajos forzados, mala alimentación y camas de madera, Mucklow aparece en el censo de 1891 como conductor ocasional de carretas. Vivía con su mujer, Elizabeth, en el 160 de Adderley Street, hogar de sus suegros: George Groom, conductor de camionetas, y su mujer, Mary, una botonera. Además, había otras cinco personas con ellos entre las que se incluía George, su cuñado, que tenía veinte años y era carretero.[48] Como es natural, Eastwood había identificado a un hombre llamado Groom como la persona que lo había derribado con el terrible golpe de una hebilla de cinturón, y ese hombre había eludido a la justicia.

La cruzada contra los matones

Quince días después de la brutal agresión a George Eastwood, se destinó a siete policías al barrio de Milk Street a causa de la enemistad que existía entre las *slogging gangs* de dicha zona y Barr Street. Era, sobre todo, una batalla por la supremacía, pues ambas calles estaban a unos pocos cientos de metros de distancia. El 5 de abril de 1890, se acusó a cinco jóvenes de dos bandas distintas de pelearse. Cada uno tendría que pagar una multa de veinte chelines más los costes o, de lo contrario, cumplirían un mes de condena en la cárcel con trabajos forzados. En otra pelea de bandas, un hombre disparó una pistola mientras otro blandía un pico. Al intentar hacer algún arresto, John Bloxwich, otro matón al que se había condenado previamente por agresión, golpeó al agente Bertie con medio ladrillo, delito por el que fue sentenciado a tres meses de cárcel y trabajos forzados.

El hermano de Bloxwich, Benjamin (alias *Block*),* que vivía en la casa número 4 del patio 21† de Milk Street, era igual de violento. Fue acusado de agredir a Frank Nolan, de Great Barr Street, el 7 de abril. Nolan pertenecía a la banda callejera de esa calle y, mientras paseaba por Coventry Street esa tarde, Bloxwich se abalanzó sobre él. Como iba con un grupo de

* 'Bloque', en inglés. *(N. de la T.)*

† Los patios agrupaban a su alrededor varias casas adosadas de dos o tres plantas de alto. Además, en ellos se encontraban el lavadero y las letrinas que compartían los vecinos de dicho espacio. *(N. de la T.)*

tipos duros, colocó un pie sobre el pecho de Nolan y lo golpeó con fuerza en la cabeza con la hebilla de un cinturón. El agente Meeson llegó al lugar y escuchó cómo Bloxwich decía que iba a machacarle los sesos a su víctima. Como este se defendió, el agente tuvo que usar su porra para derribarlo y arrestarlo.

En el tribunal, Arthur Chamberlain señaló que «era evidente que el preso pertenecía a una banda peligrosa que luchaba en las calles y que los magistrados estaban decididos a detener tanto a ese tipo de agrupaciones como el uso de las hebillas; además, el acusado iría dos meses a prisión y realizaría trabajos forzados». En cuanto a Nolan, lo trasladaron inconsciente al Queen's Hospital. Tenía once heridas en el cuero cabelludo y cuatro de ellas dejaban el hueso al descubierto.[49]

Al informar sobre estas peleas, el *Birmingham Daily Post* emitió el siguiente titular: «Cruzada contra los matones». Pero dicha campaña estaba siendo inútil. El miércoles 9 de abril de 1890, la *slogging gang* de Highgate Street, «una infame banda de sinvergüenzas», causó unos violentos altercados cerca de Longmore Street, en Balsall Heath (que, por entonces, pertenecía a Worcestershire). Algunos blandían una especie de vara cargada de goma india. Otros tenían piezas de plomo unidas a unas cuerdas que lanzaban a las personas o sujetaban cinturones con hebillas pesadas y enormes. El agente Dysons intentó aplacar el caos y arrestó a uno de los hombres más belicosos, Henry Butterworth, peón de una fundición de latón y líder de la banda. Al esposarlo, este encolerizó y sus compañeros arremetieron contra el policía sin mostrar piedad alguna. Lo patearon en el costado, le aporrearon la cabeza, le hicieron un feo corte en la rodilla y, mientras tanto, Butterworth le dio un fuerte bocado en la mano izquierda.

Un joven trató de ayudar al agente, pero también lo atacaron y huyó. Se había arremolinado una amplia multitud, pero «nadie más se atrevió a mover un dedo para rescatar al policía por miedo a que lo atacaran. El agente estaba tan acorralado que le resultaba imposible esquivar los golpes que le lanzaban».

Una de las personas que presenciaron el ataque «quería prestar auxilio al guardia, pero, si lo hubiera hecho, el resultado habría sido un cráneo roto o una patada en la cara o en las costillas». El testigo explicó que los granujas que intentaban rescatar a su «amigo» asustaban con su sola presencia. Mientras miraban a su alrededor en busca de ladrillos y piedras, uno de ellos dijo: «Venid para acá; aquí hay multitud de carbón que podemos lanzar al policía». Asimismo, también se sacaron de los bolsillos varias correas con hebillas en los extremos.

Al fin, el agente Dysons arrastró a su prisionero hasta la carnicería del señor Swadkins, pero los matones volvieron a sacarlo fuera. Una vez más, el policía se las ingenió para introducirlo de nuevo en la tienda y «el señor Swadkins, con el espíritu contrario al de la multitud que se había limitado a mirar, se plantó en la puerta con su cuchillo de carnicero y mantuvo a los matones a raya». A continuación, aparecieron dos agentes que auxiliaron a Dysons. Butterworth fue condenado a seis meses de trabajos forzados.[50]

La misma semana de los altercados, se denunció que una *slogging gang* de Birmingham había atacado a un hombre en Perry Barr, y que la de Sparkbrook estaba aterrorizando en tal medida al vecindario con su acoso a los transeúntes, sobre todo, a mujeres y niños, que tuvieron que aumentar el número de efectivos policiales de la zona.[51]

Puesto que los lectores de la clase trabajadora que compraban el *Birmingham Daily Post* tenían más posibilidades de sufrir los estragos de las *slogging gangs* que los de la clase media, el *Birmingham Mail* se mostraba muy intranquilo ante esta «justicia de las pandillas de Birmingham» y el 11 de abril declaró que el gamberrismo, un nuevo término para el comportamiento violento, iba al alza. Había *slogging gangs* en muchos distritos de la ciudad. Algunas eran bastante inofensivas porque se limitaban a maldecir en plena calle, «pero las bandas con peor reputación se componen por jóvenes que, de forma individual, son unos auténticos cobardes, según asegura la policía, sin embargo, unidos se convierten en los rufianes más temerarios que existen». Estos tipos duros se aliaban sin ninguna intención clara: «Su único objetivo es formar una asociación que los proteja en conjunto. Se ve con buenos ojos que cada distrito tenga su pandilla formada por jóvenes de entre diecisiete y veintidós años, que infestan las esquinas y se trasladan a las cafeterías para decidir sus movimientos si los guardias están por los alrededores».

Entre las que tenían peor fama estaba la banda de Digbeth, que había participado en la violenta agresión que terminó con la vida del gerente del Canterbury Music Hall. Otra era la de Whitehouse Street, «con mala fama por atacar a las personas inocentes que se encontraban, ya entrada la noche, en los descampados de Aston». Después, estaban las bandas de Suffolk Street y Summer Lane, que eran «célebres por su rebeldía y salvajismo». Las estancias cortas en la cárcel surtían poco efecto con estos matones. De hecho, la banda de Park Street se jactaba de que uno de sus miembros más importantes era un joven que había pasado casi once meses de los últimos doce entre rejas.

Las noticias del *Birmingham Mail* del 11 de abril explicaron que la nueva arma favorita de las *slogging gangs* era la porra:

> Un palo corto y pesado, bien reforzado en la punta, que esconden en la manga. Aunque también prefieren los atizadores de chimenea y los pañuelos resistentes con piedras atadas a los extremos. Existe también un arma que, en manos expertas, puede tener importantes consecuencias durante una disputa. Es un pedazo de gutapercha (a veces se emplean cuerdas hechas de tripas) con piedras atadas a un extremo. Luego, como es natural, estarían los prácticos trozos de ladrillo, el cinturón con hebilla y las navajas grandes. El líder utiliza el término «Navajas» para referirse al rufián que se encarga de usar el cuchillo en una pelea, pues esta

persona es la que debe apuñalar a la víctima por la espalda (a ser posible, sin matarla) cuando el resto de los métodos de ataque resultan infructuosos.

Cada banda tenía un líder y, además de pegarse con otras pandillas, también sitiaban el *pub* favorito de la banda enemiga, lo destrozaban y atacaban a todos los clientes que hubiera dentro. Con acciones como esta, marcaban y dejaban claro sus territorios.

A pesar de todas estas pruebas de que la violencia iba en aumento —incluidos los informes de sus propios agentes—, en la reunión del Comité de Observadores del 22 de abril de 1890, el jefe de policía, Joseph Farndale, aseguró que hacía tiempo que «no había ningún indicio de que las *slogging gangs* siguieran en las calles y los superintendentes de policía informaban de que, desde hacía años, su número y poder decrecían». Sin embargo, el *Birmingham Mail* ridiculizó las declaraciones de Farndale el 23 de abril cuando citó las preocupaciones que tenía el registrador de Birmingham, el señor Dugdale, con respecto al predominio de los matones en las calles.[52] Y lo que es más importante, se dictaron varias sentencias ejemplares poco antes de que el jefe de policía obviara el problema de las pandillas, que sirven de prueba y rebaten sus afirmaciones.

A principios de abril, en las Sesiones Trimestrales de Worcester se envió a prisión durante dieciocho meses a John Harper, miembro de la *slogging gang* de Sparkbrook, por atacar salvajemente al agente Bayliss. Según el ayudante del juez, la sentencia fue tan severa porque el tribunal quería que sirviera como medida disuasoria.[53] Harper había recibido un gran número de condenas, al igual que su hermano, Thomas, que pateó al agente Bayliss y, por ello, lo sentenciaron a seis meses de trabajos forzados. Estos hombres eran «una pesadilla para el barrio en el que vivían. Asaltaban a las personas a menudo, sobre todo los sábados por la noche, y la policía recibió muchas quejas».[54]

Una estancia más larga en prisión fue la que el registrador de Birmingham* concedió a Thomas Henry Everall, un peón de obra de dieciocho años, el 16 de abril. En noviembre del año anterior, Albert Chaplin (también peón de veinte años), otro obrero y él atacaron a George Onions, a quien guardaban rencor por haber dado una patada al perro de otro miembro de la banda. Cuando se encontraron con Onions en Summer Lane, lo derribaron, lo patearon y lo golpearon con una cadena de hierro. Onions estuvo ingresado en el hospital durante once semanas por las graves heridas que sufrió. Acerca de la sentencia dictada sobre los dos hombres, el registrador dijo: «Este caso ha sido como los que, desde hace algún tiempo, se han ido sucediendo cada vez más en la ciudad. Si esta clase de hechos no se controlaran, terminarían en asesinato». Además, resultaba bastante intolerable, añadió, que «unas bandas de jóvenes rondaran las calles e impidieran a los pacíficos ciudadanos pasear por la noche sin que los asaltaran y los golpearan». Como persona que había congregado a la banda para llevar a cabo el ataque, Everall fue encarcelado durante cinco años y Chaplin realizó quince meses de trabajos forzados.[55]

El *Birmingham Mail* subrayó:

> Las condenas están calculadas a la perfección para asustar a los líderes de los matones que han asomado la cabeza por Birmingham estos últimos meses. Esperamos que tengan un efecto apaciguador sobre los barrios afectados y que nadie se enfrente a su severidad. El registrador ve, como debería hacer todo el mundo, que, a menos que se erradique de golpe esta ola de violencia, terminará de la misma forma que los disturbios de Navigation Street: con un ahorcamiento. Ante se-

* Los registradores eran funcionarios de la ciudad que tenían el poder de multar y mandar a prisión a los alborotadores sin necesidad de recurrir a un jurado. *(N. de la T.)*

mejante perspectiva, los juicios que se inclinan en falso por la misericordia son extremadamente dañinos.[56]

Permitir la publicación de noticias tan alarmantes dejó claro que, hacia finales de la década de 1880, muchas zonas pobres de Birmingham estaban plagadas de bandas callejeras y que resultaba imposible abandonar dichos grupos, como descubrió William Davis, de Hospital Street. El 18 de junio de 1890 se encontró con James Cain, un trabajador del latón de Belmont Row, y con William Copley, de Moland Street. Davis explicaría más tarde en el juzgado que Cain quería que se enfrentara con la banda de Bagot Street, pero él se había negado porque estaba harto. Esta falta de lealtad llevó a Cain a golpear a Davis en un lado de la cabeza y a Copley a azotarlo en la espalda con la hebilla de un cinturón, que le hizo sangrar profusamente. Cain, un miembro conocido de la *slogging gang* de Cross Street, fue condenado a veintiún días de cárcel y Copley, a catorce.[57]

Los peligrosos *peaky blinders*

Al parecer, a raíz de las duras sentencias de 1890, las actividades de los *sloggers* se redujeron durante un breve espacio de tiempo, ya que, en los años siguientes, apenas se los menciona en los periódicos locales. Aun así, a pesar de esta tregua aparente, las *slogging gangs* no habían desaparecido. En julio de 1891, el inspector McManus dijo que eran una molestia pública y que se había visto obligado a enviar a docenas de oficiales vestidos de paisanos a Moorsom Street para frenar los enfrentamientos entre ellas.

Las luchas también continuaban en Sparkbrook, a pesar de la larga condena a la que habían sentenciado a John Harper. Y, en la cercana Charles Henry Street de Highgate, también existía una *slogging gang* tristemente célebre.[58] Como ocurría

Mujeres jóvenes y niños en los números 102, 103 y 105 de Bagot Street, que contó con una de las *slogging gangs* más duraderas. Si nos fijamos en las dos muchachas de la puerta, la de la derecha que está con los brazos cruzados lleva el flequillo largo, asociado a las mujeres de los *peaky blinders*. © *Library of Birmingham, MS 2724*

con otras bandas, anteriores y posteriores, dejarlas atrás resultaba complicado: cumplir condena o intentar reformarse no aseguraba a sus miembros poder cortar los lazos que los unían a sus antiguos socios criminales. En marzo de 1891, por ejemplo, George Rutter, de diecinueve años, agredió a un compañero que se negaba a unirse a una de las alborotadoras expediciones que planeaba la banda.[59] Al mes siguiente, William Rabbit atacó a un antiguo miembro de la banda que todos creían que había enviado a uno de ellos a la cárcel; y dos adolescentes que caminaban por Charles Henry Street fueron agredidos con ladrillos y cinturones con hebilla por este mismo motivo. Ambos terminaron en el hospital con heridas en la cabeza y uno de ellos también recibió una puñalada.[60]

Después, en otoño de 1891, se dijo en los tribunales que Arthur Croton pertenecía a lo que se describió como la banda «de los pantalones de campana» de Charles Henry Street, cuando lo declararon culpable de agredir a Emma Blade, una mujer mayor que regentaba una cafetería de esa misma calle. Croton había discutido con ella por el cambio e intentó apuñalarla con un cuchillo para el pan que había sobre la barra. Sin embargo, lo dejó caer, tomó el tablón de anuncios y la golpeó con él en su lugar. Aunque los magistrados creían que era un caso terrible, solo multaron a Croton con cuarenta chelines o un mes de trabajos forzados sino abonaba la suma.[61] Una sentencia tan leve justifica todavía más la afirmación que hacía Weinberger de que a los jueces no parecían importarles los disturbios de las zonas pobres de Birmingham cuando solo afectaban a sus vecinos.

Las *slogging gangs* de Summer Lane y de Aston Road también aparecen nombradas en 1892.[62] Cabe la posibilidad de que la última fuera otra manifestación de los antiguos Aston *Sloggers* y de la Whitehouse Street *Slogging Gang.* Dentro de la propia Birmingham, el 2 de agosto, se informó de que, durante todas las noches de la quincena anterior, se habían producido distintas batallas con piedras entre las pandillas de Cliveland Street y Weaman Street. Y, en octubre de 1893, John Cambridge, un peón de veintidós años de Rupert Street, fue nombrado líder de una *slogging gang* que plagaba el barrio de Nechells.[63]

A pesar de estos informes, en junio de 1894, los comentaristas locales creían que «la epidemia de los matones» se había disuelto.[64] Pero esta afirmación no duró demasiado, pues, a finales de 1895, las *slogging gangs* y los *peaky blinders* volvieron a llamar la atención de una forma desfavorable. Aunque la denominación *peaky blinders* se empleó por primera vez en 1890, los periódicos de Birmingham no la utilizaron de nuevo hasta cinco años después, cuando la emplearon como sinónimo de los *sloggers* y de las *slogging gangs.* El 27 de junio de 1895, bajo el titular «Las *slogging gangs* de Birmingham», el *Manchester Evening News* anunció que el registrador de Birmingham había anotado un par de sentencias de seis meses de cárcel para dos hombres que habían herido a un tercero con una cachiporra bien reforzada, una porra de metal y distintos utensilios para la chimenea. Eran miembros de bandas rivales de «*peaky blinders,* que se sitúan en las esquinas para atacar a los transeúntes o meterse en peleas gratuitas con otras bandas. El registrador declaró que estas molestias no desaparecerían hasta que los magistrados mandaran a los alborotadores a la cárcel».[65]

A este suceso lo siguió un altercado en Bromsgrove Street en octubre de 1895. Los agentes de policía Bennett y Telfer fueron enviados al *pub* Stag and Pheasant, en la esquina de Pershore Street, para echar a una banda de entre veinte y treinta *peaky blinders* que causaban problemas en el interior. Al intentar sacar a Charles Warner, un batihoja de veinte años y residente en Edgbaston Street, este los atacó y «toda la banda los golpeó y pateó». James Cuson, un peón de veintiocho años de Cheapside, dio una patada al agente Bennett en el estómago para liberar a Warner y se escaparon los dos. El agente Telfer siguió a Warner y lo apresó de nuevo a la entrada de Inge Street, donde «se produjo otro desesperado encuentro en el que Telfer corrió el peligro de ser agredido hasta que Bennett apareció para socorrerlo». Thomas Groves, un trabajador del latón de diecisiete años, acudió para ayudar a Warner y, entre todos, pegaron a los agentes en la cabeza con las hebillas de los cinturones. Se emitió una orden de arresto contra Cuson, a quien identificaron y detuvieron. Lo habían condenado otras dieciocho veces y lo enviaron a prisión durante seis semanas. A Warner, al que se describió como una persona de muy mal carácter, lo encarcelaron durante seis meses y Groves, cuyo nombre también aparecía con frecuencia en los registros policiales, realizó tres meses de trabajos forzados. Los tres hombres vivían en las inmediaciones del *pub* y era evidente que formaban parte de la pandilla local.[66]

Un mes más tarde, se denunció que una *slogging gang* operaba en el barrio de Northwood Street y Kenyon Street, Hockley. Un agente de policía también expuso que en Aston existía un rifirrafe entre la banda de Park Lane y la de Lichfield Road. Lo más interesante es que declaró que esta última estaba compuesta por muchachos trabajadores, algo que contrastaba con el resto de las bandas cuyos miembros eran holgazanes que sobrevivían a base de pequeños robos o gracias al trabajo de sus mujeres y novias. Tres individuos que pertenecían a la de Lichfield Road fueron acusados de herir a William Latham y de intentar infligirle lesiones graves. Sus nombres eran Samuel Preece, Albert Medlicott y Samuel Greer. El 24 de agosto, golpearon a Latham con la hebilla de un cinturón, lo apuñalaron en el pecho y, cuando cayó al suelo, lo patearon. Fue trasladado inconsciente al hospital y permaneció ingresado seis semanas, durante las que se temió que perdiera la vida a causa de las lesiones.

Juzgaron a sus agresores en el Tribunal de Warwick en diciembre de 1895 y el juez Day manifestó que iba a «romper el acuerdo de Lichfield Road».[67] Apodado «Día del juicio final»,* se había vuelto célebre por castigar a los miembros de las bandas de Liverpool con el látigo de nueve colas.[68] Por ello, cuando sentenció a estos tres hombres, a los que tildó de ser «una panda de rufianes que infestaban las afueras de Birmingham», instó a la policía a que tomara más medidas y confesó que deseaba librarse del problema. Greer fue condenado a diez años de trabajos forzados y Medlicott y Preece a dos.[69]

Ese mismo mes, llevaron al primer hombre que se designó específicamente con el término *peaky blinder* ante el juez. Era Henry Lightfoot, de veintidós años y, extrañamente, no tenía una residencia fija. Como guardaba rencor a unos hombres que bebían en una cervecería, irrumpió en el local, agredió a varias personas con un palo y mordió en las manos al dueño

* En inglés «*Judgement Day*». El apellido de este juez, Day, sirve para hacer un juego de palabras que muestra su mano con los criminales. *(N. de la T.)*

y a su mujer cuando intentaron echarlo. A continuación, el «criminal» se encaminó por Hurst Street hacia Bromsgrove Street y golpeó a todas las personas con las que se cruzó hasta que tropezó con el detective Tingle. «¡Serás gilipollas! ¡Lárgate!», gritó Lightfoot, que levantó el palo por encima de la cabeza y «le soltó semejante porrazo a Tingle en la testa que lo obligó a bajar la guardia». El detective pegó a Lightfoot en la cara y lo derribó, pero uno de sus compinches vino en su rescate y tiró al policía al suelo, acto que dio la oportunidad a Lightfoot de volver a darle con el palo. Al final, Lightfoot fue arrestado. En el tribunal, el sargento Richards dijo que ya lo habían enviado a prisión muchas veces por agredir a efectivos del cuerpo, por lo que lo castigaron con severidad por el ataque de Hay Mills. Los magistrados dijeron que no cabía duda de que era un *peaky blinder* pernicioso y lo encerraron durante seis meses.[70]

Lightfoot no era el primero de su familia que tenía problemas con la justicia. En enero de 1877, habían multado a su hermano mayor, Samuel, con un chelín más costes en el Juzgado de Primera Instancia de Balsall Heath. Su delito había sido «la peligrosa práctica del *bandy* (parecido al *hockey)* en la vía pública». Entre los magistrados que le impusieron la multa había hombres de familias ricas dedicadas a la industria. Una sanción así sobre el, por entonces, chiquillo de once años acentuaba la acometida de las clases medias sobre los deportes violentos de la clase obrera y el uso de las calles como espacio recreacional.[71]

Seis años después, Samuel Lightfoot se vio envuelto en «un alboroto generalizado» en Balsall Heath Road. El agente Rudnick lo había arrestado por «portarse mal» y negarse a abandonar el Sherbourne Hotel Concert Hall. Existen noticias de que, desde 1878, las bandas de granujas malhablados y barriobajeros «producían escandalosas escenas y disturbios» en el exterior de dicho edificio los sábados por la noche.[72] En esta ocasión, Lightfoot «incitó a la muchedumbre, que se congregó a su alrededor para liberarlo, y lo consiguieron». Cuando los agentes lo apresaron de nuevo, «se comportó como un loco mientras daba patadas y agredía a la policía». La multitud, que ahora ascendía a unas doscientas personas, liberó una vez más al criminal, que desapareció sin dejar rastro. Al final, sin embargo, le impusieron una multa de cuarenta chelines más costas.[73]

En cuanto a Henry Lightfoot, su primer delito fue robar un pato en 1886. Tenía trece años y pasó siete días en la cárcel. Dos años más tarde, lo tacharon de «reincidente» cuando lo condenaron a nueve meses de prisión y trabajos forzados por robar ocho picaportes de latón.[74] Anteriormente, había robado fruta, una chaqueta y unas palomas, y volvería a ser encarcelado numerosas veces más por llevar a cabo pequeños hurtos, por apostar, emborracharse, allanar la propiedad, provocar daños intencionados y utilizar lenguaje obsceno. Pero, además de ser un ladrón de poca monta, Lightfoot también era agresivo. En diciembre de 1892, lo encerraron durante nueve meses por un delito de lesiones; en 1894, pasó otros seis meses en prisión por agredir a un agente, y lo condenaron por este mismo delito en otras seis ocasiones. Su última ofensa se produjo en 1907, cuando robó doce cepillos para fregar el suelo.[75]

Siete años después, al poco de estallar la Gran Guerra, Lightfoot se unió al Real Regimiento de Warwickshire el 14 de septiembre de 1914. Este hombre, que había quebrantado las leyes de su país durante gran parte de su vida, decidió luchar por él, como pone de relieve el hecho de que admitiera tener treinta y cuatro años cuando, en realidad, eran cuarenta y uno. Aun así, los viejos hábitos son difíciles de abandonar y, en noviembre de ese mismo año, lo encerraron durante catorce días por insolencia y por amenazar a un suboficial. A los pocos días de cumplir su condena, lo dieron de baja del ejército porque tenía pocas posibilidades de convertirse en un soldado eficiente.[76]

Por aquel entonces vivía en Rowington Terrace, Berkley Road, distrito de Hay Mills. Y allí seguía en enero de 1915, cuando volvió a alistarse, esta vez en el 2.º-5.º Batallón de Reserva del Real Regimiento de Warwickshire, una unidad del Ejército de Tierra. Aun así, Lightfoot no dejó de ser un soldado problemático. En agosto de 1915, se dirigió de forma insubordinada a un superior y «lo amenazó violentamente», por lo que lo apresaron durante veintiocho días. Al mes siguiente, la pena ascendió a ocho meses por desobedecer una orden y fingir estar enfermo. Poco después de terminar su condena, el 21 de mayo de 1916, enviaron su batallón a Francia para que sirviera junto a la Fuerza de Expedicionarios Británicos como parte de la 143.ª Brigada de la 48.ª División. Allí, el 1 de julio de 1916, Lightfoot participó en la primera jornada de la sangrienta batalla del Somme, pero resultó herido en el ojo derecho, y en el costado al día siguiente. Cuarenta y ocho horas después lo enviaron de vuelta a Inglaterra y, en abril de 1917 lo licenciaron del ejército por no ser físicamente apto para el servicio activo.[77] Henry Lightfoot murió en 1936 a la edad de sesenta y tres años.

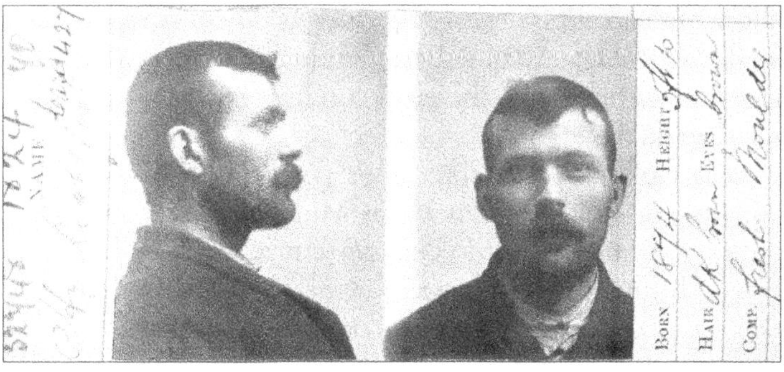

Henry Lightfoot fotografiado por la policía de Birmingham en enero de 1904, cuando lo arrestaron por robar un cerdo. En 1895, se convirtió en el primer individuo de la historia al que se le aplicó el término de *«peaky blinder»*. © West Midlands Police Museum

Protección a cambio de dinero

En enero de 1896, un corresponsal del *Birmingham Mail* se lamentó de que, «a pesar de los esfuerzos del cuerpo de policía de Birmingham, en la actualidad vivimos en un verdadero régimen de terror provocado por los rufianes profesionales y los *peaky blinders*». El reportero aseguraba que la sola presencia de uno de ellos en cualquier barrio era suficiente para enardecer a todo el distrito, pues dicho canalla «está convencido de que tiene seguidores, y los *peakies* jóvenes imitan su conducta incontrolable e intentan seguirla los sábados por la noche. Además, saber que tiene admiradores parece jugar a favor de sus negocios», que consistían en golpear y robar a los vendedores borrachos y demás ciudadanos. Si se daba la circunstancia de que atraparan a alguno, según el periódico, acudían al juzgado «con el aspecto más inofensivo y alicaído posible y con algún vendaje innecesario. Entonces, alegan que lo lamentan mucho, pero que iban bajo los efectos del alcohol y, con la ayuda de los abogados del Juzgado de Primera Instancia, regresan con sus amigos y una pequeña multa». A continuación, elaboran una lista y recorren todos los *pubs* en un radio de un kilómetro con el propósito de recolectar dinero para «el pobre fulanito o menganito que se ha metido en "algún problemilla" y, si no contribuyes, te increpan con frases del tipo "pobre de ti" o "ay de ti"».[78]

Pat Collins, un célebre empresario que había sido responsable de muchas ferias en las Midlands, se resistió a este proteccionismo tan burdo cuando se hizo cargo de la Onion Fair de Birmingham en septiembre de 1890. En un principio, este acontecimiento —que data del año 1400— se celebraba en el centro de la ciudad, pero el ayuntamiento lo suspendió en 1875 al considerarlo un espectáculo bullicioso y vulgar. Como respuesta, Randle Williams, el rey de los empresarios, trasladó la feria al Old Pleck, en el extremo más septentrional de Birmingham y cerca de los límites de Aston. Puesto que Saint Stephen's Street la atravesaba, enseguida «se convirtió en el coto de caza de los matones y las bandas que exigían un tributo a los empresarios para dejarlos tranquilos».[79] Debido a los problemas que causaban los *peaky blinders* con sus tasas de protección, sin embargo, Williams vendió el contrato de arrendamiento a Pat Collins. Por entonces, circulaban historias de que Collins se había deshecho de las bandas callejeras con la ayuda de un firme puño de acero, pero él las negaba y señalaba que era absurdo, porque no había empleado ningún arma. En su lugar, recordaba:

> Sabía a lo que me enfrentaba. Las bandas vendrían y demandarían su dinero para dejar tranquilos los puestos. Podían ser dos chelines, seis peniques o, en el caso de los *peaky blinders,* un chelín que esos «muchachos de aproximadamente dieciocho años compartían entre ellos». Dije que me quedaría el contrato y limpiaría el terreno para que la gente viniera a la feria a lucir su reloj de cadena y encontrarlo en su sitio cuando fuesen a mira la hora. Le solicité al inspector McManus —que después sería comisario de la policía de Birmingham— que me prestara veinte hombres; consiguió quince, que derribaron de un puñetazo a los primeros gánsteres que vinieron a exigir su dinero. Los policías con ropa de paisano traían unos palos de aspecto tan terrible que mantuvieron a las bandas a raya.[80]

A Terry Proctor le contaron la historia de cómo su abuelo trataba con los *peaky blinders* cuando acudían a su carnicería del 89 de Summer Lane para exigirle un pago a cambio de protección. Edwin Proctor, un hombre fuerte y atrevido, que no se dejaba intimidar, les ordenó que se largaran o lo pagarían caro. Como no le obedecieron, según Terry: «Edwin agarró uno de los ganchos giratorios de los carriles para colocar la carne que tenía detrás, lo colgó del mostrador, enganchó a uno de los tipos del cuello, lo elevó en el aire, lo golpeó hasta dejarlo inconsciente y, después, lo lanzó por la ventana abierta del escaparate. ¡No volvió a tener ningún problema con ellos!».[81]

Las pequeñas extorsiones a los comerciantes se combinaban con el acoso y la intimidación. Por ejemplo, en diciembre de 1896, varios jóvenes, «que pertenecían a una banda de rufianes que hacía tiempo que infestaba las calles de Ladywood», exigieron a un dependiente apellidado Smith, que acababa de terminar su jornada vespertina en Sherborne Street, que les diera tabaco. Lo persiguieron, pero el hombre se refugió en su lugar de trabajo. El gerente, Josiah Griffiths, se armó con un látigo y acompañó a Smith al exterior, pero la banda se abalanzó de inmediato sobre ellos. Arrebataron a Griffiths su látigo y «emplearon con libertad navajas y hebillas de cinturón. Al final, un potente conjunto de obreros espantó a los matones y trasladó al señor Griffiths al hospital, pues era quien presentaba las heridas más graves.[82]

El reinado de los matones

Las peleas de las *slogging gangs* y las agresiones de los *peaky blinders* en 1895 habían vuelto a proporcionar a Birmingham una atención no deseada, como da fe de ello el *Coventry Evening Telegraph*, que aseguró que la ciudad llevaba demasiado tiempo cargando con la mala fama de ser un lugar violento. Apenas pasaba un mes «sin que tengamos que registrar algún sorprendente caso de agresión» y las sonadas *slogging gangs* todavía eran la pesadilla de ciertos distritos.[83]

Aunque no se produjeron grandes brotes de violencia de bandas al año siguiente, muchos ciudadanos temían a los *peaky blinders.* Un lector escribió al *Birmingham Mail* para quejarse de que los magistrados de la ciudad ignoraban este tema, debido, en gran medida, a que «los que administran la justicia en esta ciudad residen en las elegantes afueras o en el campo». Además, les instaba a que hicieran una visita ocasional a Summer Lane, Hospital Street o, incluso, a los barrios de Camden Street o Spring Hill —más respetables— un sábado por la noche, pues se harían una idea de lo que los ciudadanos tenían que soportar, ya que las esquinas de Birmingham estaban «infestadas de esos parásitos humanos que esperan la oportunidad de que pase alguna chica o mujer para soltar el lenguaje más grosero que puedan escuchar sus oídos».[84]

En 1897, los periódicos de todo el país volvieron a centrar su atención en la mala reputación de Birmingham con titulares como: «El reinado de los tipos duros en Birmingham» y «La violencia desatada de los matones de Birmingham»,[85] que surgieron como consecuencia del asesinato del agente Snipe. El domingo 18 de julio de 1897, a altas horas de noche, el policía se encontraba de servicio en Hockley Hill después de que cerraran los *pubs* cuando:

> Un hombre llamado Kilrain, que estaba bajo los efectos del alcohol, formó tal alboroto que Snipe —al que acompañaba el agente Mead— procedió a arrestarlo. Kilrain opuso una gran resistencia y, mientras los agentes forcejeaban con él, un hombre, Charles Alvis, se acercó y los atacó. Se produjo una salvaje escaramuza en la que un tercer hombre, James Franklin, lanzó un ladrillo que golpeó a Snipe en la cabeza y lo dejó inconsciente. Lo trasladaron al Hospital General en ambulancia, donde murió [...].[86]

El hecho de que, durante los seis años anteriores, el agente Snipe fuera agredido ocho veces mientras cumplía con sus obligaciones, acentúa los constantes peligros a los que se enfrentaban los agentes de policía.[87]

Como sucedió con el asesinato del agente Lines en 1875, el homicidio del agente Snipe desató la ira del pueblo. Se realizó una colecta para su viuda y, el día del funeral, enormes multitudes hicieron cola en las calles que conducían al cementerio de Warstone Lane.[88] Aunque se juzgó a Franklin por asesinato, lo absolvieron porque las pruebas indicaban que había sido otro hombre el que había lanzado el ladrillo: George «Cloggy» Williams, que fue declarado culpable de homicidio involuntario y condenado a cadena perpetua. Se envió a otros cuatro hombres a prisión con sentencias más cortas. Mientras el agente Snipe yacía inconsciente en el suelo, Kilrain (que también aparece bajo el nombre de Colerain), no solo lo había pateado en la cabeza, sino que también había golpeado al agente Mead, por lo que tuvo que realizar dieciocho meses de trabajos forzados. Por su parte, Thomas Hedges, Charles Edward Elvis y Thomas Moran fueron condenados por haber agredido a los dos policías y cumplieron una pena de nueve meses de trabajos forzados.[89] Pero, por suerte, el reinado de los *peaky blinders* estaba a punto de llegar a su fin.

Capítulo 3

El final del reinado de los *peaky blinders*

Epidemia de brutalidad

Una campana suena con un estruendo mientras un jinete solitario galopa por una calle adoquinada. Es un hombre corpulento, que va erguido, con un bombín, un abrigo largo desabrochado, traje y corbata. Se detiene frente a una fila de policías a caballo, cada uno con una porra en la mano, alineados de manera amenazadora a lo largo de la calle. Son las únicas personas en la calzada. Detrás de ellos se alza, imponente, una enorme y grotesca fábrica. El martilleo de las prensas intensifica la tristeza del paisaje y el ambiente sombrío. El jinete se dirige a los agentes con contundencia y un marcado acento norirlandés. Deben remover cielo y tierra para hallar todas las armas y balas que puedan y entregárselas para su inspección.

Los policías a caballo avanzan por la calle y se detienen, a intervalos, frente las casas que hay a cada lado. Los acompaña una amplia patrulla de agentes a pie con capa, que recorren la calle y se detienen en parejas. Tras la señal de su líder, tiran abajo las puertas principales de las casas e irrumpen en su interior en busca de comunistas. Mientras hacen sonar los silbatos, sacan a rastras a los hombres y se escucha el sonido de las porras al golpearlos. Los niños corren asustados calle abajo mientras apartan a las mujeres que se limitan a gritar.[1]

Es otra vívida y absorbente escena de la primera temporada de *Peaky Blinders.* El hombre a cargo del ataque a la calle, situada en el epicentro de la base de poder del clan Shelby, es el inspector jefe Campbell. Posee un porte físico imponente, es astuto y le precede la reputación de haber librado a Belfast del crimen y la corrupción, motivo por el cual Winston Churchill lo ha enviado a Birmingham para que recupere una remesa de escopetas y otras armas que han desaparecido de la Birmingham Small Arms Company (BSA). Los sospechosos principales son los Peaky Blinders, hacia cuyo líder, Tommy Shelby, Campbell desarrolla un intenso odio. También detesta a los fenianos del IRA y a los comunistas que, junto a los Peaky Blinders, conforman «una bestia de tres cabezas» que el inspector cree que él mismo debe decapitar.

Puesto que desconfía de la policía de Birmingham, incorpora hombres de Belfast al cuerpo; protestantes, como él, evidentemente. Ellos serán sus tropas de asalto en el ataque al núcleo de los Shelby. Sin embargo, Campbell fracasa en su encargo de acabar con los Peaky Blinders, al contrario de lo que le ocurrió a otro agente de policía protestante de Belfast que, de hecho, sí que tuvo un papel protagonista en el derrocamiento tanto de los verdaderos *peaky blinders* como de los matones callejeros de Birmingham. Su nombre era Charles Haughton Rafter y fue nombrado jefe de policía en 1899 a raíz de la ola de protestas que provocó la «epidemia de violencia» que asolaba Birmingham.[2]

Tras el asesinato del agente Snipe, algunas personas reclamaron que se extendiera el uso de la flagelación a los casos de violencia callejera, pues la ley solo permitía ese castigo si la agresión iba acompañada de un robo. El jefe de policía Farndale estaba de acuerdo, pero temía no poder hacer mucho más con la fuerza del cuerpo policial.[3] También llegaron quejas contra la indulgencia de los magistrados, que penaban las agresiones a los agentes con multas en lugar de con seis meses de cárcel, como dictaba la ley. Como respuesta, en agosto de 1897, Arthur Chamberlain, líder de los magistrados y hermano de Joseph Chamberlain, solicitó a sus compañeros que «examinaran los casos desde el punto de vista de los pacientes

Charles Haughton Rafter, con el uniforme de agente de la Real Policía Irlandesa, antes de que lo nombraran jefe de policía de Birmingham. ©*West Midlands Police Museum*

propietarios y no desde el de los infractores, que comparecían ante ellos y se mostraban verdaderamente arrepentidos, pero los sábados y los domingos en las calles resultaban de lo más molestos para las personas tranquilas». Debían dejar claro que los delitos contra las personas eran más graves que los cometidos contra la propiedad.[4]

Charles Anthony Vince era un académico, escritor principal del *Birmingham Post* y firme partidario de Joseph Chamberlain. En su libro sobre la historia de las autoridades de Birmingham, se esforzó por representar la ciudad de la mejor manera posible. Aun así, él mismo admitió que, en la década de 1890, la atención del público se dirigió al alarmante aumento de los delitos violentos. Los vecinos se unieron para exigir unas medidas más drásticas que «reprimieran este mal que había surgido tras el asesinato del agente Snipe»,[5] y sus protestas llegaron a su punto álgido en 1898. Ese año, según

Geoffrey Pearson, la palabra *hooligan* prorrumpió de forma abrupta en el vocabulario inglés durante el cálido verano «como consecuencia de la tumultuosa celebración de la festividad de agosto* en Londres, al final de la cual varios grupos de personas declararon ante el juez acusados de desorden público, embriaguez, agresiones a la policía, hurtos y peleas».[6]

Ese mismo año en Birmingham, la cantidad de acusaciones por agresiones a agentes alcanzó la cifra de 623 (si incluimos, además, a todos los miembros del cuerpo, en realidad fueron 700).[7] Entre ellos se incluía el ataque que sufrió el agente Leach, un joven de veintitrés años «con un buen físico y residente en Chelteham». Al trasladar a un borracho problemático a la comisaría, una pandilla de jóvenes lo atacó en Lister Street. Uno de ellos le lanzó una botella o un ladrillo, que lo golpeó en la cabeza y le fracturó el cráneo, lesión por la que tuvieron que trepanarle. Poco después, el sargento Brown y varios agentes arrestaron a siete vecinos de la localidad con edades comprendidas entre los diecisiete y los veintidós años.[8]

Lo que distinguía a los miembros de las bandas de *peaky blinders* como esta de otros jóvenes eran el peinado y la forma de vestir. No obstante, gran parte de esa estética también la adoptaban otros tipos duros que no tenían por qué pertenecer a una banda. Como consecuencia, el nombre de los *peaky blinders* se aplicaba cada vez más a cualquier persona violenta que se metiera en peleas y causara daños en los lugares públicos. Como el *Daily Mail* informaba a sus lectores, «Birmingham, como algunos distritos de Londres, tiene sus propios *hooligans,* aunque, en las Midlands, se conoce a estos rufianes con el eufónico nombre de "*peaky blinders*"». John Groves era uno de estos jóvenes. Descrito como un muchacho prometedor de dieciocho años, en mayo de ese año lanzó una botella a un agente que tuvo que ser atendido en el hospital debido al corte

*En Inglaterra, el Bank Holiday es un día de fiesta que se celebra el último lunes de agosto, por lo que nunca cae en una fecha del mes determinada. *(N. de la T.)*

que le ocasionó en la mejilla izquierda. Como Groves no tenía condenas previas, lo enviaron a prisión con una pena de tres meses de trabajos forzados. Aunque no se presentaron pruebas de que perteneciera a alguna banda, le asignaron el apelativo de *peaky blinder*, uno de esos «terroristas que están acostumbrados a maltratar a las personas indefensas con las que se cruzan por la calle». A esta ampliación del uso de la palabra la siguió la aparición de dos nuevos términos para describir a los hombres violentos y a los ladrones de poca monta: «Del estilo de los *peakies*» y «de la calaña de los *peakies*».

La llegada de Rafter

La epidemia de violencia de Birmingham provocó un aumento de las personas que demandaban que se eliminara ese elemento tan peligroso que eran los *peaky blinders*. Como expresó un analista: la fraternidad del pantalón de campana «había reinado durante demasiado tiempo y los magistrados, que han sido demasiado indulgentes, no han dado la suficiente importancia a los ataques a la policía y los ciudadanos».[9] El clamor popular, que pedía la entrada en acción de las autoridades, se intensificó y se escuchó a nivel nacional.

En enero de 1899, el *Globe*, un periódico londinense, informó de que «los ciudadanos de Birmingham se quejan con amargura, y no sin buenas razones, de la brutal tiranía que ejercen los matones callejeros». Además, explicaba que, desde hacía poco tiempo, los magistrados habían impuesto castigos disuasorios en lugar de «las sentencias absurdamente tolerantes que solían dictar». Los beneficios, decían, habían sido inmediatos, pero, recientemente, los jueces de paz habían recuperado su misericordia anterior y el matonismo había levantado cabeza. De hecho, una banda armada con cinturones con hebillas y navajas se había lanzado sobre un hombre inocente que se dirigía a su casa y, «además de golpearlo sin piedad, lo apuñaló hasta casi matarlo». Asimismo, otros miembros de la banda atacaron y apuñalaron de gravedad a un testigo cuando abandonaba el juzgado tras haber prestado declaración. Era un caso perfecto para mostrar una severidad ejemplar, pero solo penaron al líder con dos meses de cárcel.[10]

Tres meses más tarde, el jefe de policía Farndale dimitió por problemas de salud. Aunque lo hizo en mitad de la «epidemia de matonismo», algunos observadores lo alabaron. *The Owl,* una publicación local, dijo de él que era un funcionario público admirable que había hecho todo lo posible por limitar las áreas de influencia de las *slogging gangs.*[11] Esta afirmación era discutible. Aunque las grandes batallas entre las bandas de distintas calles habían disminuido, las agresiones a los agentes se mantenían, como lo hacía también el poder de los *peaky blinders* en los barrios pobres.[12]

El sucesor de Farndale, el norirlandés Charles Haughton Rafter, sí fue muy alabado por acabar con la regencia de los *peaky blinders.* Su fallecimiento en el cargo en 1935, tras treinta y seis años de servicio, apareció en la primera página de los periódicos locales y encabezó el *Birmingham Daily Gazette* con el titular: «Limpió los puntos negros».[13] El funeral de Rafter fue un acto cívico al que acudieron los funcionarios públicos y una guardia de honor formada por cientos de policías. Sin embargo, el verdadero homenaje a su vida y trabajo no se le prestó en el funeral oficial celebrado en la iglesia de Saint Martin, en el Bull Ring, sino con el hecho de que dicho acto «llenó las calles de los alrededores de la Saint Martin y de la Harborne Parish Church de hombres y mujeres sin ningún estatus oficial, que lloraron la muerte de un hombre que primero era una persona y, después, si era necesario, un oficial». Los ciudadanos de Birmingham salieron de sus casas y se alinearon en las calles por millares para «rendir humilde tributo a un oficial que, además de realizar su trabajo de forma extraordinaria, se había ganado el cariño del pueblo». Para la mayoría de las personas de la clase trabajadora que cumplían la ley, ese

Recortable del *Birmingham Daily Gazette* del día 28 de agosto de 1935 en el que se muestra la amplia multitud de gente que se reunió a las puertas Saint Martin's, en el Bull Ring, para el funeral de sir Charles Haughton Rafter. *©Library of Birmingham*

afecto había llegado gracias al liderazgo de Rafter, que echó a los *peaky blinders* y aseguró las calles.[14]

Criado en una familia protestante de Belfast, se había unido a la Real Policía Irlandesa como cadete en 1882. Era una época turbulenta en la que Irlanda estaba cada vez más dividida entre los nacionalistas católicos, que buscaban la independencia irlandesa, y los unionistas protestantes, que deseaban permanecer en el Reino Unido. Ascendió a inspector del distrito y se le asignó la zona de Ballinrobe, en el condado de Mayo, donde la Liga de la Tierra estaba en activo. Este movimiento fue una campaña popular contra los latifundios: cuando los alguaciles llegaban para entregar las notificaciones de desahucio, se encontraban con manifestaciones multitudinarias. Aquellos que se veían forzados a abandonar sus hogares obtenían ayuda de sus vecinos, y se colgaban avisos de embargo en las granjas de las que se había echado a los arrendatarios. Pero si no te relacionabas con los seguidores de la Liga, te aislaban.

Más adelante, Rafter se trasladó a Tipperary, donde se ganó la admiración del conde Arthur Moore, un diputado del parlamento irlandés, quien le escribió una brillante carta de recomendación que incluyó en la solicitud que envió al Comité de Observadores de Birmingham. Moore destacaba que los ánimos habían estado tan caldeados en Tipperary durante el servicio de Rafter que «la necesidad de cualquier táctica o juicio habría precipitado un enfrentamiento entre los dos convulsos bandos en cualquier momento. Durante ese tiempo, el señor Rafter mantuvo la calma y la cabeza despejada, superó con éxito los problemas de ese periodo azaroso y manejó a las multitudes de hombres armados y exaltados con un tacto y buen temperamento infalibles».[15] Rafter también era conocido por sus habilidades para la organización y por el esmero y talento que demostraba en su trabajo.[16]

De los cincuenta candidatos al puesto de jefe de policía de Birmingham, él fue uno de los ocho finalistas y el único que acudió a su entrevista vestido con el uniforme completo. Por muy impresionante que esto resultara, lo fue todavía más su evidente habilidad para tratar no solo con las situaciones potencialmente violentas de forma serena y efectiva, sino también para supervisar el descenso de la delincuencia. Y estas eran las cualidades necesarias para derrotar a los *peaky blinders*.[17] Empezó a trabajar en 1899 «con extrema precaución», según el *Birmingham Mail*. Además de estudiar la ciudad y sus características en profundidad, le gustaba que sus hombres fueran inteligentes y tuvieran buena forma física y conocimientos de las leyes en base a las cuales realizaban los arrestos.

Rafter había demostrado su valor en Irlanda y, con su estilo tranquilo y modesto, obró de igual modo en el Birmingham and Midland Institute durante una reunión sobre la Segunda Guerra Bóer. El evento había congregado a una multitud clamorosa y algunos de los asistentes mostraron una actitud amenazante. En cuanto Rafter lo notó, abandonó la discreta esquina de la estancia en la que se encontraba y se dirigió a la parte delantera de la plataforma, listo para intervenir si era necesario. Según el periódico, «se produjo una brusca avalancha y algunos hombres sobrepasaron el cordón policial y se encaminaron hacia los oradores. De inmediato, Rafter identificó al líder y lo tomó del cuello de la camisa». Dicho hombre, de estatura reducida, forcejeó en vano contra las garras del jefe de policía. Entonces, Rafter, que lo agarraba con decisión pero no con demasiada fuerza, le dijo algo en voz baja y el hombre se marchó.[18] Con este incidente se revelaron algunas de las técnicas que se utilizarían contra los *peaky blinders:* fuerza física, resolución, valentía y determinación; todas ellas necesarias, ya que los primeros años de Rafter en Birmingham estuvieron marcados por una violencia interminable.

Acoso a los agentes

En junio de 1900, a raíz de distintos informes sobre alborotos, se envió a cinco agentes a Barford Street, una de las calles que, desde 1870, se asociaba con los *sloggers* y las bandas callejeras. Cuando la patrulla llegó al sitio e intentó arrestar a dos hermanos, Albert Harris, un bruñidor de latón de dieciocho años, golpeó con la hebilla de su cinturón al agente Hurst, y Percy Langridge, otro bruñidor de dieciséis años, apuñaló al agente Barker y pateó en las piernas a los agentes Lawson y Watson. Estos últimos, asimismo, sufrieron el ataque de Fredrick Long, un pulidor de quince años. Para rematar, Henry Attwood, de veinte años, apuñaló en el brazo al agente Macaulay. Se consideró que los cuatro eran de la calaña de los *peaky blinders* y se condenó a Harris a tres meses de prisión y trabajos forzados y a Long, a uno.

Debido a la seriedad de los cargos —herir de manera ilegal y violenta a varios agentes de la ley—, los magistrados no podían juzgar ni a Langridge ni a Attwood, por lo que pasaron el caso a la Audiencia, que era el organismo más importante de cada condado y se reunía cuatro veces al año bajo la presidencia de un juez itinerante. Nacido en Brighton, Langridge medía metro sesenta y cinco y tenía varios tatuajes. Tanto él como Attwood fueron sentenciados a cinco años de prisión, como prueba de que los tribunales empezaban a tratar las agresiones a los policías con mayor severidad. Tras cumplir su condena, Langridge recibió el respaldo de la Discharged Prisoners' Aid Societies (Sociedad para la Ayuda de los Presos), que le consiguió trabajo como ayudante de un herrero en Londres.[19]

Al informar de este caso, el *Birmingham Mail* expresó los sentimientos de muchas personas al declarar que «el cuerpo policial no era un grupo feliz». Se reveló que, en 1899, se habían realizado 585 acusaciones por agresiones a la policía y que, en aquel momento, había 9 hombres incapacitados para el servicio a causa de los ataques.[20] Al año siguiente, la fuerza policial ascendía a 700 hombres y se produjeron 496 acusaciones por agresión. Esta cifra no era tan alta como en 1898, pero todavía resultaba evidente que se producían demasiados ataques. Además, en 1901, el total ascendió a 507.[21]

El agente Bennett fue uno de los policías heridos ese año. En enero de 1901, le atravesaron la espalda con una navaja larga. La herida era muy profunda y lo habría matado al instante si se hubiera producido dos centímetros más abajo. El agresor fue Thomas Walters, uno de los jóvenes a quienes habían expulsado del teatro Saltley por alteración del orden público y al que el agente Bennett había amonestado. Walters fue sentenciado a cinco años de trabajos forzados por un delito de lesiones.[22] En algunos periódicos se lo consideró un *peaky blinder* y en otros, un matón o, curiosamente, un *hooligan.*[23]

Los problemas constantes que causaban los *peaky blinders* se acentuaron en el verano de 1901, cuando una delegación contactó con el Comité de Observadores para solicitar que instalaran una comisaría en el barrio de Garrison Lane debido a los disturbios. No pretendían exagerar, explicaron, «pero, en la actualidad, existe tal situación de violencia y anarquía que resulta escandalosa para la ciudad. Todas las noches, y también los sábados y los domingos, el lugar es un verdadero pandemonio en el que los *peaky blinders* y los tipos duros campan a sus anchas». La situación era tan terrible, que poco tiempo antes, uno de los miembros de la delegación había tenido que salir corriendo para salvar la vida cuando cerca de cincuenta matones, que estaban acribillando una fábrica a pedradas, lo vieron pasar.[24]

Mi tío abuelo Wal me habló de la mala fama de las bandas de Garrison Lane y Summer Lane. Nacido en Studley Street, Sparkbrook, en 1897, recordaba que, en su niñez, era «habitual juntarse después de tomar unas pintas y equiparse con puños de hierro, cinturones con hebillas y otras armas para ir al territorio de la banda rival que les debiera alguna paliza, lo que siempre se convertía en una discusión corta e intensa en la que ni se pedía ni se concedía misericordia».[25]

Como lamentó el *Birmingham Mail,* en noviembre de 1901, «el *peaky* sigue con nosotros y la noción de que el policía solo existe como diana de los ladrillos que lanza, todavía no ha desaparecido».[26] La ferocidad que mostraban hacia el cuerpo de la ley quedó patente ese año en una serie de artículos mordaces que escribió J. Cuming Walters, el escritor principal del *Birmingham Daily Gazette.* Se titularon *Scenes in Slumland: Pen Pictures of the Black Spots in Birmingham (Escenas de los suburbios: breves descripciones de los puntos negros de Birmingham),* y sus revelaciones sobre las dimensiones de la pobreza y «el arrendamiento de los suburbios» en la «ciudad mejor gobernada del mundo» fueron un escándalo. Walters trasladó a los lectores lo que él percibía como las miserables calles de «los suburbios», de las que la mitad:

> [...] las atravesaban los lúgubres puentes de piedra azul del ferrocarril, por los que los trenes no dejan de circular a la vez que generan un gran estruendo. Además, estos arcos son los toques finales de una obra pictórica deprimente y sin amortizar. Casi con toda certeza, habrá un *«peaky»* o dos ganduleando en las esquinas y, en las vías públicas menos frecuentadas, la amenaza que representan no debería tomarse a la ligera. La presencia policial no es escasa y, aunque debería ser más fácil cruzarse con ellos, no debe parecernos trivial que los agentes casi siempre vayan en parejas. En aquellos lugares en los que se considera que la policía es el enemigo natural, y su mera presencia es una afronta para la banda, ser precavido nunca está de más. Hasta ahora, en este barrio de Birmingham, los policías solitarios acababan prácticamente muertos o mutilados de por vida como venganza por el arresto de algún criminal, y nunca ha importado si dicha venganza —que suele venir en forma de ladrillo o cinturón— se lleva a cabo sobre el agente que suscitó ese resentimiento o sobre alguno de sus compañeros. Tras el acoso a los agentes, viene un pasatiempo que, aunque es menos emocionante, resulta muy satisfactorio: el maltrato de las esposas, pero las acciones legales contra los brutos que lo practican rara vez se emprenden, por razones que se sobreentienden.[27]

Unos meses después de estas deprimentes observaciones, otro agente de policía fue asesinado en uno de los callejones de Birmingham. La tarde del 22 de julio de 1901, George Fowles, un bruñidor de latón de diecinueve años, bebía en los alrededores de Staniforth, en la localidad de Gosta Green, con Joseph Adey, de veintitrés, y John Davis, de treinta y tres, ambos pulidores. Cuando se acercaba la medianoche, empezaron a cantar en la calle. El agente Gunter «les pidió de manera razonable que se marcharan y dejaran de molestar a los vecinos» y después fue a atender una pelea doméstica que se había desatado en el hogar de la familia Bruce, no lejos de allí.[28]

En la investigación de su muerte, varios testigos del barrio testificaron contra los tres hombres. Entre ellos estaba Mary Ann Bruce, que declaró que siete hombres, Fowles y Adey incluidos, habían seguido al agente Charles Gunter hasta su domicilio, al que había acudido para apaciguar la disputa doméstica. La prima de la señora Bruce, Emma Butler, explicó que, en cuanto el guardia abandonó la casa, «lo rodearon entre todos». Cuando el juez de instrucción le preguntó qué había pasado, ella contestó con sequedad: «Ladrillos. Creo que cuatro». Otros fragmentos llegaron desde Fisher Street, así como quince hombres que rodearon al policía, y el agente se desplomó.

La madre de Butler, Fanny, dijo que William Willis, antiguo huésped de la familia Bruce, le había contado que, después de que el agente Gunter ordenara a los jóvenes que cantaban en la calle que se marcharan, uno de ellos había dicho: «Sigámoslo y acabemos con él». Lo que sucedió a continuación lo presenció Thomas Smallbone, el vigilante nocturno de la cercana fábrica de plumillas Perry and Co., de Lancaster Street. Había visto a un hombre con sombrero de fieltro tomar un ladrillo y romperlo en el bordillo de la calle. Una chica que se encontraba al final de un acceso lo desafió: «Si lo haces, te delato», y el hombre la golpeó.

Dos individuos se unieron a él después, uno en mangas de camisa y otro con un gorro de paja. Avanzaron varios metros y uno de ellos lanzó algo que derribó al policía. Smallbone abandonó su puesto de trabajo a toda prisa y encontró al guardia tumbado en el suelo y sangrando por una herida en la frente. A la mañana siguiente, un sargento de policía acudió al lugar en el que había caído el agente Gunter y descubrió que estaba cubierto de trozos de ladrillo. Ese día, otra testigo de la zona, Alice Lee, escuchó cómo Fowles le contaba a su mujer que había estado en una pelea y había «roto uno o dos ladrillos».

El agente Gunter ingresó en el Hospital General el 30 de julio. Sufrió ocho ataques y, aunque lo operaron, permaneció en estado crítico. Tenía el lado derecho paralizado y no podía hablar. Lo intervinieron en otras tres ocasiones, cada una de ellas por un absceso cerebral. Tras la cuarta cirugía, su estado mejoró, pero sufrió una recaída y murió el 26 de octubre de la meningitis que le había causado una de las inflamaciones cerebrales.[29] Dejó a una esposa y un hijo y fue trasladado a Carmarthenshire para el funeral. Cien agentes y oficiales escoltaron el cuerpo hasta Snow Hill Station, capitaneados por el jefe Rafter.[30]

Los encargados de la investigación oficial habían propuesto un veredicto de homicidio premeditado, pero en el juicio se declaró a los tres detenidos culpables de homicidio involuntario, para sorpresa del juez Bigham, que los condenó a quince años de prisión con la esperanza y la confianza de que «sirva de advertencia para la gente de vuestra clase que vive en esta ciudad, no sabe controlar sus pasiones y, a través de la bebida u otros medios, se deja llevar e incurre en la violencia». La lectura de las sentencias creó bastante revuelo y varias mujeres se pusieron histéricas, aunque el *Birmingham Daily Gazette* indicó con firmeza que deberían haberlos encerrado de por vida y vilipendió el barrio de Staniforth Street por ser «el lugar favorito de los malditos *"peaky blinders"*, esas bestias salvajes con forma de ser humano».[31]

A pesar de que asesinaron al agente Gunter en el distrito de Saint Laurence, una zona muy castigada, al ser considerada una de las manchas más negras de la «Birmingham más sombría», su funeral se celebró en la iglesia de ese mismo barrio. Gunter acudía a ella a rezar desde la comisaría de Duke Street, en la que trabajaba y la cual no se encontraba muy lejos de allí. De hecho, asistió tanta gente al funeral que el exceso de asistentes se acomodó en las aulas del colegio.[32] Y fueron los testigos de este supuesto barrio bajo y duro los que ofrecieron los vitales testimonios que sirvieron para condenar a los tres hombres acusados de su asesinato. Declararon a pesar de las amenazas. El valiente apoyo a la policía por parte de gente pobre como esta, enfadada y cansada del reinado de terror de los *peaky blinders* y los matones de la calle, sería un factor crucial que acabaría con los gánsteres de estos barrios.[33]

Poco después del asesinato del agente Gunter, otro ataque brutal a un policía sacudió e indignó a Birmingham. En enero de 1902, el agente Ernest Blinko «fue derribado y golpeado sin piedad con una macheta (hacha pequeña) hasta su muerte». Sus agresores fueron dos hermanos: David y Frank Cherry, de los que se dijo que profesaban la fe «*peaky blinder*».[34] El día anterior, el agente Blinko había acompañado al agente Stevens a casa de David Cherry para entregarle una citación. Al parecer, los hermanos querían vengarse de él por ello, pues, antes de la agresión, se los vio merodeando de forma sospechosa por la zona, como si buscaran a alguien.

Cuando el agente Blinko apareció, los hermanos atravesaron Sherbourne Road a toda velocidad y lo siguieron por Longmore Street. Al adelantarlo, David Cherry sacó una macheta del bolsillo y «le dio un golpe tan fuerte en la cabeza que lo derribó». Mientras el indefenso policía yacía en el suelo, Cherry le dio tres o cuatro enérgicos porrazos en la cabeza. Su hermano, Frank, estuvo presente todo el tiempo y, según contó un chico de nombre Thomas Steadman, le dijo a su hermano: «Venga, vámonos, ya te lo has cargado». Hay otros testigos que lo corroboran.[35]

Los gritos de las mujeres que habían visto lo ocurrido atrajeron a una multitud de hombres a la escena y los dos hermanos huyeron mientras su víctima era trasladada a toda prisa al hospital en un coche de caballos.[36] Blinko estaba inconsciente y perdía mucha sangre. Solo recuperó el habla una vez y dijo: «Levantadme, me marcho». Para entonces, varias patrullas de agentes buscaban a los hermanos, pero no resultó demasiado complicado hallarlos, ya que llamaban mucho la atención con la macheta y mucha gente los había visto. Al fin, los encontraron en el *pub* George de Ladypool Road, Sparkbrook, y se produjo un forcejeo para arrestarlos que terminó cuando Frank Cherry anunció: «Iremos por las buenas. David, nos han vencido».

Declararon a los hermanos Cherry culpables de homicidio premeditado e intento de asesinato. El juez Bigham afirmó que, de no haber sido por las habilidades del doctor Jordan Lloyd, que salvó la vida al agente Blinko, los habrían ahorcado. Y recalcó que, «en Birmingham, parece que los hombres de vuestra posición tienen predisposición a dar caza a los policías hasta su muerte. De manera que me esmeraré todo lo que pueda para imponeros un castigo que la refrene». Los Cherry fueron condenados a cadena perpetua. El público del tribunal recibió el anuncio entre aplausos, mientras que el *Birmingham Daily Gazette* deseó que estas sentencias ejemplares refrenaran el «impetuoso gamberrismo que existe entre la calaña de los *peakies*» y que conducía a los ataques mortales que sufría la policía sin provocarlos.[37]

La desaparición de los *peaky blinders*

En un principio, pareció que las sentencias dictadas sobre los asesinos del agente Gunter no habían dado resultado. Se habían contabilizado noventa y una denuncias menos por agresiones a la policía en 1902 y, aunque esto suponía un «descenso satisfactorio», las altas cifras del resto de delitos violentos llevaron al *Birmingham Daily Gazette* a anunciar que «el resultado no nos hace albergar esperanza alguna de que se haya controlado a los *peaky blinders* ni de que se haya privado a los *hooligans* de sus atributos más característicos».[38] Los números apoyaban esta conclusión, pues, en 1903, las acusaciones por agresiones al cuerpo policial aumentaron de forma drástica hasta las 459 y llegaron a las 487 en 1905.[39]

A pesar de ello, el 13 de septiembre de 1905, el *Birmingham Daily Gazette* anunció que, aunque se conocía a la ciudad como la morada de los *peaky blinders:*

> [...] sus días de gloria, en los que prosperaban y triunfaban, pero también contaminaban los registros de la ciudad con sus atrocidades, quedaron atrás hace tiempo. El «*peaky*» de hoy en día, gracias a Dios, vive de su antigua reputación y, debido a los esfuerzos y la vigilancia de la policía, se ha retirado casi por completo del servicio activo. No obstante, de vez en cuando se producen olas de matonismo que nos recuerdan que el espíritu que animaba a los tipos duros de años pasados tiene posibilidades de resurgir entre los *hooligans* que se pasean hoy en día por Birmingham. Hoy, las columnas de nuestros periódicos proporcionan muestras de este espíritu de rebeldía en nuestra ciudad, pero no debemos alarmarnos con la idea de que los viejos tiempos de los disturbios callejeros y los rufianes se repitan. La policía nos asegura que Birmingham es una ciudad perfectamente gestionada que no corre ningún peligro de volver a caer en el mal camino. Además, los magistrados serán de gran ayuda si con esta tarea contienen a los canallas con sentencias ejemplares.[40]

Una semana después de la publicación de este artículo tan positivo, el 20 de septiembre de 1905, William Lacey, miembro de una *slogging gang,* disparó a un integrante de la banda de Summer Hill que murió a los cinco días. Se determinó que los dos hombres y sus compinches pertenecían a «una clase social de la que ninguna ciudad se sentiría orgullosa mientras vagabundeaban por las calles en pandillas y se encontraban en repetidas ocasiones con bandas rivales con las que se peleaban, sobre todo, los sábados por la noche». Este artículo del *Mail,* sin embargo, resulta muy revelador porque esta clase de peleas entre bandas era cada vez menos habitual y los *peaky blinders* estaban a punto de desaparecer de la esfera pública.[41]

Al año siguiente, en 1906, la cifra de acusaciones por agresiones a la policía descendió drásticamente en 150, hasta llegar a las 337.[42] En el *Birmingham Daily Gazette* aparecen referencias de enero de 1907 a una «atrocidad que cometieron los *hooligans*» en Newton Row —anteriormente, territorio de los *peaky blinders*— en la que tres hombres de la calaña de los *peaky blinders* robaron y atacaron con brusquedad a un hombre de negocios a altas horas de la noche, pero no hay más menciones a asaltos o peleas de los *peaky blinders* después de eso.[43] Su desaparición fue tan rotunda que, en 1912, el periódico escribió lo siguiente: «Había una época en la que un paseo a medianoche, desde Birmingham a cualquiera de los suburbios, a través de los barrios pobres, resultaba una peligrosa aventura. Se producían actos viles en los callejones y había una guerra, librada por los conocidos "*peaky blinders*", que aterraba a los transeúntes nocturnos».[44]

Los deportes, los clubs y las películas

¿Qué condujo a esta rápida desaparición de los *peaky blinders?* En 1898 corrían desenfrenados por las calles y, siete años después, aún infligían heridas graves a policías y civiles por igual. Aun así, hacia 1907, se empezó a hablar de ellos en pasado y, en la década de 1920, se habían convertido en un mero recuerdo. Varios factores contribuyeron a este fenómeno, como ocurrió con el desvanecimiento de las *scuttling gangs* de Mánchester y Salford. En las profundas investigaciones que realiza Davies en su libro sobre las bandas de la zona, expone que los conflictos en los que participaban disminuyeron entre finales de 1890 y el estallido de la Primera Guerra Mundial, que coincide, además, con un cambio de actitud hacia «la Mánchester de los marginados», «la Birmingham más negra» y «el sórdido Liverpool». Se temía que, en las grandes ciudades, contaminadas y superpobladas, los muchachos pobres sufrieran distintas discapacidades físicas y enfermedades a causa del depresivo ambiente y las malas condiciones en las que vivían. Una reacción importante fue la creación de los clubes para trabajadores jóvenes, que tomaron impulso a finales de la década de 1880, pero no fue hasta diez años después cuando contribuyeron de manera significativa al desarrollo de pasatiempos más pacíficos para la creciente generación de jóvenes.[45]

Gooderson distinguió un proceso similar en Birmingham y se centró en el trabajo de Arnold Pinchard, un pastor anglo-católico que estuvo a cargo de Saint Jude's desde 1896. Esta iglesia se situaba en Hill Street, una las zonas más pobres de Birmingham, y quedaba cerca del lugar en el que se había producido la revuelta de Navigation Street en 1875. Pinchard fundó un club para «potenciales *peaky blinders*» y holgazanes que tuvieran entre dieciocho y veinte años y vagabundearan por las esquinas de las calles, al que podían unirse si pagaban la suscripción de un penique a la semana. Abría todas las tardes y Pinchard contaba con la ayuda de su coadjutor, un seglar y capitán del Ejército de la Iglesia.* Los chicos podían jugar a las damas, al dominó y a las cartas, pero, como Gooderson reconoce, «lo más importante eran los dos pares de guantes de boxeo».

Pinchard, que era conocido por ser un buen golpeador y boxeador inteligente, organizó un torneo de boxeo durante los primeros dos meses del club «a pesar de que no había cuerdas y los luchadores caían sobre el regazo de los espectadores de la primera fila». Los muchachos peleaban con las camisas de franela, los pantalones de pana, los cinturones y las pesadas botas habituales y conseguían como premio un traje y un segundo par de botas. El ganador de este primer torneo se llamaba Co-

* Organización anglicana fundada en 1882 por el reverendo Wilson Carlile que se basa en el Ejército de Salvación evangélico y presenta un esquema y estética militar. Además, los hombres y mujeres que la conformaban eran personas laicas que pertenecían a la misma clase social que aquellos a los que ayudaban (normalmente pobres y marginados). *(N. de la T.)*

pestick y llevaba «un flequillo a lo *peaky* al que sacó el mayor provecho». Pinchard también organizó clubes de recreo para las chicas y una Brigada de la Iglesia, formada por chicos de menos de dieciocho años a los que enseñaba gimnasia y entrenaba como si estuvieran en el ejército.[46]

Conocido a nivel nacional por sus esfuerzos clericales con los *peaky blinders,* Pinchard estaba hecho del mismo material que el popular padre Jay, el vicario de la iglesia de la Santísima Trinidad de Old Nichol, considerada la zona delictiva más célebre del Londres de finales de la época victoriana.[47] Tras hacerse cargo de la parroquia en 1886, el padre Jay instaló un gimnasio y un cuadrilátero de boxeo en el sótano del edificio. Para entonces, el boxeo era una parte importante de la labor misionera que se realizaba con los pobres del East End. Como indicó la historiadora Sarah Wise, esto se debía a que los trabajadores de las organizaciones benéficas y las universidades «se percataron de que la mejor forma de conectar con los pobres era formalizando una de sus pasiones. De manera que las peleas callejeras —que se iniciaban, de forma espantosa, a puñetazos que podían provocar graves lesiones— se transformaron en una actividad más disciplinada, estructurada y, por lo tanto, más "ética"». Lo que hizo único al padre Jay fue el acierto de separar el boxeo de los *pubs,* pues rompió con la norma que relacionaba el deporte y el alcohol.[48]

El nuevo deporte del boxeo, que seguía las Normas de Queensbury —un código que imponía el uso de guantes—, tuvo un profundo y positivo impacto, en especial entre aquellos jóvenes que tenían más posibilidades de convertirse en *peaky blinders.* En un esclarecedor artículo de 1899, el autor reconocía que, a pesar del trabajo de muchas organizaciones, «no conozco ningún organismo que esté dispuesto a involucrarse y convencer a los *peakies* de que se conviertan en hombres decentes y ciudadanos respetuosos con la ley», a excepción de una iglesia de la ciudad que había tenido éxito en su misión. Se refería, sin duda, a la iglesia de Saint Jude, a cargo de Pinchard, cuyo triunfo «se obtenía a gracias al gimnasio y los guantes».[49]

El boxeo tuvo un efecto muy constructivo en muchos jóvenes, porque les inculcaba el respeto por las peleas limpias. El Club de Boxeo *Amateur* de Birmingham se fundó en 1881, pero tenía su base en el centro de la ciudad y complacía, sobre todo, a los jóvenes trabajadores cualificados, por lo que no conectaba con los pobres como sí lo hacía el club de Pinchard.[50] Sin embargo, desde principios del siglo XX, una serie de clubes de boxeo a pequeña escala abrieron sus puertas en los barrios obreros. Entre ellos se encontraba el Club de Boxeo *Amateur* de Sparkbrook, fundado en 1906 por Albert Smith en Main Street. En cuestión de dos años, reunió a unos ochenta socios y se trasladó a Sampson Road North, cerca de Camp Hill, donde disponía de unas instalaciones más grandes y adecuadas.[51]

Como Jay, Pinchard era anglo-católico y, tras su muerte en 1934, el *Birmingham Daily Gazette* resaltó su pionero trabajo en la ciudad: «Fundar un "club de boxeo" e instituir uno para chicas que trabajaban todo el día en las fábricas quizá supusieran nuevos puntos de partida para la filantropía cristiana, pero el vicario conocía a su gente y, lo que es más importante, la gente lo conocía a él».[52]

La hermana Beta, que más adelante sería la señora Hornabrook, fue otra de las personas que provenían de un ambiente adinerado que trabajó por el bienestar de los jóvenes pobres. Era la hija de un pastor metodista y, como monja de esta fe, se unió a la misión de Central Hall, situada en Corporation Street. Trabajó allí durante seis años y «empezó varias iniciativas: una fiesta los sábados para los niños pequeños que vendían cerillas y los periódicos de la tarde en la calle, y un club para los "*peaky blinders*" de Aston, una banda de *hooligans* jóvenes que la recibieron en su primera visita con una lluvia de piedras, pero que, más tarde, lo pensaron mejor y la protegieron cuando atravesaba los distritos más peligrosos».[53]

El club más grande y exitoso de esta época, sin embargo, fue el que fundó la Sociedad Kyrle en Lawrence Street en julio de 1889. Este experimento se ubicó en lo que se consideraba el Seven Dials de Birmingham; en aquel momento, era un criadero de mala reputación de Londres.[54] Poco después, esta sociedad fundó un club de chicas y, en 1893, inauguraron unas nuevas instalaciones en Sheep Street.[55] Kyrle Hall tuvo un impacto muy positivo, duradero y obtuvo fama gracias a su club de boxeo, que cedió, en 1911, a la Unión de Clubes para Niños y Niñas de Birmingham. El canónigo Carnegie, rector de la catedral de la ciudad, había puesto en marcha esta asociación cinco años antes, cuando, al llegar, se indignó al ver que había niños descalzos y vestidos con harapos que vendían periódicos en la estación. Determinado a ayudarles, fundó un club en el que pudieran charlar, tomar una taza de té y jugar. En dos años tenía ocho clubes y, a partir de 1909, también se abrieron varios para las niñas.[56]

Sin embargo, a pesar de este éxito, solo un reducido número de muchachos se unió a los clubes, y era complicado crear interés a aquellos que tenían fama de ser tipos duros. En Birmingham, se formó la Unión de Niños de la Calle para ayudar, en exclusividad, al gran grupo de niños y niñas «cuyas ocupaciones o terribles condiciones en el hogar los obligaba a pasar la mayor parte de sus vidas en las calles». Sin embargo, hacia 1914, la Unión solo contaba con cuatrocientos chiquillos mayores de catorce años en sus ocho sedes, mientras que el resto de los clubes de la ciudad atraía a chicos de la clase trabajadora que provenían de un ambiente más «respetable».[57] Aun así, es posible que, como mantiene Davies, lo más importante fuera la influencia indirecta que tuvieron los clubes al animar a los chavales a intervenir de forma activa en el deporte. Dicha participación aumentó de forma significativa en la década de 1890, cuando también alcanzaron una popularidad masiva las asociaciones de fútbol, sobre todo, en las calles. Y lo que es más importante, en Mánchester y Salford, los equipos radicados en las calles dieron paso a una nueva forma de tratar las rivalidades territoriales que no fuera la violencia.[58]

En Birmingham, estas asociaciones futbolísticas fueron igual de populares. Desde finales de la década de 1880, los equipos de los colegios competían en ligas, y lo mismo ocurrió desde principios del siglo xx con los equipos de las fábricas, iglesias, divisiones sindicales y *pubs,* que participaban en ligas como la de Small Heath o la District League.[59] Además, muchos chicos de las clases trabajadoras dedicaban su tiempo libre a juegos *ad hoc* casi a diario.

H. V. fue uno de ellos. A principios de 1914, escribió un diario durante una semana como parte de una detallada investigación sobre las condiciones del «trabajo infantil» en la ciudad. La tarea se la impuso el ayuntamiento de Arnold Freeman, que analizó una muestra cuidadosamente escogida de setenta y un niños de diecisiete años que se creía que «repre-

El Ladywood United F. C., 1913-1914, uno de los muchos equipos de fútbol locales que surgieron en la época. El fútbol, junto con el éxito del boxeo, el cine y el trabajo que realizaban los clubes de chicos, fue uno de los factores principales que propiciaron la desaparición de los *peaky blinders.* © *BirminghamLives Archive*

sentaban a los típicos muchachos trabajadores y sin educación de Birmingham». Entre semana, por las noches, H. V. detalló que había comido en casa y, después, había ido a jugar un poco al fútbol con el resto de los chicos antes de volver al trabajo. El sábado por la mañana, habló con sus compañeros de trabajo sobre fútbol, como hacían siempre, y después de cenar se fueron «a ver un partido de fútbol con los del trabajo y los de la Misión de Cape Hill».

K. L. también formó parte del sondeo. En su diario habló con detalle sobre el partido del Birmingham City contra el Preston North End al que acudió el sábado. Después de desayunar el domingo, se preparó y fue a buscar a sus amigos a las 9.50. Jugaron al fútbol en un descampado hasta cerca de las dos de la tarde y, luego, escribió: «Nos juntamos, vimos a unos chicos que viven al final de nuestra calle y les preguntamos si querían echar un partido con nosotros». Dijeron que sí y el equipo de K. L. ganó ocho a cinco. Luego, todos fueron a una cafetería.[60]

El cine, que apareció cuando los *peaky blinders* y los *scuttlers* estaban de capa caída, era otra forma positiva de entretenimiento popular. Pat Collins exhibía películas en su Feria desde el año 1900. Los demás empresarios no tardaron en seguir su ejemplo e instalaron proyectores en teatros, auditorios y salas de reuniones e, incluso, transformaron algunas de estas en «*penny gaffs*».* Dichos espacios no solo eran apretados e incómodos, sino que, además, el ujier o el charlatán de la feria golpeaba a los espectadores con un bastón para que se apretujaran en los bancos de madera. Debido a la aglomeración antihigiénica de personas, no era de extrañar que se los conociera como «los aplastamientos a un penique» o «el foso de las garrapatas». Más adelante, a partir de 1910, la Ley del Cine se aseguró de

* Representaciones cortas (canciones, obras teatrales, bailes...) que se llevaban a cabo en cualquier espacio y que tuvieron un éxito rotundo entre las clases más pobres del siglo XIX. Reciben este nombre debido al precio de la entrada *(penny,* un penique) y al término popular con el que se designaba a las peleas de gallos *(gaff).*

que las películas se proyectaran en instalaciones permanentes que dispusieran de licencia y estuvieran sujetas a inspecciones.

Como Davies dejó claro con respecto a Mánchester y Salford, los agentes de policía mayores «agradecían ver a tantos chicos y chicas disfrutando tres o cuatro tardes a la semana en los cines en lugar de en las calles».[61] El cine resultó ser tan popular que, en su disertación, Freeman declaró que había «dejado de preguntar a los muchachos si asistían o no porque la respuesta siempre era afirmativa». Los chicos iban a alguno de los cuarenta y seis cines de Birmingham unas dos veces por semana y pasaban toda la tarde allí.

Freeman identificó otro factor que, en su opinión, tuvo una influencia positiva en los jóvenes: la escolaridad. Gracias a las reformas del gobierno neoliberal de 1906, los colegios se habían transformado, de manera parcial, en organizaciones preocupadas no solo por la educación de los niños, sino también por los tratamientos médicos, la alimentación e, incluso, la vivienda. Si estas grandes influencias en la vida de los niños de la nación se hubieran eliminado, Freeman creía que «habríamos fabricado una raza de *hooligans*». En su lugar, las escuelas salvaron a los chiquillos de cientos de siniestras influencias y los moldearon de forma energética e imperfecta, aunque firme, en trabajadores buenos y productivos y ciudadanos competentes.[62]

Sí que saben luchar

En lo que concierne a las fuerzas sociales, el derrocamiento de los *peaky blinders* dependió de otras tres causas. Primero, del endurecimiento de las condenas a los hombres violentos desde el cambio de siglo. En segundo lugar, del apoyo que la clase trabajadora brindó a la policía y su desprecio por los *peaky blinders*. Y tercero, de una vigilancia policial efectiva. Todos ellos estaban interconectados. Rafter, el jefe de policía, puso en marcha una vigilancia exhaustiva, que aportó confianza a la clase trabajadora para ayudar a la policía y también presionó a los magistrados para que siguieran una línea más estricta con los delincuentes que agredían a los agentes.

En su artículo sobre los *peaky blinders* de noviembre de 1901, el *Birmingham Mail* dirigió la atención a las duras acciones que el señor T. M. Colmore, el estipendiario, había tomado recientemente contra los tipos duros de la calaña de los *peaky blinders.* A las condenas que cayeron sobre ellos «no se les puede reprochar que sean poco severas». Envió a prisión, sin opción de pagar una multa, incluso a aquellos delincuentes contra los que no había denuncias previas por desorden público.[63] Hacía años que el periódico local solicitaba este cambio de enfoque, y se produjo gracias a Rafter.

Por su parte, el fiscal solicitó al señor Colmore que impusiera castigos ejemplares con largas estancias en la cárcel a los condenados que atacaran a los agentes de la policía. Su propósito era que estos cumplieran con su deber sin que los acosaran por ello.[64] La confianza de los magistrados en Rafter y su fuerza policial se vio igualada por la de los ciudadanos de clase obrera, que empezaron a ganar confianza y a hacer frente a los *peaky blinders.*

Tras la revuelta de Navigation Street en 1875, la policía se enfrentó a la difícil tarea de proteger a los testigos «del terror que imponían los matones del barrio», algo que no es de extrañar después del ataque que sufrió Mary Ann Bell. Como había sospechas de que había dado cierta información a la policía, un grupo de personas, encabezadas por la madre de uno de los acusados, la atacó brutalmente, le produjo varios cortes graves en el cuero cabelludo y le amorató ambos ojos.[65]

Los *peaky blinders* eran igual de vengativos y despiadados. El reverendo T. J. Bass, que predicaba en una de las zonas más pobres de la ciudad, logró una atención general del público hacia su barrio, en 1898, gracias a su panfleto *Everyday Life in Blackest Birmingham: Facts Not Fiction ('El día a día en la Birmingham más triste: Hechos, no ficción').* Según él, el distrito era:

> [...] el hogar del *«peaky blinder»* y terrible es la venganza de este rey de los canallas sobre aquellos que se nieguen a obedecerlo. Estas calles constituyen su pequeño reino y su ira se manifiesta por todas partes. Sus métodos para devolver cualquier ofensa son... desagradables, por usar un término moderado. Un puñetazo o una puñalada en la oscuridad, la total destrucción de tus ventanas y un centenar de mezquinas tiranías son prácticas que se llevan a cabo de una forma tan ingeniosa que escapan a la percepción. Incluso cuando lo descubren cometiendo algún acto ilícito, se retracta a toda velocidad en el laberinto de la justicia que le es tan familiar y hace que perseguirlo no sea solo costoso, sino casi imposible.[66]

Aun así, pasados unos años, algunas personas de la clase obrera dejaron de rendir homenaje a estos sinvergüenzas, actuaron en su contra y secundaron a la policía. Todo esto quedó patente en mayo de 1901, cuando una banda de rufianes desfiló por Bromsgrove Street mientras empujaban y asaltaban a cualquiera que se cruzara en su camino. Apalearon a un médico con vísceras de animales y, después, le dieron un puñetazo; golpearon con la hebilla de un cinturón en la cabeza a un obrero que fue a auxiliarlo y lo derribaron y patearon en la cara. También pegaron en la cara a otro hombre que perdió un diente.

Una joven llamada Harriet Chaplin, que vivía en Hurst Street, presenció lo ocurrido. Ajena a la violencia que caracterizaba a la banda, los siguió y, después, le contó a la policía lo que había sucedido y dónde se ocultaban los atacantes. James Thornton, de veinticuatro años, fue identificado como uno de los hombres que había golpeado al médico y al obrero y lo encarcelaron durante dos meses. Los magistrados dieron las gracias a Harriet Chaplin por «su valentía a la hora de seguir a los hombres y recomendaron al jefe de policía que se le ofreciera una asignación». Su valor fue incluso más extraordinario, puesto que el criminal también vivía en Hurst Street.[67]

Cuatro años después, en marzo de 1905, se produjo una «vibrante pelea entre la policía y tres *peaky blinders*» en Key Hill. El agente James Smith encontró a James Brough, un bruñidor de veintidós años que vivía en Saint Mark's Street, Ladywood, borracho en Park Road, Hockley. El joven se resistió al arresto y, tras derribar al policía, lo pateó en el cuerpo y la cara. A pesar de que aparecieron más guardias, dos de los amigos de Brough intentaron llevárselo a rastras, y habrían tenido éxito «de no haber sido por la asistencia de varios transeúntes, que se aferraron con fuerza a los apresados y rodaron por el suelo con ellos». Un tal señor Tiller, en particular, «demostró una llamativa valentía y, gracias a su intervención, fue posible esposar a los detenidos tras una hora de pugnas». El agente Smith fue trasladado al hospital tras quedar inconsciente, igual que James Brough, quien, además, había perdido casi toda la ropa en el forcejeo. Él y Mullis fueron condenados a un mes de trabajos forzados, mientras que a William Brough se le ofreció cumplir esa misma pena o pagar una multa de veinte peniques. El presidente de los magistrados felicitó a los ciudadanos que habían prestado tan pronta y valiosa ayuda a la policía.[68]

La fuerte vigilancia policial impuesta por el jefe Rafter facilitó esta disposición ciudadana a ayudar de manera activa a los agentes. Desde el comienzo de su mandato, fue consciente de que tenía un número de efectivos insuficiente para una ciudad del tamaño de Birmingham. Por suerte, el comisario de la Policía de Su Majestad no tardó en estar de acuerdo con esta visión. En 1900, el honorable capitán C. Legge declaró que, en Birmingham, faltaban agentes y recomendó que se incorporaran al cuerpo 220 hombres, ya que a las patrullas les faltaban unos 200 efectivos y al departamento de investigación, saturado de trabajo, otros tantos.

Al Comité de Observadores le convencieron estas cifras, pero no solicitó que «los efectivos sugeridos se aumentaran de golpe» al ayuntamiento. Tal vez, influenciado por el continuo llamamiento a la acción que se solicitaba contra los *peaky blinders* y los matones, en febrero de 1901, el ayuntamiento «accedió a que se aumentara sin demora el cuerpo policial en cien efectivos, seguido de seis incorporaciones anuales de veinte hombres cada una». Esta estrategia hizo que, para 1907, dicho cuerpo contara con 920 agentes.[69]

Este fuerte incremento del número de hombres a sus órdenes permitió a Rafter acabar con la costumbre de que los agentes patrullaran solos. En parejas, los policías fueron capaces de defenderse mejor y de luchar contra los *peaky blinders.* Rafter comprendió que existían «algunas partes de la ciudad en las que las patrullas de agentes arriesgaban la vida y donde los *hooligans* consideran un privilegio y un divertimento atacar a cualquier persona que lleve puesto un uniforme de policía».[70] Aun así, a los periódicos locales les preocupó que el agente Gunter estuviera solo cuando lo agredieron. Pero, como Rafter contó al Comité de Observadores, el agente Heeley había estado con él hasta las doce menos diez de la noche, momento en el que todo parecía tranquilo. La mortal agresión se produjo poco después de que se separaran. Rafter también reveló que había catorce patrullas trabajando en parejas esa noche y que, cuando el agente Gunter sopló su silbato, otros tres agentes del cuerpo y varias personas del vecindario lo escucharon. Es más, la división en la que servía el agente Gunter ya había recibido la cuota de cien hombres extra que había autorizado el Comité, pues «la adquisición de más efectivos se estaba llevando a cabo lo más rápido que la formación de los nuevos cadetes permitía».[71]

De acuerdo con una tradición del cuerpo de policía de la ciudad, Rafter preguntaba tres cosas sobre sus reclutas: «¿Saben leer? ¿Saben escribir? ¿Saben pelear?». Un anunció del *Sheffield Daily Telegraph* de octubre de 1901 sugería que las cualidades que buscaba Rafter incluían la alfabetización y la fuerza física, e invitaba a que los jóvenes de buen carácter, cierta educación, de, al menos, un metro sesenta y cinco de alto y cuyo pecho midiera noventa centímetros, mandaran sus solicitudes para ingresar en la policía de Birmingham. Nueve años más tarde, se buscaban cadetes que fueran «hombres listos de buen carácter, condición física y educación; solteros; de veintiuno a veintiséis años; de más de metro setenta y cinco de alto y cuyo pecho midiera noventa y cinco centímetros». El sueldo era de veinticinco chelines a la semana, con la posibilidad de aumentarlo hasta treinta y tres.[72]

Los cadetes que no estaban preparados para luchar no eran bienvenidos. En septiembre de 1903, presentaron ante Rafter un caso de cobardía. Cuando un agente había ido a arrestar a dos jóvenes por apostar, otro lo había atacado con violencia. El agente iba acompañado de un joven cadete que «no solo falló en prestar ayuda a su superior, sino que se afirma que puso pies en polvorosa para salvar su propio pellejo». El agente más veterano fue gravemente herido y permaneció ingresado en el hospital durante más de una semana. El cadete, por su parte, fue despedido.[73]

El jefe de policía James McArdell secunda, con sus recuerdos, la creencia de que los altos y fornidos agentes de Rafter utilizaban la fuerza física para acabar con las bandas. Oriundo de Berkshire, McArdell se unió a la policía de Birmingham en enero de 1896 y «enseguida se mezcló con las famosas bandas de los *"peaky blinders"* que aterrorizaban Birmingham. Un mes tras otro, participaba en la represión del vandalismo», y recuerda que, «a menudo, teníamos que luchar por nuestra vida con estas bandas».[74] Al recordar aquellos tiempos en 1955, un lector del *Birmingham Weekly Post,* un tal R. W. Hawkins, afirmó que todo el mundo sabía que, si se arrestaba a un miembro de una banda de *peaky blinders,* este debía resistirse y «la banda se esforzaría por liberarlo. Como la mayoría de los policías de la época eran grandes y robustos, y los pícaros, como solían llamarlos, eran, sobre todo, bajitos y fuertes, las pandillas se llevaban la peor parte».[75]

Existen algunas pruebas oficiales que apoyan la afirmación de que la policía buscaba enfrentamientos físicos con los *peaky blinders*. De hecho, en el verano de 1900, se declaró culpables a algunos agentes y se los castigó por mostrar una violencia injustificada hacia los civiles.[76] Dos años más tarde, el 1 de mayo de 1902, en los libros de registro de la policía aparecen ciertas quejas que los jueces de paz llevaron ante el jefe de policía sobre «algunos casos en los que los apresados que son conducidos a la comisaría se quejan de haber sufrido agresiones por parte de los agentes que los han detenido. Sin embargo, ni el sargento de reserva ni el agente comunican estas quejas, ni el superintendente de la división informa sobre el tema».

Por ello, se ordenó al superintendente de policía que tomara medidas que asegurasen que, en el futuro, el sargento de reserva tomaba nota de las quejas e informaba de ellas a su debido tiempo. El jefe de policía también hizo hincapié en que la única circunstancia en que los agentes tenían permitido emplear sus porras era en los casos defensa personal, y solo cuando fuera absolutamente necesario. Además, estaba prohibido golpear a alguien en la cabeza con ella y no podían emplearla con los apresados, pues no debían tratarlos con ningún tipo de violencia innecesaria.[77]

Desde finales de la década de 1880, las porras que utilizaba la policía se hacían de guayacán, una madera dura. Sin embargo, en 1890, se produjo un escándalo en la prensa porque varias de ellas se habían roto mientras los agentes las usaban con ciertos delincuentes violentos. Como resultado, se realizaron unas pruebas y, de 501 porras, 157 se rompieron o agrietaron de tal forma que no podían volver a utilizarse. Se decía que, si estaban bien cortadas, eran casi indestructibles, pero la mayoría de las que se rompieron no estaban hechas con la veta de la madera y, en muchos casos, se quebraban por la parte estrecha que había sobre el mango.[78] Con estos resultados, el Comité de Observadores armó a sus hombres con porras nuevas elaboradas con madera de pacana, material que se escogió por ser duro y flexible a la vez, por no romperse de inmediato y por proporcionar buenos golpes.[79]

No obstante, mi tío abuelo Wal me contó que antes de la Primera Guerra Mundial, algunos de los hombres de Rafter preferían otro tipo de armas para pelear:

> Por aquella época, la mayoría de los polizontes eran irlandeses. Charles Haughton Rafter era el jefe de la policía y sus hombres eran unos tipos grandes y robustos. Se hacían cargo de cualquier tarea que se les pidiera: poner orden, etc. Venían en parejas si se producía algún alboroto en el Gate o en cualquier otro *pub* y llevaban las capas enrolladas en el cinturón. Si descubrían a los culpables, les advertían, los sacaban a la calle y les decían: «¡A casa!», y si no cumplían las órdenes de los maderos, se ponían manos a la obra. Aunque no solían utilizar las porras, sino las capas.[80]

La capa estaba hecha de paño de Melton, aunque en Birmingham eran de sarga de lana.[81] Gruesa, de buena calidad y resistente; cuando la llevaban enrollada en el cinturón, se convertía en una buena arma, porque era fácil de usar y de acceso rápido.

Resulta curioso que, a pesar de su origen, Rafter no aceptara a antiguos hombres de la Real Policía Irlandesa, pero no quería a hombres que ya no fueran policías entre los suyos.[82] Además, en febrero 1901, se hizo público que solo aceptaría a antiguos soldados en sus filas si se habían licenciado con una reputación muy buena o, preferiblemente, excelente. Hay que destacar también que la mayoría de los solicitantes eran irlandeses,[83] lo que llevó a sugerir que la policía de la ciudad se estaba «hibernianizando».*[84] Pero, como explicó el *Birmingham Mail* en octubre de 1901, se recibían un amplio número de solicitudes de jóvenes irlandeses, debido a que los sueldos eran

* Hibernia es el antiguo nombre latino con el que se conoce a Irlanda. *(N. de la T.)*

mejores en Inglaterra, y casi ninguna por parte de los ingleses, por la buena situación del comercio.[85] En realidad, los irlandeses conformaban una pequeña, aunque significativa, minoría en el cuerpo policial de Birmingham, que estaba formado por 950 hombres en 1909, de los cuales 832 eran ingleses, 64 irlandeses, 45 galeses y 9 de otros sitios.[86] Así, los irlandeses alcanzaban casi el 7 % en una época en que la población general de esta nacionalidad en Birmingham llegaba solo al 1 %.

Uno de los policías irlandeses más destacados de Birmingham era Michael McManus, ayudante del jefe Rafter y el hombre que había noqueado a un *peaky blinder* de un puñetazo mientras defendía a Pat Collins, el dueño de la Feria. McManus se había labrado una carrera sobresaliente y destacable. Criado en Newfield, Mayo, empezó como obrero, se unió al cuerpo en 1873 y se jubiló en 1918. Durante años, perteneció a la División de Duke Street, en lo que se consideraba la parte más peligrosa de la ciudad. Como hombre duro y resuelto, inició su carrera cuando «había bastante más anarquía que en el presente y no era seguro para la policía adentrarse en solitario en algunas de las calles de los barrios pobres de Birmingham». Una de sus primeras experiencias fue un altercado con una banda de delincuentes, uno de los cuales lo golpeó en la cabeza con un ladrillo, por lo que permaneció ingresado en el hospital durante cinco semanas.[87] En otra ocasión, McManus se enfrentó a una banda de salteadores de caminos él solo. Pateado, apuñalado y golpeado con hebillas de cinturón, quedó seriamente malherido, pero «encontró cierto consuelo al pensar en que los rufianes también estaban en el mismo hospital».[88] Conocido en todo Birmingham por montar un gran caballo blanco, McManus, al igual que otros muchos agentes de policía irlandeses, pasó a formar parte del folclore de la clase trabajadora local.

La estricta vigilancia policial era similar en Aston. Aquí, la respuesta policial contra las temidas *slogging gangs* la lideraba H. A. Walker, que había ascendido a su puesto en 1882.

Hasta su jubilación en 1900, insistió en que liberar las calles de semejantes bandas era más sencillo de decir que de llevar a cabo. A los *sloggers* «les molestaba cualquier interferencia por parte de la policía y, en el curso de la cruzada que se produjo, no solo maltrataron a una gran cantidad de agentes, sino que algunos resultaron tan malheridos que acabaron casi incapacitados para el servicio». Cuando empezó la campaña de Walker contra los *sloggers,* se fijaron importantes multas con la esperanza de que funcionaran, pero no fue así, pues las bandas

El ayudante de policía Michael McManus, un laborista de Newfield (condado de Mayo, al oeste de Irlanda), empezó su carrera como un simple agente en Birmingham. Se jubiló en 1918 tras cuarenta y cinco años de servicio y murió diez años después. Además, fue una figura clave de la nueva y dura estrategia policial que acabaría con los *peaky blinders.* © *BirminghamLives Archive*

hacían colectas para los miembros que debían pagarlas. Las multas se sustituyeron por estancias cortas en la cárcel, pero tampoco surtieron el efecto deseado. Los *sloggers* no dejaron de fortalecerse, «de alardear, día a día, ante la policía y de atacarlos brutalmente con frecuencia». Entonces, los magistrados impusieron penas máximas de seis meses por cada delito y los *sloggers* desaparecieron poco a poco. Resulta evidente que la policía de Aston también luchó con fuego contra el fuego y desintegró las bandas con «duras medidas de represión».[89] Uno al que temían especialmente era el agente Hodson, conocido como «Big Jimmy», «que nunca temía enfrentarse a las bandas por muy amenazadora que fuera su actitud».[90]

¿Qué les ocurrió a los *peaky blinders*?

Los brotes de matonismo se sucedieron tras la jubilación del superintendente Walker, pero el reinado de las *slogging gangs* estaba a punto de finalizar en el distrito. Y, al cabo de unos años, también se había erradicado a los *peaky blinders* de Birmingham. Pero ¿qué les ocurrió? En 1915, el *Birmingham Mail* informó de que «como ocurrió con los rigurosos vagabundos jóvenes que preferían una vida errante a una con un trabajo», muchos *peaky blinders* se habían alistado en el ejército y se habían convertido en buenos soldados. Otros habían encontrado un trabajo respetable en negocios dispuestos a contratar empleados poco preparados. Según se dijo, «no había nadie más contento que la policía local, para quien los jóvenes *"peaky blinders"*, como solían llamarse, no eran más que una fuente inagotable de problemas».[91]

Cuarenta años después de lo ocurrido, Hawkins, un lector que escribió al *Birmingham Weekly Post,* estuvo de acuerdo en que la Primera Guerra Mundial puso punto final a las bandas: «Muchos pertenecían a la antigua milicia y fueron llamados a filas y otros se unieron al ejército regular. Pocos regresaron, pero ya eran mayores y estaban más disciplinados y asentados».[92]

Henry Lightfoot, el primer hombre al que se aplicó el término *peaky blinder,* ejemplifica las perceptivas observaciones de Hawkins. Como lo hace también George Hickling, uno de los infames miembros de la Ten Arches Gang de Aston, así llamada por el viaducto ferroviario que cruza el canal de Birmingham a Fazeley por Holborn Hill y que aparece mencionada por primera vez en 1883.[93] En mayo de 1900, George Hickling y su hermano, Thomas, «dos jóvenes de la calaña de los *peakies*» fueron acusados de tirar piedras y trozos de ladrillo a una ventana del Church Inn, en Lichfield Road, el *pub* en el que bebía un hombre que los incomodaba. Se los declaró culpables y los encarcelaron durante un mes porque no podían pagar los daños, las multas ni los costes que les impusieron.[94]

Quince años más tarde, George Hickling se alistó en el ejército y, aunque durante un tiempo se lo consideró no apto y lo transfirieron a la unidad de reserva, volvió a filas con el Real Regimiento de Berkshire en mayo de 1916. Medía poco más de metro sesenta, tenía treinta y nueve años y era pegador de carteles. Poco después, Hickling se casó con Clara Timmins en Saint Mary's, en Aston Brook. Habían vivido juntos en el anexo de una casa durante diecisiete años y tenían dos hijos ilegítimos, por lo que debieron de casarse para que Clara y los niños percibieran una pensión por separación familiar. Por entonces, a Hickling lo asignaron al 3.er Batallón de Trabajo de la 17.ª Compañía, que incluía a los hombres que obtuvieron una calificación por debajo de «A1» en la evaluación médica y, por lo tanto, no eran aptos para servir en primera línea; Hickling tenía un B2. Lo licenciaron en marzo de 1919 con una discapacidad del 20 % por sordera y, durante veintiséis semanas, recibió una pensión de cinco chelines y seis peniques semanales. Además, se dijo que tenía un buen carácter.[95]

En prensa todavía se hablaba de los *peaky blinders,* pero ya en pasado. En 1925 apareció un artículo sobre las mejoras que habían tenido lugar en Birmingham, en el que se remarcaba que uno de los cambios más importantes y positivos era la tranquilidad con la que se vivía desde que «los rufianes de los pantalones de campana y extravagantes gorras, que suponían, hace unas décadas, semejante fuente de molestias, sino de peligro, para la ciudadanía y las autoridades», habían desaparecido.[96]

La hazaña de haberse librado de los *peaky blinders* también se alabó en 1929, como demuestra este extracto del *Birmingham Daily Gazette:*

> Ayer, el jefe de policía, *sir* Charles H. Rafter, refutó con estadísticas, ante el Comité de Observadores de Birmingham, un desaire que había publicado un periódico londinense sobre la ciudad. En un artículo reciente, el periódico en cuestión declaraba: «Tres ciudades británicas son famosas por sus delitos violentos: Birmingham, Sheffield y Glasgow». Cuando *sir* Charles Rafter presentó las estadísticas de los delitos locales entre 1899 y 1928, anunció que dicho artículo dejaba en muy mal sitio a la ciudad y que, en cuanto a las afirmaciones hechas sobre Birmingham, no podían estar más lejos de la realidad. Dichas estadísticas demostraron que la ciudad era, en realidad, un lugar feliz en lo referente a la criminalidad y que, en lugar de aumentar, los delitos habían disminuido considerablemente.

El presidente del Comité, el concejal W. E. Lee, dijo que había ciertos datos en las estadísticas sobre los que merecía la pena detenerse. Si comparaban los números de 1913 con los de 1928, verían que las agresiones a policías habían pasado de 387 a 123 y que las agresiones generales se habían reducido de 877 a 484. Todos estos descensos habían tenido lugar en una ciudad que contaba con 120 000 personas más en 1929 que en

1913 y que, desde 1899, se había librado de los *peaky blinders* y de las bandas.[97]

Como todos los hombres duros no se volvieron pacíficos de repente, la policía todavía se enfrentó a algunos episodios de violencia, por mucho menores que fueran en número. En septiembre de 1910, dos guardias pidieron a un grupo de hombres que se apartaran de la puerta de un restaurante de Essex Street. Uno de estos les contestó de muy mala manera y, cuando los policías se acercaron, Robert Daly balanceó un cinturón militar con hebilla en la mano, lo incrustó en el casco del agente Clark y le produjo un corte en la cabeza. A continuación, los apalearon, tanto a él como a su compañero, y Daly echó a correr. A pesar de que el agente Clark lo atrapó y «lo derribó con la porra», por lo que permaneció en el suelo durante dos minutos, Daly se incorporó y agredió a los policías. Para entonces, la multitud se había vuelto hostil y lanzaba

El sargento William Doughty —de pie en el centro—, era el entrenador que trabajaba con la policía de Birmingham en la comisaría de Digbeth, donde, a partir de 1913, se situó la Escuela de Entrenamiento Físico de la Policía. El boxeo y la lucha libre eran prácticas de defensa personal necesarias para enfrentarse a los *peaky blinders*. © BirminghamLives Archive

ladrillos y botellas a los guardias. A Daly lo condenaron a dos meses de trabajos forzados.[98]

Algunas bandas menores también seguían adelante. En junio de 1920, seis jóvenes fueron sentenciados a seis meses de trabajos forzados por patear y agredir a Robert Graves y Albert Woodin en Dale End. Aunque el *Birmingham Daily Gazette* empleó términos como *hooligans* y terroristas callejeros para referirse a los delincuentes, el presidente de los magistrados los llamó *hooligans* y *sloggers*. Resulta, pues, llamativo que no los definieran como *peaky blinders*. Este caso parece ser el último en el que se empleó el término *«slogger»*, y se produjo quince años después de la última mención a las *slogging gangs* en los periódicos.[99] Aun así, como sucede en todas las ciudades grandes, aún había un buen puñado de hombres duros en los barrios obreros más pobres, entre los que se contaban aquellos que habían sido *peaky blinders* en su juventud y los que eran unos abusones.

En este último grupo cabe destacar a los Kirby. En marzo de 1927, James Kirby, de veintiséis años, y Frederick Kirby, de veinticuatro, fueron encarcelados durante dos meses por agredir a un policía. Los dos vivían en Tower Street, en el barrio de Summer Lane. Durante el juicio, el inspector Shereston añadió que el distrito se había vuelto tan problemático que habían tenido que solicitar refuerzos.[100] Tres años después, se describió a los Kirby y a otros dos individuos como «los hombres con peor reputación de la ciudad», motivo por el que los vecinos del barrio de Newtown Row «no se atreven a testificar en su contra en los tribunales». Declarado culpable por colarse en una fábrica, James Kirby fue condenado a doce meses de trabajos forzados. Su hermano ya estaba en prisión por pelearse al término de las carreras de caballos de Birmingham, condenado a quince meses de trabajos forzados.[101]

Pero, tras el caso de 1920 o los problemas con los Kirby, la prensa de Birmingham ni expresó preocupación ni declaró la vuelta de los *peaky blinders* o los *hooligans*. En cuanto al barrio de Garrison Lane/Watery Lane, en el que los Shelby tienen su base de operaciones en la serie de televisión, no existe testimonio alguno de ninguna persona de la clase trabajadora de los años veinte que mencione a los *peaky blinders*.[102]

El barrio de Garrison Lane

Al igual que ocurría con otros barrios pobres, en esta zona de Bordesley, en los límites de Small Heath, residía una familia a la que había que temer: los hermanos Harper. Beattie Hamill nació en Artillery Street en 1907 y vivía en el número 44. Cuando era una adolescente en la década de 1920, trabajaba en una tienda de *fish and chips* de Garrison Lane, y recuerda que «cuando se emborrachaban, venían al local y, bueno, se portaban mal. Los viernes por la noche esperábamos que aparecieran alcoholizados». Uno de esos viernes en particular, los hermanos Harper se plantaron allí como cubas y Billy Harper quiso cambiar unas naranjas por una ración de pescado con patatas. Hamill le indicó que no podía hacer eso. «Mi jefe vino de la zona de descanso y les dijo que se marcharan y, como era de esperar, se pusieron chulos y le lanzaron las naranjas; una de ellas, de hecho, acabó en la cacerola del aceite».

Entonces, Hamill recuerda que «me dirigí a la parte trasera del edificio y salí por la puerta en busca del policía del turno de noche, que siempre merodeaba por Gordon Street, Wolseley Street o cualquier otro sitio "porque comprobaba todas las puertas"». El agente acudió y se vio obligado a emplear la porra para esposar a los hermanos. A Billy se lo recordaba como el más terrorífico de los dos y tanto él como su hermano Wagger y sus compañeros se encontraban en la esquina de Wolseley Street y Gordon Street para ir a Garrison Lane. Cuando salían del *pub*, cantaban y lanzaban peniques al aire. La banda a la que pertenecían, de la que eran miembros prominentes, se llamaba Five Ways Albion.*[103]

Victor Andrews, nacido en 1915 y criado en el número 312 de Garrison Lane, escribió un evocativo relato de sus días de juventud en el barrio. Su casa estaba «en la colina», frente a Saint Andrew's, en los terrenos de Birmingham City. Tras la hilera de casas adosadas, había unas viejas canteras de arcilla convertidas en un vertedero de residuos industriales. La extracción de millones de toneladas de arcilla roja había dejado una enorme brecha en la colina y, aunque la zona estaba vallada, los vecinos encontraban formas de colarse. Para los niños era una «tierra prohibida llena de emoción y peligros» y, para los adultos desempleados, un lugar para aislarse y evadirse de las atenciones que les dedicaba la policía cuando jugaban a lanzar monedas.

Aunque era inocuo, también era ilegal y las redadas no eran infrecuentes. Andrews se sintió ofendido por las acciones policiales que se llevaron a cabo contra los hombres pobres que buscaban consuelo y una distracción de su miserable existencia y se preguntó cómo justificaban estas operaciones los agentes de la ley en lugar de ir en busca de «las bandas de peligrosos criminales». Una redada que sucedió una tranquila mañana de domingo de 1926 quedó grabada en su mente. Estaba sentado en el escalón de la puerta de su casa, contemplando a unos niños que jugaban a la rayuela, cuando:

> Un furgón de policía cruzó los rieles del tranvía desde el otro lado de la carretera y frenó en seco en la esquina de la calle cortada que llevaba a la cantera de arcilla. Otro bajó por la colina y se detuvo en la calle sin salida que había junto al puente del ferrocarril. Las puertas traseras de los vehículos se abrieron de golpe y de ellas

* Albión es el nombre antiguo con el que se conoce la isla de Gran Bretaña y Five Ways es una zona de Birmingham cuyo nombre proviene del cruce de cinco caminos que había en ella hace siglos. *(N. de la T.)*

> salieron docenas de hombres uniformados. Algunos subieron a toda prisa hacia la cantera, mientras que otros treparon por el parapeto del puente ferroviario para caer sobre el terraplén situado junto a las vías. Más adelante, descubrí que los más de cincuenta policías de esta operación habían cubierto todas las salidas. El «premio» fueron unos treinta hombres que introdujeron a toda prisa en los coches que habían aparecido. Para entonces, algunas madres, mujeres y hermanas, enfadadas, habían salido de sus salones y cocinas para insultar a los agentes a voces. La imagen de las brillantes porras negras en los puños de los guardias desalentó cualquier intento de rescate y, por consiguiente, se llevaron a sus pasivos y taciturnos hombres. Más tarde, las esposas de los detenidos se pusieron los abrigos y los mantones y se marcharon, algunas a intentar conseguir el dinero de la fianza de amigos o parientes y otras a la comisaría para dar apoyo moral a sus maridos.[104]

A finales del siglo XIX, una redada policial como esa hubiera provocado una violenta respuesta por parte de los *sloggers* y *peaky blinders* locales. No obstante, a pesar de que estos habían desaparecido, no todos se habían asentado y convertido en pacíficos ciudadanos. Unos cuantos pasaron a formar parte de la célebre Banda de Birmingham, que aterrorizaba las carreras de caballos de Inglaterra, mientras que otros participaron en la sangrienta y larga disputa conocida como la *Vendetta* de Garrison Lane. Los participantes fueron Billy Beach y sus aliados, que se enfrentaron a una familia violenta y vengativa apellidada Sheldon (conectados en la ficción con los Shelby de *Peaky Blinders).*

Capítulo 4

Corredores de apuestas ilegales y una *vendetta*

Apuestas ilegales

Condecorado por su valentía en la Primera Guerra Mundial, Tommy Shelby es un personaje complejo. Atractivo, inteligente y carismático, su expediente del Servicio de Seguridad del Estado muestra también que es un gánster, un mafioso, un ladrón armado, el líder de los Peaky Blinders y un corredor de apuestas que opera desde su base en Small Heath. En una de las primeras escenas del primer capítulo de la primera temporada, camina por la casa familiar y, tras apartar una pesada cortina, abre una puerta que conduce al desenfreno de una ruidosa y amplia casa de apuestas. En primer plano, un oficinista fuma un cigarrillo y registra las apuestas en un libro mientras, al fondo, John Shelby está sobre una plataforma frente a una ancha y elevada pizarra negra, donde no solo aparecen los nombres de los caballos que competirán en las próximas carreras y las posibilidades que tienen de ganarlas, sino también los datos de las que ya se han celebrado.

Mientras el hermano pequeño de Tommy apunta la última apuesta, una voz solicita a los hombres que leen el periódico deportivo *Winning Post* que escojan a su favorito, que apuesten por la carrera de las 14.30 de Kempton. Una cinta de teletipo retransmite información desde los hipódromos mientras los jugadores anotan su elección en pedazos de papel que introducen en los sombreros de copa que hay sobre una mesa en la zona de apuestas. El humo de los cigarrillos asciende en bucles y dos pares de manos cuentan las monedas. Un emocionado John Shelby le muestra el libro de contabilidad a Tommy.[1] Es una escena gráfica y atmosférica y, como dice la publicidad de la BBC, el propósito principal de los sets de la primera temporada era «llevar a la vida las calles, hogares y salas de juegos de la época».[2] Aun así, no existían antros como esos en los barrios pobres del Birmingham de los años veinte, porque las apuestas se realizaban en la calle.

Dado que la Ley de Casas de Apuestas de 1853 había ilegalizado las apuestas con dinero en efectivo en locales situados fuera de los hipódromos, aquellas personas a las que se declaraba culpables de regentarlos debían pagar una multa inferior a cien libras o, de lo contrario, pasarían seis meses en prisión. Anunciar las casas de apuestas también estaba prohibido y, si se sospechaba que el lugar contravenía la ley, la policía podía irrumpir en él, detener a los que allí se encontraran y requisar cualquier documento relacionado con las carreras o las apuestas. En Birmingham, algunos corredores de apuestas intentaban saltarse la ley y colocaban grandes quioscos en los descampados, a la vez que los dueños de algunos bares la desafiaban al incitar a la gente a que apostaran en sus locales. Se llevaron a cabo acciones policiales contra ambos, pero la demanda de apuestas ilegales siguió y los corredores de apuestas se colocaron en las calles para recolectarlas a medida que los jugadores pasaban frente a ellos.

A estos hombres se los procesaba, en base a los reglamentos locales, por obstrucción de la vía pública, pero estas acciones resultaban inútiles, como también lo fue el estatuto aprobado en 1900 que establecía que «ninguna persona podía reunirse con otra en ninguna calle o lugar público con el propósito de apostar». La cantidad máxima de la multa era de cinco libras. Se aprobaron reglamentos similares en otras partes del país, pero tampoco detuvieron las apuestas callejeras, y la preocupación por su proliferación a nivel nacional condujo a la creación de la Ley de Apuestas Callejeras de 1906, que convertía en delito que cualquiera frecuentara o merodeara «por las calles o los lugares públicos, en su nombre o en el de otra persona, con el propósito de hacer, pagar o recibir apuestas».

Los primeros infractores serían multados con hasta diez libras, cantidad que se doblaba cuando te condenaban dos veces. Si reincidías tres o más veces, la sanción ascendía a un máximo de cincuenta libras o una pena de seis meses de cárcel, con o sin trabajos forzados. Además, la policía estaba autorizada a confiscar cualquier artículo que alguno de los detenidos poseyera o que estuviera relacionado con las apuestas. Y, por último, aunque quebrantaba brutalmente los derechos de los individuos y abolía el muy elogiado principio británico de la libertad, los agentes de la ley podían «detener, sin ninguna orden, a cualquier persona que cometiera alguno de los delitos incluidos en esta ley».[3]

Como las apuestas a crédito y en efectivo que se realizaban en los hipódromos los días que había carrera quedaban exentas de cumplir esta ley, muchos consideraron que la nueva legislación era un reglamento injusto y clasista, porque solo refrenaba las apuestas en efectivo que realizaba la gente de la clase trabajadora. Por ello, se ha argumentado que la Ley de Apuestas Callejeras formaba parte de los esfuerzos que se llevaron a cabo a finales de la época victoriana para extender el poder y el control de la policía sobre las zonas de clase obrera. Es más, en el momento en el que se aprobó, los agentes de policía más experimentados consideraban que las apuestas callejeras y la industria del juego eran males sociales que podían erradicarse.[4]

En un principio, su fe en que se desharían de estos problemas parecía justificada. Según Charles Vince, las multas más severas que se impusieron bajo la Ley de Apuestas Callejeras tuvieron un potente efecto disuasorio en Birmingham porque, en comparación con los siete años anteriores, entre 1907 y 1914, el número de condenas disminuyó sustancialmente; más del 50 % con respecto a 1883.[5] Sin embargo, la justificación que daba el jefe Rafter para este descenso era que «las dificultades del cuerpo habían aumentado, en buena medida, por el ingenio de los apostadores, que adoptan muchos mecanismos para eludir la ley».[6] Dichas dificultades se agravaron aún más tras la Primera Guerra Mundial, momento en que las apuestas callejeras se extendieron de manera notable (como muestra la serie de *Peaky Blinders*).[7]

Esta tendencia se reflejó en el informe anual de Rafter de 1919. En él, señalaba que se había producido un sorprendente número de condenas por apostar en la calle, pasando de tan solo 97 en 1918 a 535 ese año. Además, revelaba que «la policía se ha hecho eco de más de 109 puntos calientes que vigilan los "ojeadores" de los hombres que los frecuentan».[8] Estas eran zonas de la calle en las que se situaban los corredores para aceptar apuestas. A lo largo de la década siguiente, la cantidad de puntos calientes aumentó y, en 1932, Rafter informó a la Comisión Real de Loterías y Apuestas de que casi todas las apuestas callejeras «se realizaban en los distritos de clase obrera y en las zonas industriales». Detalló también que estas actividades se llevaban a cabo en una entrada o acceso, como los de los estrechos pasajes que conectan la calle con el patio de las casas adosadas.[9]

Los corredores de apuestas callejeros

Para encontrar una explicación a la popularidad que adquirió apostar en las entradas de los callejones contamos con el testimonio de Harry Vokes, que relató que su barrio de Aston «parecía una madriguera por todos los accesos, patios y callejones traseros que servían de vías de escape para los pronosticadores, aceptadores de apuestas, recaderos y jugadores de los corredores de apuestas».[10] Los pronosticadores, aceptadores y recaderos recibían las apuestas en nombre de los corredores de distintas formas. Vokes cuenta que los *«miskins»*, unos edificios comunitarios anexos que se destinaban al depósito de las basuras y que, a veces, ocupaban cerca de dos kilómetros de largo, aumentaban las ventajas de dichos individuos, ya que, si alguien veía a la policía, el corredor o su aceptador de apuestas huía a través de ellos y llegaba al siguiente patio. Había también otras instalaciones compartidas que resultaban igual de útiles: en ocasiones, los corredores se alejaban de las entradas y aceptaban apuestas a escondidas detrás de la puerta del lavadero común del patio. Otra característica de los barrios pobres eran los «dobles accesos». La mayoría de las casas adosadas solo tenían una entrada, pero algunas tenían otra que llevaba a un punto de la misma calle o a una distinta. Estos dobles accesos eran inestimables para los corredores de apuestas que huían de la policía.

Algunos corredores de apuestas ilegales se colocaban en distintos sitios, pero la mayoría trabajaba en la calle en la que vivía o cerca de ella. Mi abuelo, Alf Chinn, era uno de ellos. Empezó sus andanzas en Studley Street en 1922, calle en la que él y su familia tenían alquilada una casa adosada y donde ocupó el puesto que habían dejado vacante «Nack» Carey y su primo, Bill Preston. Mi abuelo se colocaba en uno de los dobles accesos que conectaban Studley Street y el cine Olympia, en Ladypool Road, donde se perdía entre la muchedumbre que iba de compras si la policía lo perseguía. Como el ficticio Tommy Shelby, mi abuelo, Nack Carey y Bill Preston eran veteranos de la Primera Guerra Mundial, pero no eran los únicos. Muchos corredores de apuestas de los barrios pobres eran antiguos soldados, como ocurría con Sid Clamp, de Highgate, quien, según su hija, Hetty Bradbury:

> Cuando licenciaron a mi padre de la guerra de 1914, montó un negocio de apuestas en la casa en la que residíamos, que se encontraba en el 50 de Darwin Street, y solo disponía de una habitación abajo con una antecocina, un dormitorio y el ático. El negocio prosperó

> y nos trasladamos a una más grande en la acera de enfrente, en el número 165, donde vivimos momentos frenéticos. Un hombre se colocaba en la entrada del acceso y otros dos se ponían en las esquinas de la calle, uno arriba y otro abajo. En cuanto cualquiera de ellos veía a algún policía, hacía señas a Dave (el aceptador de apuestas) y este entraba a toda prisa en casa para colocar un madero entre dos soportes de hierro por detrás de la puerta.[11]

Este sistema en que el aceptador (en el dialecto de Birmingham, un *teker)* recibía las apuestas de los jugadores en la calle

Mi abuelo, Alf Chinn (a la derecha), a principios de la década de 1950 en la puerta del pub Gate, en Sparkbrook, donde pagaba a los ganadores de las apuestas. Junto a él, uno de sus recaderos, Teddy Gustrey, que aceptaba apuestas en las cocheras de las locomotoras del Great Western Railway, en Tyseley. © Carl Chinn Personal Collection

y, después, se las daba al corredor en su casa o en alguna habitación alquilada data de antes de la Primera Guerra Mundial. La mayoría de los corredores de apuestas de los barrios pobres lo adoptaron y algunos lo mantuvieron hasta la ley de 1961. Este método se implementó porque, si arrestaban al corredor o al aceptador de apuestas, se lo juzgaba según la Ley de las Apuestas Callejeras, que imponía multas mucho menores que la Ley de Locales de Apuestas.[12]

A los aceptadores de apuestas de la mayoría de los corredores callejeros los apoyaban los recaderos, que estaban en las fábricas cercanas. A estos trabajadores se les pagaba con comisiones. Esta práctica estaba tan extendida que, para 1923, se afirmó con desaliento que, «en el país, apenas quedaba algún lugar de trabajo de más de veinte empleados que no contara con el representante de un corredor de apuestas entre ellos».

Los niños también aceptaban apuestas.[13] De hecho, Steven Knight relató que, de pequeña, su madre había sido la recadera de un corredor de apuestas de Small Heath durante los años veinte. En una entrevista, menciona que los corredores de apuestas empleaban a los niños porque había menos posibilidades de que los arrestaran. Claro que, aun así, debían recurrir a los subterfugios. Como señaló, «los niños caminaban por la calle, a veces con una cesta de la colada, y la gente introducía en ella las monedas envueltas en un pedazo de papel con el nombre del caballo por el que apostaban. El crío las recolectaba todas y después se las llevaba a los corredores de apuestas».[14]

Había dos corredores de apuestas principales en la zona de Small Heath. Uno era Charlie Wright, que se colocaba en Arthur Street, mientras que su hermano y su cuñada se ocupaban de otro que tenían no muy lejos de allí. El otro era Tucker Wright, cuyo territorio se encontraba al otro lado de Coventry Road. Conocido por sus iniciales, T. K. aceptaba apuestas en Green Lane, sobre todo, pero también tenía posiciones en Victoria Street y en otras calles del barrio de Garrison Lane, todas cubiertas de recaderos que trabajaban para él. Albert Judd, un personaje muy conocido en Birmingham, lo recordaba como un caballero y «un buen tipo». Era el corredor de apuestas más notable a nivel local, siempre con una flor en el abrigo.[15] Un tal señor A. T. Richardson también confirma esta descripción tan positiva al afirmar que «Tucker, el corredor de apuestas [...], gustaba a todo el mundo de Small Heath porque siempre llevaba los pagos al día».[16]

George Langham creció en Wright Street, Small Heath, en la década de 1920, y tenía once años la primera vez que hizo una apuesta, acontecimiento que sucedió cuando empezó a trabajar para Tucker Wright como aceptador de las apuestas que realizaban los vecinos de la zona en la que vivía su familia y de otras partes de Wright Street. El señor Langham recordaba que:

> Un corredor de apuestas, Tucker Wrigth, me pagaba 2/- a la semana los sábados por la noche. Muchas veces, llegaba tarde al colegio porque tenía que llevar la bolsa de las apuestas mientras el recadero escapaba de los polizontes, por tanto, debía esperar a que dicho individuo volviera. En aquella época, todo el que jugaba confiaba en que el corredor de apuestas fuera honesto, ya que no tenían un resguardo de la apuesta como hoy en día.

Los corredores callejeros como Tucker Wright sacaban los resultados de las carreras de las últimas ediciones de los periódicos de la tarde y, al igual que mi abuelo, muchos entregaban las ganancias en el *pub* local, procedimiento que sí era legal. Con el sueldo que Tucker Wright le pagaba, las propinas de los jugadores que ganaban y otros dos chelines a la semana que le pagaba la abuelita Plumley, dueña de una carbonera en Wright Street, por sacar la mercancía, el señor Langham ayudó a su madre con aproximadamente siete chelines a la semana.

Los vigilantes y los sobornos a la policía

George Langham también recuerda que «los polizontes recurrían a toda clase de trucos para atrapar a los recaderos».[17] En dichas circunstancias, los vigilantes, conocidos también como ojeadores, pronosticadores, soplones o *dogouts,* eran de vital importancia para que los corredores de apuestas ilegales siguieran adelante con el negocio, como explica Harry Vokes:

> En un lugar ventajoso, como una esquina, un vigilante leía el periódico o se fumaba un cigarrillo, centrado en sus propios asuntos, pero con los ojos bien abiertos. Cualquier extraño era sospechoso. En algunas zonas, incluso se alejaban de ellos. Gestos como levantarse el sombrero o rascarse la cabeza eran las señales de peligro que hacían a los otros supervisores, que se situaban a las puertas de la casa del corredor de apuestas. Además, también impedían que cualquier persona de aspecto sospechoso apostara a través de la puerta, que solo se abría unos centímetros cuando se llamaba de forma especial. Las apuestas se realizaban en un trozo de papel que llegaba de mano en mano, en sobres viejos y arrugados o en cualquier superficie en la que se pudiera escribir e introducir el dinero. En dichos papeles solo aparecían apodos: Jack el Negro, Charley el Perseguidor, Lobby el Juez…, todo tipo de cosas. La cantidad de idas y venidas que se producían eran dignas de ver. Todos, incluso los vecinos, lo veían como algo normal, pero, cuando el vigilante que conocía a todos los polizontes daba la alarma, empezaba la verdadera diversión, pues la policía trataba de atrapar a los aceptadores de apuestas como si fueran pastillas de jabón que flotaban en la bañera.[18]

Los jugadores incluían un nombre en la apuesta para que el corredor los identificara en el caso de que su caballo ganara, pero la policía también podía arrestarlos si atrapaban a los aceptadores de apuestas o recaderos y habían anotado su verdadero nombre, por lo que los apodos o motes proporcionaban el perfecto anonimato.[19]

Los agentes de policía uniformados que patrullaban las calles eran fáciles de detectar para los vigilantes. El señor A. T. Richardson nació en 1919 y creció en Cattell Road, Small Heath, cerca de los terrenos de Birmingham City. De joven, los sábados y durante las vacaciones escolares, junto con un par de compañeros del colegio, vigilaba para los recaderos que trabajaban para Tucker Wright. Se sentaban en sus bicicletas en la esquina de Cattell Road con Templefield Street y estaban atentos a las rondas de los policías. Si detectaban a alguno, «pedaleaban calle arriba y daban una voz al recadero, que desaparecía por el acceso que había junto a la casa del corredor de apuestas, con los papelitos en una bolsa pequeña, y se encaminaba hacia la puerta trasera del domicilio, que estaría abierta. Entonces, lanzaba la bolsa dentro, saltaba la valla del jardín y se dirigía a otra casa que estuviera más alejada». Estos jóvenes vigilantes conseguían de tres a seis peniques.

Las apuestas se cobraban en la casa del corredor. El recadero se quedaba al final de la entrada y dejaba que los ganadores accedieran «mientras nosotros dábamos el visto bueno desde nuestra posición en la esquina. Por término general, esto significaba otros tres peniques si lo hacíamos después de las clases y seis si estábamos toda la tarde del sábado».[20]

Para eludir a los vigilantes y capturar a los aceptadores de apuestas y a los recaderos, se ordenó a los agentes uniformados que fueran vestidos de paisanos y recurrieran a los engaños para llevar a cabo su tarea. El padre del señor Ebury era un policía de la zona de Balsall Heath en la década de 1920 y, en una ocasión, su hermana lo vio «vestido de mujer. Corrió hacia él y le dijo: "Oiga, padre. ¿Qué está haciendo?". Lo único que el hombre trataba de hacer era dar con algún disfraz que lo ayudara a atrapar a los corredores de apuestas callejeros, que esperaban en los accesos. Lo habitual era que tardaran, más o menos, un par de días en conseguirlo».[21]

Según la prensa local de 1928, desarrollaron otra estratagema novedosa y fructífera. Un agente confesó que se escondió en un gran carromato bajo los artículos necesarios para hacer la colada. Otro policía, vestido de paisano, lo paseó por las calles. El que estaba oculto saltó en cuanto llegó al sitio donde trabajaba el corredor de apuestas. En un principio, el delincuente escapó, pero, cuando lo capturaron, dijo: «No pasa nada, es un buen polizonte».[22]

Las dificultades para atrapar a los corredores de apuestas, aceptadores y recaderos se acrecentaron debido al apoyo general de los vecinos. Tanto Rafter como John Maxwell, jefe de policía de Mánchester, confirmaron en 1932 que este se basaba, sobre todo, en lo mucho que aborrecían lo que consideraban una ley de clases. Como resultado, ni la ley ni la acción policial erradicaron las apuestas callejeras.[23] Desilusionados, muchos policías llegaban a un acuerdo con el corredor de apuestas local, como sucedió con mi abuelo. Mi tío abuelo Bill me contó que «los sobornaba con algo de plata, media corona o algo similar».[24]

«Big» Horace Foster era un corredor de apuestas de Kyrwicks Lane, Sparkbrook. Su hija, la señora V. G. Pullin explicó que, de vez en cuando, su padre mantenía reuniones clandestinas con un policía vestido de paisano para que le confirmara qué día acudirían a por su aceptador de apuestas. Pedía a su hombre que no fuera y «encontraba a otro que lo sustituyera en su puesto, al que arrestaban, arrastraban ante los magistrados y multaban. Mi padre pagaba de inmediato al policía tras recompensar, con una cuantiosa cantidad, al delincuente por sus servicios. La vida volvería a la normalidad hasta la próxima vez».[25] Estos «maniquíes» o «secuaces» recibían unas apuestas y una pequeña suma de dinero a cambio.

El sistema beneficiaba a los corredores de apuestas de tres formas: primero, pagaban una multa más baja si a su hombre lo arrestaban por primera vez; segundo, el sistema protegía a su aceptador de apuestas, es decir, que no tenían que despedirlo si lo multaban con más dinero la segunda vez; y, en tercer lugar, no interfería con el negocio, ya que, de haber querido evitar que los corredores aceptaran apuestas, la policía solo habría tenido que colocarse en los puntos calientes. En cuanto a los agentes de la ley, este pacto los satisfacía porque aumentaba las cifras de arrestos, no entraban en conflicto con la comunidad y, en el caso de aquellos que aceptaban sobornos, suponía más dinero para sus bolsillos. Por último, el «maniquí» o «secuaz» se contentaba porque había recibido una suma significativa de dos o tres libras por sus servicios y, si estaba desempleado (como era el caso de la mayoría), conseguía un dinero extra.

Casas de apuestas ilegales

Apostar o ser corredor de apuestas no eran actividades destinadas solo a un género. Había muchas mujeres que jugaban pequeñas cantidades de dinero y otras que se convirtieron en corredoras de apuestas. En algunos aspectos, estas últimas recuerdan a la tía Polly, la matriarca de la serie *Peaky Blinders,* que asume un papel protagonista en los negocios de la ficticia familia Shelby. Fuerte, lista, independiente y asertiva, con una personalidad contundente, es importante tanto para su familia como para la comunidad. Como también lo era Rose Pickering, una popular corredora de apuestas de Darwin Street, Highgate. Su hija, Olga Packer, relata que su madre tenía una tienda de *fish and chips* con una pequeña habitación en la parte trasera, donde aceptaba apuestas:

> Estaba en un patio en el que convivíamos cuatro personas: el charcutero; nosotras con la tienda de pesca-

do; en la puerta de al lado, Elliot, el barbero, y, junto a él, Ingram, el carnicero. Aunque compartíamos el espacio, Ingram había colocado dos grandes puertas para proteger el frigorífico, de manera que nos proporcionaba mucha privacidad. Además, había una puertecita tallada en una de las grandes por la que la gente introducía las apuestas, y frente a la que se situaba un hombre que vigilaba por si venía la policía. Por aquel entonces, era ilegal, por lo que debíamos emplear ese método: los jugadores pasaban las apuestas al hombre que estaba detrás de la puerta, este las metía en una bolsa y nosotros las llevábamos a la casa para que madre y padre las anotaran.

El doble acceso que conducía a las casas para apostar se cerraba desde mediodía hasta las dos y media de la tarde y Pickering pagaba a un vigilante para que se situara en una esquina cercana y estuviera atento por si se acercaba la policía. Si veía a alguno vestido de civil, saltaba a la acera y se alejaba. Esa era la señal para cerrar la puertecita hasta que todo estuviera despejado.[26]

Con otro rincón en Bristol Street, que dirigía su hijo Richard, Pickering no solo calculaba las apuestas ganadoras de los jugadores, sino que también era una figura destacada de su comunidad. Como ocurría con otros que se dedicaban a esta misma profesión, solo aceptaba apuestas de los trabajadores de las fábricas a la hora de la comida, es decir, entre las doce del mediodía y las dos de la tarde, aunque se alargaba hasta las dos y media para que los rezagados tuvieran tiempo. A diferencia de lo que muestra la serie, no se apostaba carrera por carrera y no era una cinta de teletipo la que daba los resultados, sino que se consultaban en las últimas ediciones del *Birmingham Mail* o el *Evening Despatch.* Al igual que los corredores de apuestas de principios de los años cincuenta, y animada por su hijo, Pickering instaló, al fin, una de esas máquinas en la casa que había detrás de la tienda de *fish and chips,* lo que atrajo a multitud de jugadores al patio que se ocultaba detrás del doble acceso y le permitió aceptar apuestas durante todo el día.

A mediados de la década de 1950, la carnicería que había en la esquina cerró y, como su cocina daba al patio, los Pickering se quedaron con el local. Derribaron la cocina e instalaron un cobertizo de madera repleto de bancos. A medida que los resultados salían por el teletipo, los colocaban en una hoja de papel que había sobre un tablón.[27] Para entonces, los Pickering habían dejado atrás las calles y dirigían una casa de apuestas ilegal, algo similar a lo que nos muestran en *Peaky Blinders,* pero más de treinta años después. Mi familia se encontraba entre los corredores de apuestas que vivieron la transición. Mi padre, Alfred «Buck» Chinn supervisó la lenta operación, que, al final, supuso un cambio más reactivo que productivo, como me explicó.

Los sábados había, literalmente, docenas de personas alrededor del puesto donde se apostaba:

> Así que contratamos a un tipo, que tenía entre veinte y treinta libras de cambio, y lo enviamos a un recinto, que medía unos tres metros de ancho y se estrechaba hasta los dos metros, pero tenía la longitud de una tienda, y los clientes se acercaban y anotaban sus apuestas. [...] Más adelante, colocamos una caja en la puerta y colgábamos la hora de la carrera en la ventana. Por aquel entonces, dábamos los resultados porque habíamos instalado un teletipo para proporcionar el mejor servicio al cliente. Nos esforzábamos mucho con el escaparate. Poníamos: «La siguiente carrera será...» y luego añadíamos la hora: las dos en punto, las dos y cuarto y las dos y media. Entonces, retirábamos la caja y sellábamos cada una de las apuestas que había dentro para la carrera de las dos y media.

El problema fue que se arremolinaban tantos jugadores en torno al puesto, que su localización dejó de ser ideal. De manera que, a principios de 1958, y convencido de que la ley sobre las apuestas con dinero fuera de los hipódromos estaba a punto de entrar en vigor, mi padre compró un local cercano (sin licencia) en la esquina de Alfred Street con Queen Street y lo transformó en una auténtica casa de apuestas: con programas de las carreras, un teletipo y apuestas carrera por carrera. Esta evolución dio un vuelco espectacular al negocio y aumentó las ganancias a dos mil libras semanales.

Unos meses después de que la tienda empezara a aceptar apuestas, se produjo una redada en la que participaron dos inspectores, un sargento y cuatro agentes. Acusaron a mi padre y su hermano, Wal, de haber utilizado una oficina del número 48 de Alfred Street, Sparkbrook, «para apostar con otras personas, contraviniendo las secciones 1 y 3 de la Ley de Apuestas

Exterior de la casa de apuestas ilegal de mi abuelo en Sparkbrook. Como muchos otros locales, tenía un cartel con un número de teléfono para simular que solo admitía apuestas por ese medio, pues era la práctica legal. A partir de mayo de 1961, se convirtió en un establecimiento legal que, más adelante, pasaría a manos de mi tío Wal. © Carl Chinn Personal Collection

de 1853». Cada uno pagó una multa de setenta y cinco libras. Mi tío abuelo Bill también trabajaba en la tienda, pero se libró de la acusación por su edad.[28]

Unos canallas incorregibles: los Sheldon

En *Peaky Blinders,* los Shelby obtienen gran parte de los ingresos de su trabajo como corredores de apuestas ilegales, y Steven Knight ha explicado que los tíos maternos de su padre pertenecían a «una familia apellidada Sheldon que, en la ficción, son los Shelby. Eran corredores de apuestas y tanto él como quienes habitaban la zona los conocían como los *Peaky Blinders*».[29]

Una anécdota familiar de los Sheldon destaca sobre las demás. Un día, enviaron al padre de Knight a casa de sus tíos con un mensaje en un pedazo de papel. Cuando entró, había ocho hombres sentados alrededor de una mesa. Iban «impecables, con gorras y armas en los bolsillos. La mesa estaba cubierta de dinero (en aquella época en que nadie tenía un penique) y todos bebían cerveza en tarros de mermelada, ya que estos hombres no gastaban dinero en vasos o tazas». Esa imagen tan evocativa del «humo, la bebida y unos hombres tan bien vestidos en un barrio pobre de Birmingham» dejó a Knight con la sensación de que «ese era el mito, la historia y la primera imagen con los que empecé a trabajar».[30]

Tres de los hermanos Sheldon eran conocidos criminales de la Birmingham eduardiana. Participaron en revueltas, tiroteos, ataques violentos y la peor guerra de bandas de la historia de la ciudad hasta la enemistad* más reciente entre los Burger Boys y la Johnson Crew.[31]

* Los Burger Boys y los Johnson Crew son dos violentas bandas que se formaron en la década de 1980 y se dedicaban al tráfico de drogas, entre otros. Aunque, en un principio, estaban formadas por amigos, en los noventa se convirtieron en enemigos mortales de la noche a la mañana y se dividieron según la zona de Birmingham en la que vivían. Dicha enemistad todavía existe. *(N. de la T.)*

Los Sheldon pertenecían a una amplia familia, cuyos padres eran Samuel y Rosehanna. Ambos habían nacido en Dudley y, en 1871, vivían en una zona pobre de la ciudad con sus dos hijos mayores, John, de cuatro años, y Samuel, de dos.[32] Otro chico, Thomas, nació en Dudley, como lo hizo también Mary; sin embargo, Joseph, su siguiente hijo, nació en Birmingham en 1879.[33] La familia se trasladó debido a una importante caída del comercio en el Black Country. Golpeadas por el desempleo, los sueldos bajos y un futuro incierto, muchas personas abandonaron el distrito para buscar trabajo en Birmingham, la ciudad de los mil oficios.[34]

Los Sheldon alquilaron una casa adosada en Glover Street, Deritend, barrio en el que vivirían hasta 1891, cuando se ins-

Glover Street en la década de 1920. John y Samuel Sheldon pasaron gran parte de sus vidas tanto en esta calle como el barrio colindante. © BirminghamLives Archive

talaron en Garrison Street, Bordesley, a poca distancia de su antiguo hogar. La parte trasera de la casa daba a Witton Street, en cuyo extremo estaba la verdadera Garrison Tavern. Por entonces, la familia contaba con cuatro miembros más tras los nacimientos de Lizzie, Anna, Edith y Arthur.[35] El patriarca murió en 1910 y, un año después, su mujer, de sesenta y ocho años, aparece en el censo como la cabeza de familia de la casa número 6, del patio 2, de Allcock Street, Deritend, a la vuelta de la esquina de donde había tenido lugar el primer ataque de los *peaky blinders.* Con ella vivían dos sobrinas y sus hijas solteras.[36]

De los cinco hermanos, Thomas se convirtió en operador de cocinas de gas y, más tarde, en comercial. En 1911, vivía con su mujer, Mary Ann, cuatro hijos y una sobrina en el 686 de Bordesley Green.[37] No existe ninguna prueba que sugiera que ni él ni su hermano pequeño Arthur fueran otra cosa salvo hombres honestos. Las vidas de John, Samuel y Joseph Sheldon, sin embargo, suponen un marcado contraste.

En 1881, a los quince años, cuando ya lo habían acusado con anterioridad de un delito grave, John, el hermano mayor, fue encarcelado un mes y condenado a trabajos forzados por robar un poco de madera. Según él, su ocupación era trabajar el latón, pero solo era uno de los muchos empleos a los que dijo dedicarse. Un año después, pasó tres meses en prisión por ser un ladrón de renombre y, en 1883, cumplió esa misma condena por robar una cesta, una navaja y otros objetos. Entre estos dos delitos, se lo sometió a varios juicios por vagancia y obstrucción.[38] Después, en 1884, un informe lo describe como uno de los tres sinvergüenzas que tomaron un tren sin billete, delito por el que cada uno pagó diez chelines.[39]

John Sheldon no solo era un ladrón de poca monta, sino también un hombre despiadado y vengativo. Lo demostró en noviembre de 1895, cuando William Green y él atacaron, sin provocación previa, a Thomas O'Neill al salir del bar Great Western, en Allcock Street. Sheldon gritó: «¡Te estaba buscando!», y le dio un puñetazo en la cara. O'Neill intentó defenderse y se enzarzó con su atacante, pero Green, que aseguró haberlo hecho por accidente, lo golpeó con la hebilla del cinturón. Margaret O'Neill, la hija de la víctima, negó esta afirmación, pues había visto el cinturón oscilar hacia su padre y había rogado a los asaltantes que no lo golpearan. Green la derribó con un tirón de pelo y Sheldon la pateó mientras permanecía en el suelo, lo que le produjo fuertes magulladuras. Se halló a los dos hombres culpables de agresión y los sentenciaron a seis semanas de trabajos forzados. Además, durante el juicio, se afirmó que Sheldon, de veintinueve años y residente en Palmer Street, era un holgazán y un inútil ocioso. Al año siguiente, lo encarcelaron nueve meses por emitir monedas falsas con conocimiento de causa.[40] Las había introducido en varios bares de Warwick acompañado de cuatro hombres de su barrio.[41]

Samuel Sheldon, dos años menor, estaba hecho de la misma pasta que su hermano. De pelo moreno y complexión robusta, tenía los ojos verdes o azules —dependía del informe policial—, era algo pequeño —solo medía metro cincuenta y cinco—, y enseguida se ganó la reputación de agresivo.[42] En junio de 1886, a los diecisiete años, Michael Carroll y él lanzaron piedras a un ciclista en la zona de Digbeth y lo derribaron. Operación que repitieron más tarde con dos agentes de policía y por la que los arrestaron. En el tribunal se los describió como «la molestia perfecta de las calles» y los condenaron a tres meses de prisión por tener antecedentes por delitos similares.[43]

Decidido, en el transcurso de un año, Sheldon cometió el mismo delito. Una tarde de mayo de 1888, se encontraba entre un grupo de jóvenes que holgazaneaban por Glover Street. Cuando un policía les pidió que se marcharan, ellos se negaron y le lanzaron un par de piedras. Una de ellas lo golpeó en la mejilla derecha y la otra en el pecho. Por esta grave agresión, lo enviaron a prisión con trabajos forzados, junto a otro joven, durante tres meses.[44]

El lanzamiento de piedras se asociaba, por supuesto, a las *slogging gangs,* algunas de las cuales habían surgido por primera vez en Deritend, el barrio en el que vivía Sheldon. Por su historial delictivo, resulta aparente que era un *slogger,* y es bastante probable que se convirtiera en uno de los primeros *peaky blinders,* dado que siempre llevaba el característico bombín y era un hombre violento que odiaba a la policía.

Lo demostró en 1888, cuando lo acusaron de agredir a dos agentes. La noche del 4 de noviembre, en Heath Mill Lane, los guardias participaron en «un fiero combate con una banda de matones», en el que Sheldon se involucró con otros individuos. Los agentes detuvieron a algunos de los líderes, pero «los atacaron con más violencia que antes». Sheldon bombardeó a los policías a pedradas, pero, cuando advirtió que lo habían reconocido, huyó. Uno o dos días después, un agente lo descubrió y lo arrestó. En ese intervalo de tiempo, participó en otro ataque a la policía y, «con una agresividad que no conocía límites», apedreó a un agente.

Aunque joven, Sheldon ya había sido condenado una docena de veces por agresión y, en este caso, cumplió cuatro meses de prisión con trabajos forzados. El *Birmingham Daily Post* se alegró de que hubieran castigado con tanta severidad a semejante canalla, pero no tuvo el efecto disuasorio que esperaban.[45] En agosto de 1889, pasó dos meses en la cárcel por pertenecer a una banda y haber cometido una terrible agresión.[46] Semanas después de su puesta en libertad, Sheldon y otros ocho o nueve tipos duros entraron en la casa de una mujer de su barrio. Destrozaron las ventanas y la siguieron escaleras arriba, donde «la asaltaron de una forma repugnante». La pobre chica de dieciséis años gritó y un agente de policía acudió a toda prisa al escenario, donde detuvo a Sheldon y otros dos hombres. En esta ocasión, lo condenaron a seis meses de cárcel por agresión con agravantes.[47]

Es innegable Sheldon era violento por naturaleza, pues, en julio de 1890, lo detuvieron por perturbar el orden público tras asaltar a un hombre en Curzon Street.[48] Cinco años más tarde, cumplió seis meses por un delito de lesiones, a los que se añadirían otros doce meses por robar en una tienda, infracción en la que también participó su mujer, Ellen.[49] Se habían casado en septiembre de 1890 en Saint Laurence, la iglesia de uno de los distritos más pobres de Birmingham, donde se celebraría el funeral del agente Gunter en 1901. Ellen firmó el certificado matrimonial con su nombre, pero Sheldon solo hizo un garabato que indica que no sabía escribir.[50]

Un año después de casarse, Sheldon volvió al barrio de su infancia y abrió una tienda de ultramarinos en Little Barr Street junto a su mujer.[51] En febrero de 1900, acusaron a Ellen y a otras dos mujeres de atacar a Charlotte Nolan, una vecina que había testificado contra Samuel Sheldon. La agresión se produjo cuando Nolan abandonaba los tribunales y la muchacha acabó con los ojos amoratados y la cara desfigurada de las patadas que recibió mientras estaba en el suelo. El fiscal anunció que las tres mujeres procedían de «la parte más anárquica de Birmingham». Ellen Sheldon pagó una multa de cinco chelines.[52]

Un año después, Samuel vivía en Glover Street con su hija de nueve años, también llamada Ellen, y una huésped y criada de nombre Ella Maria Small, de veintisiete años. Su mujer no estaba con él.[53] Es indudable que se habían separado, ya que ella vivía en otro sitio.[54] En 1917, Sheldon, ahora viudo, se casó con Small. Esta vez, escribió su nombre en el acta matrimonial y, además, tenía una tienda en Montague Street.[55]

Durante los treinta años anteriores, Samuel Sheldon había dicho dedicarse a varias profesiones: obrero, trefilador, fabricador de tubos de metal, cortador de placas de metal, pero, en realidad, era un delincuente.[56] De hecho, con el cambio de siglo, también es probable que fuera uno de los infames rufianes de Birmingham que recorrían los hipódromos del país para robar la cartera a los asistentes, pues, en enero de 1902, y bajo el alias de Samuel Small, lo apresaron durante tres meses en Mánchester como sospechoso del delito.[57] Dicha infracción se encontraba en la sección 4 de la Ley de Vagancia de 1824, que permitía a la policía arrestar a cualquier persona sospechosa o ladrón reputado que frecuentara las calles, caminos y lugares contiguos a ellos con la intención de cometer algún delito punible.[58] Esta sección la aplicaban con regularidad a los carteristas.

La teoría de que Sheldon trabajaba como carterista en los hipódromos se confirma con su arresto a finales de mayo de 1905, tras una edición de las carreras de Hall Green que se celebraron cerca del *pub* Horse Shoes, en Stratford Road. Fue uno de los acusados de frecuentar la zona con la intención de cometer un delito. Cuando la carrera terminó, una multitud de mil personas se concentró en el gran espacio que había frente al *pub*, donde el propietario había construido una barra provisional. El único representante de la ley presente era el sargento Hall, que vestía de paisano y, como conocía a Sheldon, vigilaba sus movimientos y los de sus tres compinches. «Entraban y salían de la parte más concurrida de la multitud mientras lanzaban los brazos al aire» y el fiscal contó en el tribunal que, sin duda alguna, su propósito era el de robar a los espectadores.

Sherriff, el superintendente de policía de Sparkhill, llegó al lugar y detuvo a Sheldon poco después. El ladronzuelo se puso tan agresivo que zarandeó a Sherriff y Hall adelante y atrás durante unos minutos por el camino. Los rodeaba una multitud hostil compuesta del «mayor conjunto de tipos duros que se veía desde hacía tiempo», lo que obligó a los policías a introducir a Sheldon en el *pub* hasta que llegara el vehículo que los conduciría a la comisaría de Sparkhill. Como debían probar que Sheldon era sospechoso del delito, en el juicio se reveló que tenía más de treinta condenas a sus espaldas por hurto, vagancia y robo, así como otros delitos relacionados con el lenguaje obsceno, obstrucción de la vía pública y embriaguez. En esta ocasión, solo lo sentenciaron a tres meses por holgazanería.[59]

Dos años más tarde, Sheldon, que se describía como vendedor ambulante de Great Barr Street, cumplió cinco años de condena en la cárcel de Wakefield por emitir monedas falsas. Cuando el inspector Meson presentó las particularidades del historial de Sheldon, alegó que «era un personaje infame» que se asociaba de manera constante con ladrones y «que no le gustaría revelar cuántos robos había cometido. Lo habían condenado treinta y cinco veces y no existía un solo delito en Birmingham en el que Sheldon no estuviera involucrado».[60]

A estas alturas, lucía varias marcas por todas las peleas en las que se había metido. Tenía dos grandes cicatrices en la cabeza y algunas más en la nuca, las manos, el torso y el pecho, así como en varios dedos, una espinilla, la muñeca y un codo. Además, también tenía varios tatuajes: dos puntos en la parte posterior de un antebrazo, dos marcas en una de las muñecas y otras tres detrás de uno de los brazos.[61]

A John y Samuel Sheldon los siguió en una vida dedicada a la delincuencia su hermano pequeño, Joseph. Nacido en 1880, a los diecinueve ya se había enfrentado a ocho faltas por agresión y obstrucción y lo habían apresado cinco veces por realizar pequeños hurtos: unas botas, casi dos kilos de confites y dos pañuelos de seda. Sin embargo, en 1899 cometió un delito más grave al colarse en un local y llevarse siete libras, dos

Samuel Sheldon en 1907, cuando fue condenado a cinco años de prisión por emitir moneda falsa. Lleva puesto un bombín como el de los *peaky blinders* originales. © West Midlands Police Museum

cajas registradoras, once botellas, nueve litros de ron y otros artículos. La sentencia fue de cuatro años y medio de prisión, que cumplió en las instalaciones de Dartmoor.[62] Con metro sesenta de altura, el más joven de los Sheldon tenía un aspecto lozano, el pelo castaño y los ojos azules. En el antebrazo derecho llevaba tatuadas unas banderas cruzadas y las palabras «*Cab*», «*Box*», «Lizzie» y «Nellie»; en la parte posterior de la mano derecha llevaba otro que decía «*Love*» y, en el antebrazo izquierdo, se había tatuado un ancla, un corazón y las palabras «*Ivil*» y «*Mizpah*».[63]

No mucho después de su puesta en libertad, lo enviaron a prisión durante doce meses con una pena de trabajos forzados por emitir monedas falsas (una tradición familiar).[64] Pero, una vez más, tampoco permaneció en libertad mucho tiempo, pues, en mayo de 1905, irrumpió en una casa de Handsworth con otros dos hombres y robó unos puros y unas joyas por valor de cincuenta libras. En esta ocasión, la sentencia fue de cinco años.[65]

Mientras Samuel y él estaban en prisión, su hermano John se convirtió en uno de los líderes de lo que se conocería como la *Vendetta* de Garrison Lane: una sangrienta e implacable contienda entre bandas que también se llamó la venganza de Dartmouth Street, Garrison Street y Watery Lane. Hasta entonces, los Sheldon habían sido individuos violentos que actuaban de forma independiente, pero la *Vendetta* los unió como líderes de una feroz banda callejera que estaba dispuesta a utilizar cualquier arma contra sus enemigos.

La *Vendetta* de Garrison Lane

A principios del siglo XX, John Sheldon vivía con su mujer, Ada, en una casa adosada en Glover Street. No tuvieron hijos. Según el censo de 1901, era un instalador de chimeneas, pero, al igual que Samuel, era un delincuente a tiempo completo y uno de los pícaros de los hipódromos, pues, al cabo de pocos años, declaró que su trabajo era el de comisionista.[66] A los carteristas, matones y timadores les encantaba usar este término «polivalente» para disfrazar sus actividades delictivas, el cual les confería una apariencia de legitimidad que sugería que eran corredores de apuestas legales. Sin embargo, en realidad, los hombres como Sheldon acosaban a quienes se dedicaban a ello de manera legal en los hipódromos.

Su verdadera vocación quedó clara en septiembre de 1919, cuando se contaba entre los individuos que arrestaron en el hipódromo de Derby por desplumar a los asistentes en un juego de apuestas amañadas. Pagó una multa de cuarenta chelines y el *Nottingham Evening Post* dijo de él que «era un viejo conocido de la policía, pues ya contaba con diecisiete condenas previas».[67]

John Sheldon, de metro sesenta y ocho, pelo escaso y ojos azules, llevaba un tatuaje de una mujer en el antebrazo izquier-

Los portales 5-10 del patio 36 de Deritend. Todos los hombres que participaron en la Vendetta de Garrison Lane vivían en casas adosadas como estas. © Library of Birmingham, MS 2724

do, un marinero en el derecho y un punto en la muñeca. Con cicatrices en el centro de la frente, bajo el ojo y la ceja izquierdos, era un hombre para el que la violencia era una forma de vida y estaba dispuesto a hacer lo que hiciera falta para ganar una pelea.[68] A principios de 1906, lo acusaron de intentar disparar al agente de policía Thomas Mooney, quien relató que, la noche de San Esteban, Sheldon había estado bebiendo y haciendo uso de un lenguaje obsceno en Glover Street. Tras informarle de que, si seguía así, le mandarían una citación, se dijo que Sheldon metió la mano en el bolsillo de su abrigo y Mooney sintió el cañón de un revólver sobre la sien. «Pues toma esto a cambio», anunció el primero, y el percutor del arma hizo un ruido metálico.

Por suerte, no estaba cargada y el agente se abalanzó sobre Sheldon, pero este le atrapó las manos a la espalda y Mooney volvió a escuchar «esta vez en su nuca, el amenazante chasquido del percutor, que volvió a entrar en la recámara vacía». A continuación, forcejearon. El arma cayó al suelo y Mooney derribó a Sheldon. Entonces, recogió el pesado revólver «Bulldog» de cinco recámaras y escoltó a su prisionero hasta la comisaría de Moseley Street, donde «descubrió que justo en la siguiente recámara había una bala, la única que llevaba el arma». En su defensa, Sheldon explicó que había bebido, que no sabía que el arma estaba cargada y que, en realidad, se la había ofrecido al agente. Dos de sus compinches corroboraron su versión y el caso fue desestimado.[69]

No mucho tiempo después, Sheldon descargó su revólver en una disputa con Billy Beach. Nacido en 1879, Billy era el mayor de cuatro hermanos que crecieron en una casa adosada de Palmer Street, en el mismo barrio que los Sheldon.[70] La investigación de la historia familiar que llevó a cabo su descendiente, Janice Jackson, revela que, en 1898, Beach estaba casado, trabajaba en una fábrica de tubos y era soldado a tiempo parcial del 6.º Batallón de la Milicia del Real Regimiento de Warwickshire. Según sus documentos acreditativos, pesaba cincuenta y cuatro kilos y el pecho le medía setenta y ocho centímetros de ancho. Tenía la tez clara, el pelo moreno, los ojos azules y solo medía metro sesenta y siete (aunque algunos informes militares posteriores indican que su estatura era de un metro setenta y dos).[71]

Como la madre de Margaret Beale era la sobrina de Beach, esta recuerda que le contaron que su tío abuelo siempre llevaba un pañuelo blanco alrededor del cuello, al estilo de los llamados *narcisos* de los *peaky blinders,* y que, mientras su abuelo medía:

> [...] más de un metro ochenta y era delgado, su hermano Billy era más pequeño y mucho más corpulento. Se quitaba el cuello de la camisa (como hacían en esa época) sin desabrocharlo porque tenía el cuello tan ancho como la cabeza. Siempre se portó muy bien con su madre y sus hermanos y hermanas cuando eran pequeños. Mi abuelo era vendedor ambulante, así que no pasaba mucho tiempo en casa y no se involucró [en la contienda]. Una historia que toda la familia conoce es que Arthur, mi abuelo, estaba bebiendo en un *pub* con su amigo Sam cuando golpeó a un hombre que tenía detrás y derramó un poco de cerveza. El hombre estuvo a punto de pelearse con Arthur, pero Sam le dijo: «¿No sabes quién es?». El hombre respondió que no le importaba, que se las pagaría, pero cuando Sam replicó: «Es el hermano pequeño de Billy Beach», el hombre le pidió disculpas y les pagó las cervezas durante toda la tarde.[72]

El señor Beasley conocía a Billy Beach. Había nacido en 1914 y, de chiquillo, había vivido en Palmer Street, la calle en la que Beach residió durante el período de entreguerras. La madre de Beasley se había mudado al barrio de adolescente y, como su padre también había crecido en Ivy Lane, al final de Great Barr Street, los dos conocían bien a Beach. Lo recordaban como «un hombre muy educado. Cada vez que se cruzaba con una mujer o una dama, se llevaba la mano al sombrero». Todo el mundo pensaba que no estaba «mal hasta que se tomaba una cerveza y se volvía un poco desagradable». Entonces, se convertía en «alguien despiadado, todo un cabronazo». La mayor parte del tiempo la pasaba solo, pero, cuando sus enemigos querían meterse con él, «esperaban a que se hubiera tomado varias pintas y, entonces, entraban en acción». Siempre había alguien que le informaba de las personas con las que tenía cuentas pendientes y, como expresó el señor Beasley, se paseaba por los *pubs* y «esperaba hasta que alguno se quedaba solo o con otro compañero, no le importaba que fueran dos», y ajustaba dichas cuentas con ellos.[73]

Según Ray Lewis, el nieto de Beach, la contienda con los Sheldon empezó por algo relacionado con las carreras de caballos, mientras que a Terry Lines, su bisnieto, le contaron que la pelea comenzó por una deuda de juego.[74] Una noticia que apareció en el *Birmingham Gazette* de 1912 apoya esta última teoría al explicar que la *Vendetta* se originó en la transacción de unas apuestas.[75] El propio Beach admitió más tarde que los dos se habían visto involucrados en una disputa a principios de 1908, en la que se dice que luchó y ganó a John Sheldon. Pero Sheldon, de una reputación temible, no estaba dispuesto a dejar las cosas como estaban.[76] La tarde del 21 de junio se escucharon unos tiros en Watery Lane y a Beach lo atendieron en el Hospital General por un disparo en el cuello. Se negó a revelar a la policía el nombre de su agresor, pero añadió que él mismo le había dado una buena paliza «y pareció bastante satisfecho de poder tomarse la justicia por su mano». Según se anunció, Beach y el desconocido eran los líderes de dos bandas rivales que llevaban en guerra varias semanas.[77]

En un informe único escrito a mano en julio de 1908, un superintendente en funciones de la policía de Birmingham City detalló lo que ocurrió. La tarde del 28 de junio de 1908,

Charles «Coaly» Jones, alias Craley, James Thorne y Joseph Gannon sacaron sus armas y dispararon a Beach en Montague Street. El uso de las armas en las peleas entre bandas no era inusual en Birmingham. Cuando la policía se acercó a los hombres, escaparon todos salvo Beach, que acabó entre rejas por estar borracho y crear alboroto. A los otros tres granujas los arrestaron poco después por reunirse de forma ilegal con otros hombres en Montague Street, con el propósito de alterar el orden público. A Beach y Jones los acusarían más delante de intentar matarse el uno al otro el 21 de junio. Con condenas por embriaguez, asalto, allanamiento de morada y robo, resulta más que evidente que Jones era otro hombre agresivo y con mala reputación.[78] A pesar de la seriedad de los acontecimientos, el 9 de julio se exigió legalmente a todos los implicados que no reincidieran durante seis meses.[79]

Cumplieron esta exigencia hasta las dos de la mañana del 1 de enero de 1909, cuando volvió a estallar la violencia. Beach había llegado a su casa de Lower Dartmouth Street poco después de la medianoche. Cenó y, cuando salió para vaciar las hojas de la tetera, vio a un grupo de hombres en el patio. Eran los Sheldon y su banda. Uno de ellos dijo: «¡Es él! Ahí está el muy… ¡en la escalera!». Le dispararon una vez y este les lanzó una lámpara de queroseno. Entonces, una bala le dio en la par-

Charles «Coaly» Jones, uno de los miembros más importantes de la banda de los Sheldon y un hombre muy peligroso. © West Midlands Police Museum

te trasera de la oreja, mientras que otra atravesó una de las ventanas superiores de la casa y rozó la cabeza de su hija de diez años. A pesar de estar herido y de que lo superaban en número, Beach contraatacó. En la zona lo admiraban por atreverse a pelear solo, a diferencia de los Sheldon, y Beasley recuerda que sus enemigos «lo abordaban en tres o cuatro ocasiones cuando querían atacarlo porque necesitaban a dos o tres tipos para hacerlo».[80] En esta ocasión, John Sheldon y los suyos fueron en tropel. Incluso así, Beach les plantó cara y, cuando los jueces le preguntaron si había sido una pelea justa, respondió: «Si consideran que diez contra uno es una pelea justa...».

Mientras forcejeaba con sus atacantes, su mujer corrió en busca de la policía y los agresores huyeron. El patio era un caos. Había sangre por todas partes y los agentes encontraron en la nieve «un revólver de seis recámaras, con seis cartuchos gastados, un pico, dos martillos, uno de ellos para picar carbón y cubierto de sangre, y varias botellas rotas». Uno de los matones, Charles Loone, al que habían dejado inconsciente en la pelea, también apareció en el suelo. Más tarde, cuando fueron a por Sheldon, descubrieron un revólver de seis recámaras vacío en uno de sus bolsillos y un puño de acero en el otro. Tras ser acusado, dijo a la policía: «Ojalá nos dejarais resolver nuestros asuntos a nuestra manera, como no tardaremos en hacer».[81]

Junto con Sheldon y Loone, también arrestaron a «Coaly» Jones por la agresión a Beach. Los declararon culpables de reunirse de forma ilegal y violenta con intención de alterar el orden público y de organizar «una gran revuelta y escándalo que alarmó y aterrorizó a los súbditos de Su Majestad». A Sheldon y Jones los condenaron a doce meses de prisión con trabajos forzados, mientras que a Loone, que solo tenía condenas por embriaguez a su nombre, le impusieron una pena de ocho meses. En los tribunales, el inspector Moxon declaró que tanto una facción como la otra eran igual de terribles y que estaban involucradas en una serie de peleas privadas que se habían iniciado doce meses antes. Tenían un código de honor propio y no se incriminaban entre ellos, por eso Beach no confesaba todo lo que sabía.[82] No obstante, incluso aunque no «se chivara» a la policía, no tardaría en vengarse por el ataque.

A última hora de la tarde del 5 de enero de 1909, cinco días después de que lo asaltaran y antes de que se celebrara el juicio de sus enemigos, Beach se reunió con Arthur Morris, Thomas Lane y otros nueve o diez hombres en el *pub* Lodge de Coventry Road y se encaminaron por Watery Lane a la casa de Edward Pankhurst, un amigo de Sheldon, ladrón de pacotilla y posible carterista.[83] Pankhurst y su mujer, Sarah, vivían en el patio 35, en Deritend. A su llegada, Beach y su pandilla derribaron la puerta, irrumpieron en el interior y dieron un susto de muerte a Sarah Pankhurst y a su inquilina, Kate Coley. Con los revólveres a la vista, exigieron saber dónde estaba Pankhurst y, aunque, en realidad, se encontraba en el domicilio, su mujer les mintió y dijo que había salido. En ese momento, uno de los hombres comentó: «Cuando pillemos a ese… acabaremos con él». Tras destrozar el mobiliario, la banda se marchó y, para cuando se presentó la policía, Sarah estaba al borde de la histeria. De ahí, Beach y sus hombres marcharon a Glover Street, donde Sheldon y Jones vivían en aceras opuestas. El grupo llamó a la puerta de Sheldon con violencia, pero, al no obtener respuesta, cruzaron a la casa de Jones, justo enfrente. Su mujer relató en el tribunal que se encontraba:

> […] en la cama con mi marido cuando oí los golpetazos en la puerta. Escuché y me dio la sensación de que la estaban forzando. Unos hombres irrumpieron en el interior, rompieron los muebles y dispararon escaleras arriba. Yo me abalancé sobre la ventana y exclamé: «¡Asesinos!». Un hombre que había en la calle le gritó a otro: «Dispara a esa…», y el susodicho lo obedeció. La bala hizo añicos uno de los cristales de la ventana, pero no me alcanzó. Entonces, se escucharon los silbatos de la policía y todos los hombres huyeron.

La señora Jones no sabía quién había disparado porque el hombre iba cubierto con una gorra. Sin embargo, la señora Sheldon, que lo había contemplado todo desde la ventana de su dormitorio, estaba segura de que había sido «Nugget» Morris.

Morris y Lance se marcharon a toda velocidad de Birmingham, pero a Beach lo arrestaron, más o menos, una hora después de los ataques. De camino a la comisaría, dijo al inspector Bennet:

> Me gustaría que Sheldon se enfrentara a mí y zanjáramos este asunto. Este ir y venir me está matando. La disputa es entre él y yo, y me gustaría pelearme con él incluso aunque me supere. Sheldon siempre quiere ganar. No apuesta por los perdedores y vence sea cual sea el precio. Envié a un amigo para acabar con esta disputa, pero Sheldon solo quiere que me disculpe y no lo haré.[84]

A Beach lo acusaron por los mismos delitos que a Sheldon, Jones y Loone. Mientras todos estaban a la espera de juicio, Jones y Beach se encontraron en el *pub* Crown de Newton Street, frente a los Tribunales de Birmingham. Según el informe del superintendente suplente, «durante una refriega, agredieron seriamente a Beach. Se emitió una orden judicial contra Jones por infligirle lesiones graves, pero, cuando lo sentenciaron por alteración del orden público, el registrador ordenó que retiraran la orden judicial». Poco después, «Joseph Sheldon, no cabe duda», que ya había salido de prisión, apuñaló a Beach en Steelhouse Lane. Y, una vez más, este se negó a dar información a la policía.[85]

A sus partidarios, Morris y Lane, los arrestaron más adelante por los mismos cargos de desorden público. Hallaron a Lane no culpable, pero a Morris lo encarcelaron un año. Tenía treinta y seis años y, en teoría, era albañil, pero, en realidad, se trataba de otro criminal reincidente. Cuando tenía trece años, lo enviaron cinco a la Escuela Industrial por haberse asociado con ladrones y, más adelante, cumplió condenas repetidas veces por agresión, robo y lesiones, entre otros delitos.[86] En cuanto a Beach, pasó ocho meses ente rejas.[87] A pesar de tener en su haber cinco faltas, se desveló que ninguna era por robo o vagancia (a diferencia de los Sheldon). Además, todavía trabajaba en la fabricación de tubos, como había hecho toda su vida, mientras que los Sheldon eran delincuentes profesionales.[88]

Poco después de que John Sheldon y Beach salieran de prisión, se produjo un altercado en Fox Street hacia las diez de la noche del 18 de septiembre de 1910. Curiosamente, una de las pocas historias que llegaron a oídos del nieto de Beach, Ray Lewis, fue la de que la banda de su abuelo había prendido fuego a una de las casas de Sheldon y que, durante dichos altercados, Beach y otros tres hombres se habían colado en la casa de una mujer y corrido escaleras arriba con una lámpara de queroseno.[89] El informe registra que uno de los hombres dijo: «Vamos, Bill, quema la casa». La mujer enloqueció cuando se percató de que algunos de los objetos del ático ardían, momento en que los hombres salieron corriendo. Al final, los vecinos apagaron el fuego.

Al parecer, ese acontecimiento tuvo algo que ver con su venganza, pues, una hora más tarde, Beach paseaba con su primo por Lawley Street cuando un grupo de hombres jóvenes y adultos se abalanzó sobre ellos a la altura del puente del ferrocarril. Se escucharon disparos «seguidos de gritos y alaridos de auxilio, y algunos testigos aseguran que también vieron algunas navajas». Trasladaron a Beach de urgencia al hospital. Tenía el cráneo fracturado, varias heridas graves en el cuero cabelludo y otra en el hombro, por lo que lo operaron.[90]

A John Sheldon, su hermano Joseph, «Coaly» Jones y Edward Collins los arrestaron por la emboscada. En el juicio, Beach declaró que los cuatro, junto con otro hombre, lo habían rodeado y apuntado con sus revólveres. Jones disparó a Beach, que echó a correr entre la muchedumbre. Mientras huía, Sheldon intentó apuñalarlo con un cuchillo grande, pero falló. En Portman Terrace, Beach vio a un hombre en la puerta de una casa y corrió hacia él, pero este la cerró. Acorralado, se volvió con actitud agresiva. Sheldon le rajó la cara con el cuchillo, Collins lo golpeó en la cabeza con un martillo y Jones le disparó. Al preguntarle si tenía enemigos, Beach respondió que tenía muchos amigos, pero ningún enemigo a parte del grupo de los «apresados».[91]

Declarado culpable de un criminal delito de lesiones contra Beach y de intento de asesinato, John Sheldon esperaba cierta misericordia por parte del juez «porque todos estos problemas habían surgido por culpa de Beach». Sin embargo, el juez Bucknill comentó que él era el líder de la banda y que «el arma homicida», una vieja bayoneta, se había hallado en su posesión. Aunque Beach era igual de terrible, Sheldon era un hombre peligroso. Su hermano, Joseph, se había convertido en un miembro prominente de la banda por sus propios medios y Jones no solo era peligroso, sino que se había «jactado de que no trabajaría jamás para ganarse la vida». A cada uno de ellos lo condenaron a cinco años de trabajos forzados. En cuanto a Collins, hacía poco tiempo que pertenecía a la banda, «pero se decía que era un hombre muy violento». Argumentó ante el juez que tenía una madre anciana que dependía de él, a lo que le respondieron que ese era «un lamento constante de los hombres que pasan por aquí, incluso de criminales de la peor calaña, pero ¿por qué no piensan en ello antes? Eran las madres, mujeres y niños los que sufrían». A Collins lo enviaron a prisión durante tres años.[92]

Con la encarcelación de tantos miembros de la banda, los Sheldon estaban severamente debilitados, pero, en marzo de 1911, Billy Beach volvió a prisión. Los recuerdos de Beasley sobre el mal beber de Beach estaban bien fundados. Había ido al *pub* Mogul de New Bartholomew Street y se había peleado con tres mujeres ebrias, a las que se dijo que había herido con una navaja.[93] Ante el tribunal insistió en que no había ocurrido así y que no tenía ninguna navaja, mientras que las mujeres habían bebido y no habían dejado de caerse «por todo el local». Lo habían empujado y se había desencadenado un alboroto general. El inspector Moxon informó al juez de que conocía a Beach desde hacía años y que la policía nunca le había pillado utilizando un arma, pero, a pesar de ello, se lo declaró culpable de un delito de lesiones con provocación y se lo sentenció a catorce meses de trabajos forzados.[94] El juez Hamilton aceptó que Beach había luchado contra la banda de Sheldon con los puños, mientras que ellos habían empleado armas, pero ahora era él quién las había utilizado y, para colmo, contra mujeres.

Beach y Samuel Sheldon salieron de prisión a principios de 1912 y la *Vendetta* de Garrison Lane estalló de nuevo cuando el primero se juntó con Sheldon, Thomas Ingram (de Heath Mill Lane) y Edward Tompkins (de Floodgate Street) y los atacó. A cambio, ellos hicieron lo mismo con él. Beach relató que, cuando fue a beber a la taberna Village de Lawley Street la tarde del 12 de marzo, los tres hombres lo estaban esperando y Sheldon lo atacó con una macheta. Beach se agachó, pero recibió un corte en la mejilla. Entonces, se abalanzó sobre Sheldon y forcejearon desde el suelo. Los otros dos hombres intentaron ayudar a Sheldon e Ingram aprovechó para dar una patada en el ojo a Beach. Como señaló el fiscal, no había ningún policía cerca ni tampoco nadie que aportara un testimonio independiente e imparcial. Además, «algo digno de mención fue que, a pesar de la enemistad que existía entre estas dos bandas, acabaron con sus diferencias antes de acudir a los tribunales; claro que resulta imposible saber lo que ocurrió en realidad».

Corría el rumor, sin embargo, de que Beach planeaba irse a Canadá, cosa que, si sucedía, era muy posible que acabara con el rifirrafe existente entre las bandas.[95] Al final, lo hizo. Beasley recuerda la historia del siguiente modo: la policía local «vino a por él y se lo llevó. Se portaron de maravilla con él, pero, al final, lo aporrearon entre todos porque se estaba pasando un poco».[96] Al parecer, los agentes recaudaron dinero para pagar el viaje de Beach porque lo respetaban por haber participado en tantas peleas en solitario y con la única ayuda de sus puños, mientras que los Sheldon siempre lo hacían en grupo y con armas. La opinión que tenía el inspector Moxon de Beach, y que compartió en 1911, confirma esta historia.

Por desgracia, la partida de este no puso punto final a la *vendetta,* sino que esta se trasladó a los periódicos nacionales tras otro tiroteo. El 15 de octubre de 1912, el *Manchester Guardian* notificó el resurgimiento de una antigua contienda entre bandas rivales de matones en Birmingham, que se saldó con varios heridos graves. La policía declaró que los vecinos estaban tan aterrados que «resulta casi imposible convencerlos para que testifiquen contra los criminales».[97] Además, se informó de que, aunque Beach había emigrado, había dejado en su lugar a varios lugartenientes que, la tarde del 5 de octubre, se pelearon con Samuel Sheldon e Ingram en el *pub* King's Arms de Great Barr Street, el principal lugar de reunión de la banda de Sheldon.[98] Más o menos un día después, uno de los lugartenientes de Beach, Charlie Franklin, apuntó a Sheldon con un revólver y dijo: «He oído que Tommy Ingram y tú venís a por mí. Pues bien, he traído una pistola y pienso volarte los... sesos». Sheldon le quitó el arma a Franklin, cuyo rostro acabó lleno de cortes en una pelea que se produjo más tarde con Ingram.[99] Como venganza, Franklin se dirigió al King's Arms el viernes 11 de octubre con un revólver y disparó a Ingram.[100]

A la noche siguiente, sobre las nueve y media, Franklin, su cuñado Albert «Buck» Broome, Charlie Connor y Sammy Morris se enfrentaron a Samuel Sheldon en el King's Arms.[101] Ingram, su aliado, se acababa de marchar, por lo que estaba solo. Como informó el *News of the World,* Connor dijo a un conocido: «Será mejor que te vayas; esto se va a poner feo». Entonces, se volvió hacia Sheldon y añadió: «Hola, mamarracho, ya eres nuestro», a lo que Sheldon respondió: «No habréis venido en busca de pelea, ¿verdad?». Tras este intercambio, Connor lo golpeó en la cabeza con una porra de metal. Morris y Franklin llevaban un revólver en la mano y, mientras Sheldon caía hacia delante, Franklin colocó el suyo sobre el hombro de Morris y disparó al primero dos veces. Una de las balas le atravesó el bombín y se incrustó en la pared que tenía detrás y la otra lo alcanzó en un lado de la cabeza, pero no lo mató. Los cuatro asaltantes huyeron al momento[102] y Sheldon se desplomó sobre un charco de sangre, por lo que lo trasladaron a toda prisa Hospital General.[103]

A sus agresores los arrestaron de inmediato y se presentaron ante los magistrados el 30 de octubre. Sheldon apareció con la cabeza vendada. Le mostraron un bombín manchado de sangre con dos agujeros de bala en lo alto y confirmó que lo llevaba la noche del tiroteo.[104] En el juicio por intento de asesinato que se celebró a principios de diciembre en la Audiencia de Birmingham, el detective Collins habló de los tiroteos que se producían de forma periódica entre las bandas y explicó que no importaba lo graves que fueran las heridas, ninguno de los bandos buscaba el auxilio de la policía. Añadió también que todos los acusados que vivían cerca de los Sheldon «gozaban de buena reputación en sus trabajos»: Morris tenía veintiocho años y trabajaba en la industria del estaño; Broome era un obrero de treinta y uno; Franklin tenía treinta y tres y trabajaba el caucho y Connor era un limpiador de estaño de treinta y cinco años.[105]

A la hora de dictar sentencia, el juez Scrutton explicó que, en 1910, el juez Buckhill había encarcelado a los Sheldon durante una larga temporada para «advertir a los habitantes del barrio de que, si no cambiaban sus modales, se impondrían penas cada vez más duras hasta que se vieran obligados a convertirse en respetuosos súbditos del rey». Puesto que nadie había hecho caso a esta advertencia, ahora Franklin, que en 1899 había pasado catorce días en prisión por allanamiento de morada, estaría diez años entre rejas. A Morris lo condenaron a cuatro; a Broome, que solo contaba con una condena por blasfemia, a tres, y a Connor, que no tenía ninguna condena previa, a cinco, aunque presentó una apelación y la sentencia se redujo a tres años por un delito de lesiones.[106] Claro que, previamente, se lo había declarado no culpable de intentar causar lesiones graves a otro hombre al que disparó en 1905. Aunque, en ese momento, la policía lo describió como «un joven serio, sobrio y muy respetable», desde que le dispararan en el cuello dos años antes, se había metido en numerosas peleas.[107]

Y, así, no solo concluyó la famosa *Vendetta* de Garrison Lane, sino que algunos también dieron por finalizadas las bandas de *peaky blinders*.[108] A partir de entonces, John Sheldon no dejó de formar parte de «la plaga de los hipódromos»,[109] pero Beach, por el contrario, con el estallido de la Primera Guerra Mundial en 1914, se unió al 13.º Batallón de la Guardia Negra de Canadá.[110] Sus documentos acreditativos indicaban que trabajaba en Montreal como constructor de puentes mientras que su mujer residía en Lawley Street, Birmingham. En su rostro rubicundo lucía dos cicatrices: una larga que le atravesaba la boca y otra en el lado derecho de la mandíbula.

Durante la segunda batalla de Ypres —en un fiero contraataque por parte de los alemanes sobre la posición de su batallón el 24 de abril de 1915—, Beach recibió un tiro en el antebrazo derecho, por lo que permaneció un tiempo en el Primer Hospital General, el «Southern», instalado en la Universidad de Birmingham, y en el Primer Hospital de Guerra de Birmingham, el «Rubery».* A principios de 1918, y tras varias operaciones, los médicos lo apartaron del servicio activo a causa de una fractura abierta en el brazo y una anquilosis (la inmovilización y endurecimiento anormales de una articulación debido a la fusión de los huesos). Esto le impedía cami-

* Este hospital fue uno de los elegidos en el plan gubernamental de ampliación de los servicios médicos a militares. Debido a la cantidad de heridos que llegaban del frente, hubo que trasladar a los enfermos civiles a otros centros para dejar sitio para los soldados heridos. *(N. de la T.)*

nar con facilidad.[111] Beach regresó a Birmingham en 1920 y se fue a vivir con su mujer a un piso de protección oficial en Palmer Street. Llevó una vida tranquila y murió dieciséis años después, a los cincuenta y seis años.

Uno de sus aliados, Charlie Franklin, se convertiría en uno de los combatientes de la Banda de Birmingham de Billy Kimber que, durante la Guerra de los Hipódromos de 1921, se enfrentaría a las bandas londinenses de Alfie Solomon y Darby Sabini.[112] Los Sheldon, por su parte, no formaron parte de dicha banda. Tras el comienzo del conflicto, a mediados de la década de 1920, Samuel Sheldon, que ya contaba cincuenta y tres años, se trasladó a Charles Henry Street, Highgate, y se convirtió en vendedor ambulante.[113] Murió en 1943 a los setenta y cinco años.[114] Su hermano mayor, John, residió en Glover Street con su mujer, Ada, y, en 1939, se describió a sí mismo como un pulidor de armas jubilado.[115] Murió dos años después.[116]

Capítulo 5

Los auténticos líderes de las bandas de 1920

El verdadero Billy Kimber

En el segundo episodio de la primera temporada de *Peaky Blinders,* el plan de Tommy Shelby de amañar una carrera para ganar todas las apuestas hechas en su negocio ilegal, enfurece a Billy Kimber, el poderoso gánster. Administrador de riquezas a través de las casas de apuestas, legales e ilegales, que controla

El *pub* Garrison real, situado en la esquina de Garrison Lane y Witton Street (a la derecha), en la década de 1950. Aunque ahora está cerrado, era una pequeña taberna de barrio obrero con la barra en una esquina. Los Sheldon vivieron aquí durante la mayor parte de su vida. © BirminghamLives Archive

en los hipódromos de todo el país, se persona en el cuartel general de los Shelby, el *pub* Garrison, y les planta cara. Flanqueado por dos escoltas armados, Kimber camina confiado y da grandes zancadas por el bar. Los clientes, ante su intimidatoria presencia, se quedan en silencio. Entonces, pregunta en voz alta por un tal Thomas Shelby y dispara su revólver al techo, ante lo que Shelby, al frente de sus hermanos, sale de su saloncito privado. Tras pedir a los clientes que vuelvan a sus casas, se sienta a una mesa delante de Kimber. El gánster viste con elegancia y no es demasiado alto. Con su acento londinense, declama que es el jefe, que los Shelby amañaron una carrera sin su permiso y que él es el dueño de dichas competiciones. Mientras se marcha, Kimber amenaza a Tommy Shelby, que, entonces, le propone un trato que merece la pena escuchar. Alaga a Kimber al decir que lo admira porque empezó desde cero y levantó un negocio legal, algo que Tommy también quiere conseguir.[1]

Es cierto que el auténtico Billy Kimber era un gánster que conseguía su dinero en los hipódromos gracias a los sobornos a cambio de protección y a los carteristas, y que se convirtió en un legítimo hombre de negocios. Pero ni provenía de Londres ni era bajito. Era un fornido *brummie* del barrio de Summer Lane. Corpulento, fuerte y carismático, no temía a ningún hombre, pero muchos lo temían a él. No solo era un luchador nato, sino también el líder de un grupo de matones despiadados y aterradores conocidos como la Banda de Birmingham. Como tal, fue una de las primeras grandes figuras del hampa de Inglaterra.

Kimber nació en 1882 en el patio 55 de Summer Lane, aunque su familia se trasladó después a una casa adosada en Hospital Street.[2] Su madre era lavandera e hija de irlandeses y su padre trabajaba en una fundición de latón de Birmingham.[3] Nada sugiere que no fueran personas honradas, pero, desde una edad temprana, su segundo hijo se dedicó a quebrantar la ley. En 1894, con doce años, recibió cuatro azotes con una vara —hecha de un conjunto de robustas ramas de abedul unidas por uno de los extremos con un alambre— por robar un cortador de vidrio. Se golpeaban las nalgas descubiertas del criminal, que debía tumbarse bocabajo sobre un «potro» con las piernas y los brazos atados. Este castigo se aplicaba a los menores de dieciséis años a los que habían condenado por realizar pequeños hurtos para disuadirlos de que cometieran más delitos. En el caso de Kimber no resultó efectivo y, durante los tres años siguientes, se sometió a varios juicios por faltas de agresión, juego y vagancia.[4]

En esta época, el distrito de Summer Lane era famoso por la presencia de los *peaky blinders* y, aunque no se nombra a Kimber entre ellos, es bastante probable que lo fuera, debido a su fiereza. Como ocurría con muchos *peakies,* este también era un ladronzuelo y, en octubre de 1900, lo encarcelaron durante

El famoso Billy Kimber, en sus años de juventud. © Brian McDonald

seis meses por intentar colarse en un restaurante por el tejado, condena que cumplió en el penal de Winson Green.[5] Aunque solo tenía dieciocho años, a estas alturas ya se lo consideraba un delincuente habitual. Tenía una complexión buena, el pelo castaño y los ojos azules. Además, llevaba tatuadas las palabras «W Kimber» y «S Birch» en el antebrazo izquierdo y una cruz y la palabra *«Love»* en la parte posterior de una mano. Su estatura era de tan solo metro setenta y dos, pero, en base a la diferencia de centímetros que aparecía en los distintos informes oficiales de Billy Beach, Kimber podría haber medido de dos a cinco centímetros más, ya que todo el mundo lo recordaba como un hombre alto.[6]

En teoría, trabajaba el latón, pero no se dedicaba a ello en realidad, ya que, en agosto de 1901, lo enviaron de nuevo a prisión por agredir a un agente de policía (otra de las razones que hacen pensar que era un *peaky blinder*).[7] Para entonces, Kimber ya era padre. Su hija mayor, Maud, nació en julio

Maud Kimber (de soltera Harbidge), la primera mujer de Billy, con su hija Maud sobre las rodillas, que había nacido en 1900. © Juliet Banyard

de 1901 y, un año después, contrajo nupcias con la madre de la criatura, Maud Beatrice Harbidge, que vivía en la cercana Howard Street. Trabajaba en una fábrica de armazones de cama, tenía veinte años y firmó el acta con su nombre, a diferencia de Kimber, que solo puso una marca.[8] Se desconoce cómo se conocieron Kimber y ella, pero a su bisnieta, Juliet Banyard, le contaron que «Maud tenía una voz maravillosa y que obtenía un dinero cantando en los *pubs* de Birmingham». La abuela de Juliet era la segunda hija de Kimber, Annie, que nació en diciembre de 1903. Juliet explicó que su madre, Sheila, la única hija de esta, le había contado que «Annie era la favorita de Billy. No se preocupaba mucho por Maudie y ella tampoco lo hacía por él. Maudie decía: "Si le debes dinero a nuestro padre, lo pagarás con tu vida"».[9]

Hacia 1908, Kimber se había sometido a varios juicios por faltas: uno por atacar a un agente de la ley, otros dos por embriaguez y un cuarto por allanamiento de morada, delito por el que lo declararon inocente.[10] Era evidente que también viajaba por el país a la vez que cometía infracciones. En enero de 1906, fue uno de los cuatro musculosos jóvenes a los que multaron con una guinea (veintiún chelines), o con la opción de ir un mes a prisión, por viajar de Londres a Birmingham en tren sin pagar el precio del pasaje y con la fecha del billete modificada. Todos tenían mala reputación y resulta curioso que uno de ellos declarara que era el empleado de un corredor de apuestas, pues ello significaba que se dedicaba a las carreras.[11]

El arresto de Kimber en el hipódromo de Hall Green en mayo de 1907 apoya la teoría de que ahora era una «plaga» de los hipódromos, como, a menudo, se llamaba a los carteristas y rufianes. Se lo acusó, de acuerdo con la Ley de Prevención Criminal, de holgazanear con la intención de cometer algún delito, que se juzgaba como una falta. Alegó que era un comerciante, descripción que cubría un amplio espectro de actividades, y lo mismo hizo su hermano mayor, al que llevaron ante los tribunales como sospechoso del mismo delito. El sargento

Wright, de la policía de Birmingham City, declaró que había visto a los hermanos actuar de una forma extraña e introducirse entre las multitudes. William Kimber había intentado quitar a un jugador el boleto ganador que sostenía en la mano, mientras se lo daba al corredor de apuestas para que le pagara, y salió corriendo entre la muchedumbre cuando vio a Wright.

En el momento del arresto, Kimber se puso agresivo e intentó escapar. Harry Kimber «cubría» a su hermano y huyó en la dirección opuesta, pero, al final, también lo detuvo otro agente. En el juicio, el policía que arrestó a William alegó que hacía diez años que lo conocía y que era «compañero de varios peligrosos ladrones que operaban en los hipódromos y, sin duda, se ganaba la vida siguiendo las carreras». Lo sentenciaron a seis meses de prisión y a trabajos forzados.[12]

En algún momento de los siguientes tres años, Kimber abandonó a su mujer y a sus dos hijas, ya que, en el censo de 1911, aparece como soltero e inquilino de una casa de Salford.[13] Su bisnieto, Justin Jones, cree que «se marchó a vivir con una mujer llamada Florence Brooks, quizá miembro de la familia de Ellen Brooks, que vivía con otro miembro de la banda, George "Brummie" Sage». En cuanto a su mujer, «Maud volvió a casa de sus padres, en Alfred's Place, con sus dos hijas; mi querida tía Maud, que me daba caramelos todas las semanas, y mi abuela, Annie, a la que, por desgracia, nunca conocí».[14]

Para Maud debió de ser duro tener que cuidar de sus dos hijas pequeñas y de sus padres mayores. Hacia 1920, vivía en una casa adosada de Charlotte Street, en el límite de Jewellery Quarter.* La vivienda estaba en un patio muy grande al que daban trece casas y permaneció en ella hasta que falleció en 1926, a la temprana edad de cuarenta y tres años.[15] Su nieta, Sheila, buscó su tumba una vez, pero los registros mostraban que Maud había terminado en una fosa común por falta de recursos. No había, por lo tanto, ninguna sepultura, lo que

* Barrio de Birmingham donde se encuentran las joyerías y los talleres de piedras preciosas. *(N. de la T.)*

enfurecía a Sheila, porque sabía que Billy Kimber había tenido dinero en esa época.[16]

Es cierto que Kimber disponía de cierta liquidez cuando Maud murió, pero, antes de abandonarla, compartía muchos de los rasgos de los Sheldon: ladrón de poca monta, hombre violento y carterista de los hipódromos. Además, en 1911, se describió a sí mismo como comisionista, término que también había empleado John Sheldon.[17] No obstante, a diferencia de los Sheldon, que nunca abandonaron los barrios pobres de Birmingham, Kimber se convirtió en el jefe de una banda con proyección nacional gracias a su liderazgo de la Banda de Birmingham. Este conjunto no era una organización criminal organizada, como la de una familia de mafiosos —con un capo, sus lugartenientes y sus soldados—, sino, más bien, la libre agrupación de varios hombres duros que, en ocasiones, aunaban fuerzas para ser imparables.

La Banda de Birmingham había surgido de los Brummagem Boys, el nombre colectivo con el que se designaba a los pequeños grupos de matones y carteristas de la ciudad. Habían aterrorizado a los asistentes a las carreras de las Midlands y el norte de Inglaterra desde la mitad del siglo XIX, cuando sacaron el mayor partido posible al desarrollo del sistema ferroviario. Había pícaros similares por todas partes, pero los Brummagem Boys eran los que peor reputación tenían, hecho que reafirmó el *Daily Telegraph* en 1898 al anunciar que los grupos más numerosos de tipos duros y ladrones «provienen de Birmingham y algunos de ellos pertenecen a las clases más pobres que existen. Los "Brummies", como el resto de su hermandad, trabajan en pandillas de seis, siete u ocho personas y nunca se separan». La organización de estos canallas complicaba el trato con ellos. Rodeaban y ponían la zancadilla a sus víctimas para robarles o quitarles los bolsos, los relojes y las cadenas y, durante los viajes en tren de ida y vuelta a las carreras, utilizaban el truco de las tres cartas con sus crédulos compañeros de travesía.[18]

Kimber pertenecía a una de estas bandas. En enero de 1913, el *Derby Evening Telegraph* informó de que, para un partido de fútbol reciente, la policía local había enviado a varios agentes a la estación de tren con el objetivo de impedir que conocidos infractores de la ley llegaran por este medio. Entre los ocho hombres de un grupo, reconocieron a William Kimber, a su hermano Joseph y a George White; todos ellos «expertos carteristas ambulantes y ladrones de hoteles». La policía los

Edward Tuckey era uno de los hombres clave de la Banda de Birmingham. En la fotografía de la derecha, tomada en 1906, tenía veintidós años. A la izquierda, aparece con su mujer, Florence, y su hija, Violet, alrededor de 1920. Las acciones criminales de Tuckey se pagaban bien ya que, según les contaron a sus nietos, Lesley y Robert Staight, su hija «estaba ¡muy consentida! Clases de piano, *ballet*. Tanto ella como Florence tenían ropa muy bonita, estolas de piel incluidas. Y un gramófono y un piano. Además, Teddy, Florence y Violet vivían en una casa nueva en Perry Common Road con baño y cocina, algo muy elegante para esa época». © Lesley and Robert Staight (izquierda) y © West Midlands Police Museum (derecha)

siguió, pero los hombres los identificaron y huyeron. Perseguidos por los agentes a lo largo de varias calles, los Kimber lanzaron algo que portaban en los bolsillos a la nieve y escaparon por los accesos de distintas casas.[19]

Joseph Kimber era un ladrón de largo recorrido y, en 1912, estuvo entre rejas por robar a los asistentes de las carreras de Doncaster. Más tarde, en agosto de 1913, lo arrestaron en las Maze Races de Belfast como sospechoso y lo sentenciaron a tres meses de prisión.[20] En la década de 1920, se describió como comisionista.[21] En cuanto a White, ese era su alias, pues su verdadero nombre era Thomas MacDonald. También se lo conocía como Thomas McDonagh, y se convirtió en uno de los abusones y luchadores de peor reputación de la Banda de Birmingham.[22] Gracias al apoyo de hombres como él, Billy Kimber, también un tipo duro, obtuvo cierto control sobre las bandas de carteristas y los rufianes que trabajaban en los hipódromos de Birmingham.

No obstante, este poder también nació de su amistad con algunos temidos tipos duros de Londres, como George «Brummy» Sage, que, aunque se convirtió en el líder de la Banda de Camden Town, al norte de Londres, consiguió su apodo por su cercanía con Kimber.* Wal McDonald, de los Chicos de Elephant y otro de los amigos londinenses de Kimber, que también disfrutaba de su reputación de líder, consideraba al ladrón de Sage «un luchador nato con los puños». Brian McDonald, el sobrino de Wal, explicaba que el hermano de su tío, Wag (Charles), era un importante líder de una banda del sur de Londres, que más tarde tuvo una presencia significativa en el West End y se convirtió en uno de los primeros vigilantes de un club nocturno. Para 1909, sus cuatro hermanos pequeños se habían unido a él y controlaban una gran cantidad de los puestos callejeros de los corredores de apuestas ilegales. Además, Wag se contrató a sí mismo como «guardaespaldas» de los

* Brummy, aunque escrito distinto, hace referencia a *Brummie,* el gentilicio de los habitantes de Birmingham en inglés. *(N. de la T.)*

corredores de apuestas de los hipódromos para protegerlos de las bandas que los extorsionaban y, a cambio, obtenía «favores» de otros corredores.[23]

A través de estas actividades conoció a Kimber, que viajaba por el país con su banda de carteristas, y se hicieron buenos amigos. El tío de Brian McDonald, Jim, describió a Kimber como «un tipo grande, jovial y del gusto de todos; respetado en su rol de solucionador de problemas y disputas. Sabía luchar y era un líder nato».[24] Al parecer, Kimber se trasladó a Londres, a pesar de que todavía mantenía fuertes vínculos con Birmingham, por su amistad con los McDonald. Brian McDonald mencionó que «Kimber vivió durante un breve espacio de tiempo con mi familia en el 116 de York Road, Lambeth, antes de mudarse a Warren Street (ahora Grant Street) en Islington».[25] Además, en el verano de 1910, Kimber se unió a los McDonald para luchar contra una banda rival.[26]

Tres años después, a Sage y Kimber los arrestaron por involucrarse en una pelea en un *pub* de Whitechapel, en el East End. Cuando un agente de la ley se presentó en la escena, Kimber y Sage estaban lanzando sillas a otro hombre. Les exigió que pararan, pero corrieron a la calle, donde otro policía detuvo a Kimber. El hombre al que habían atacado se acercó y dijo: «Los culpables de esto son Kimber y Sage», y se señaló el rostro, que le sangraba a borbotones porque lo habían acuchillado. De camino a la comisaría, Kimber dejó caer una hebilla de cinturón de latón. Cuando lo acusaron de un delito de lesiones, declaró que era un vendedor de ropa de segunda mano y Sage, por su parte, se describió como corredor de apuestas.[27] Los absolvieron más adelante, cuando la hija del dueño del *pub* declaró que demostraría que el apuñalamiento lo había realizado otro hombre al que conocían como el Chico de Kidderminster.*[28]

Es más probable que los culpables fueran Kimber y Sage y que la familia del tabernero les tuviera miedo, algo justificado

* Kidderminster es una ciudad situada en la región de las Midlands Occidentales, a menos de treinta kilómetros de Birmingham. *(N. de la T.)*

si se tenía en cuenta que el hombre al que habían atacado estaba en estado crítico en el Hospital de Londres por las cuchilladas que había recibido en la cara y el cuello. El caso apareció por primera vez en el *Illustrated Police News* del 20 de febrero de 1913, donde se menciona en repetidas ocasiones que «Brummy» y Kimber eran «muy conocidos en los hipódromos y en el cuadrilátero».[29]

Hacia 1914, Kimber se había establecido en Londres tanto en su rol de hombre de las carreras como en el de feroz luchador. Además, en esta ciudad también había forjado una alianza con los Garnham de Chapel Street Market, en Islington. Un intrigante artículo de abril de ese año resaltaba dicha unión. Según se informaba, se había producido un altercado en Dunstable entre la policía y un conjunto de londinenses que volvían en coche de las carreras de Towcester. Entre los detenidos se encontraba Anna Kimber —de cuarenta y tres años y residente en New Cut, Lambeth, al sur de Londres—, acusada de un delito de embriaguez y desorden público, y su marido William, un vendedor de porcelana de treinta y dos años, que había atacado a dos policías que cumplían con su deber. La identidad de Anna se desconoce, pues no era su mujer, ya que Kimber seguía casado con Maud. Los otros dos detenidos fueron Thomas Garnham, también vendedor de porcelana, y su mujer Eliza, ambos de Londres y acusados de impedir que uno de los agentes realizara sus tareas. La familia Garnham jugaría un papel significativo en el resto de la vida de Kimber. Todos los acusados se declararon culpables y el abogado de Kimber aseguró que era la primera vez que su cliente comparecía en los juzgados; una mentira descarada. Se les impuso una multa que ascendía a ocho libras y seis chelines en total.[30]

Unos meses después, las actividades de los pícaros como Kimber en los hipódromos se restringieron, ya que, debido al estallido de la Primera Guerra Mundial, las carreras se limitaron en Gran Bretaña.[31] Kimber se alistó, pero, como recuerda el corredor de apuestas de Birmingham Denny Green, desertó y se marchó a Dublín, donde las carreras siguieron hasta finales de 1917. Green asegura que a Kimber lo atacaron cuatro hombres en un puente del río Liffey a los que espantó. Al gánster de Birmingham se lo recordaba como «un jugador y un valiente luchador que peleaba de forma justa, con sus propias manos y sin recurrir nunca a los cuchillos»; aunque, claro está, ya lo había hecho antes.[32]

En mayo de 1917, Kimber y James Cope, otro prominente miembro de la Banda de Birmingham, fueron arrestados en Dublín. Los detuvieron como sospechosos de frecuentar la estación de tren de Kingsbrige (actualmente la de Heuston), con el propósito de robar a los asistentes a las carreras de Limerick, y por hacer lo mismo en la estación de Harcourt Street el día de las carreras de Leopardstown. Kimber declaró que era un comerciante que vivía en New Cut, el feudo de los McDonald del sur de Londres. Cope, por su parte, también era un conocido carterista.[33]

Resulta curioso que el jefe contable de Thomas Henry Dey, uno de los mayores corredores de apuestas hípicos, apareciera en el tribunal para explicar que habían contratado a Kimber para que recolectara las amplias sumas de dinero que la gente le debía a Dey. Además, este siempre había actuado con honor en el desempeño de sus funciones y, «puesto que las carreras eran cada vez más escasas en Inglaterra, Kimber había viajado desde Liverpool para localizar a los individuos que se habían trasladado a Irlanda y que le debían dinero al señor Dey». El contable también añadió que conocía «a la perfección el pasado de Kimber, pero que había sido un hombre honesto durante los últimos siete años» y que el señor Dey estaba dispuesto a trabajar con él y darle una suma substancial para la fianza por su buen comportamiento; dicha cantidad se estableció en cincuenta libras.

Sin embargo, Kimber no permaneció en libertad mucho tiempo. Se lo acusó de haber desertado desde el 11 de junio de 1915 de su puesto como conductor del Ejército,[34] y, en octubre de 1917, lo juzgaron y sentenciaron a seis meses de arresto.[35]

La relación de Kimber con Dey resulta intrigante. El segundo era uno de los corredores de apuestas más notables y ricos de Gran Bretaña; había conseguido la impresionante suma de 84 000 libras en un solo año, motivo por el que aceptaba grandes apuestas en efectivo en los hipódromos y a crédito a través de su oficina de New Bond Street, Londres. Entre sus jugadores a crédito se encontraban algunos que no pagaban cuando perdían y otros que recurrían a astutos engaños para intentar estafarlo.[36] Parece posible, entonces, que un hombre tan duro como Kimber no solo recaudara las deudas de Dey, sino que también actuara como su guardaespaldas en los hipódromos.

Con el final de la guerra, se retomaron las carreras y, al igual que ocurrió con otros deportes, el número de asistentes se disparó durante el breve periodo de entreguerras. En 1919 y 1920, las cifras alcanzaron su punto más álgido, pero, a partir de ahí, aunque se mantuvieron mucho más altas que antes de 1914, en 1925 cayeron de forma significativa a causa de las dificultades que atravesaba la economía británica.[37] El aumento del gasto en apuestas era directamente proporcional a este incremento de espectadores. Según Tom Divall, un antiguo inspector jefe de Scotland Yard destinado a los hipódromos para mantener el orden, la gente acudía en manadas con los bolsillos llenos de dinero.[38] La historia de Bud Flanagan, que se convertiría en corredor de apuestas más adelante, puso de relieve esta circunstancia. En 1919, «perdió todo el dinero que había ahorrado durante los tres años y medio que había sido soldado» en las apuestas que hizo en las cuatro carreras de Ayr.[39]

Semejantes gastos significaban grandes ganancias. Las *megging mobs*, como se llamaban, desplumaban a mucha gente con el truco de las tres cartas; los tramposos estafaban a los inocentes viajeros que iban en tren a las carreras y las bandas de carteristas y ladrones acosaban a los espectadores y daban una paliza a cualquiera que contraatacara. Los corredores de apuestas también eran sus víctimas. Uno de los trucos favoritos de las bandas, o de los «chicos», como también se los llamaba, era darse una vuelta con un abono falso para «el pobre Bill» o «el querido Charlie», que pasaban por un bache, o para una familia que se había quedado sin el cabeza de familia y estaba al borde de la inanición.

Los corredores de apuestas que se enfrentaron a las bandas pagaron un alto precio. En junio de 1919, el *Times* relataba la forma en que tres hombres habían reclamado su dinero a los corredores de apuestas de Windsor. Muchos les habían pagado enseguida, pero cuando uno se negó a darles una libra, lo sacaron a rastras de su puesto —desde donde llamaba a los apostadores para que se acercaran— y le quitaron la cartera en la que guardaba todo el dinero.[40]

Bajo el liderazgo de Kimber, la Banda de Birmingham dominó las Midlands, la zona del West Country y la del norte hasta Newcastle sin oposición. Había dejado de ser carterista para supervisar los sobornos a cambio de protección en los hipódromos, tarea que ya se realizaba de una forma más organizada. En las carreras más importantes, controlaba los cinco o seis puestos más destacados, pues eran los que aceptaban más dinero en apuestas y, por lo tanto, resultaban más lucrativos. Sam Dell, un corredor de apuestas londinense, recordaba que Kimber o bien situaba a sus hombres en estos sitios o bien permitía que los corredores de apuestas los controlaran a cambio de «diez chelines por cada libra», es decir, el 50% de las ganancias. En cuanto al resto de corredores de apuestas, para conseguir un puesto debían llegar a las carreras «a primera hora de la mañana, presentar una solicitud y prepararse para que los chantajearan o para pelearse…».[41]

La mayoría no recurría a la violencia, se limitaba a pagar por el derecho a colocar a sus hombres en lugares específicos. Controlar y distribuir estos sitios resultaba lucrativo, pero no era la finalidad de las estafas para conseguir dinero. Otro miembro prominente de la Banda de Birmingham era Andrew Towie, al que se le ocurrió, o tal vez desarrolló, la idea de vender tarjetas con puntos y rayas para cada carrera. Era una operación simple que consistía en marcar las tarjetas con distintos símbolos que representaban a cada caballo y alertar, así, a los corredores de apuestas del estado del animal y de las posibilidades que tenía de ganar en la carrera. De hecho, lo que este supuesto «servicio» indicaba al corredor de apuestas no era más que lo que ya sabía, por lo que solo era una forma de hacerles pagar de más.[42]

A continuación, cuando se decían los números de los caballos de cada carrera en alto —información que se hacía pública poco antes de la salida—, se «animaba» a los corredores de apuestas a que pagaran por las «herramientas del oficio». Entre ellas, se incluían: las hojas con la lista de caballos de cada carrera, pedazos de tiza para marcar el precio de los corceles en las pizarras, agua y esponjas para borrarlos, los nombres de los yoqueis y taburetes para subirse a ellos.[43]

Dell recordaba que, en los años veinte, «la pandilla de Birmingham era la que controlaba los puestos de taburetes de Cheltenham y lugares similares. Y utilizaban un gran camión para trasladarlos de un hipódromo a otro. Cuando llegaban a los sitios, golpeaban las patas hacia dentro, porque eran taburetes plegables, operación que repetían una y otra vez para montarlos todos».[44] Cobraban un precio desorbitado por el uso de uno de ellos, pues, si algún corredor de apuestas se quedaba sin uno, estaba en desventaja sobre sus compañeros porque no podría elevarse sobre la multitud.

Por término general, los corredores de apuestas pagaban dos chelines y seis peniques por cada uno de los «servicios» que les proporcionaban las bandas. Estos materiales se entregaban en cada carrera, por lo que, cuando llevaban seis o más, las ganancias eran cuantiosas. En una carrera importante, como la de Doncaster, había más de cien corredores de apuestas y las bandas obtenían entre trescientas y cuatrocientas libras o incluso más, aunque, como es obvio, la suma era mucho menor en los eventos más secundarios. A estas cantidades se les añadía el dinero de los sobornos a los corredores a cambio de protección y el de permitirles montar el estand desde el que operaban.[45]

Un ejemplo del poder físico y personal de Kimber fue el que proporcionó Divall, el antiguo inspector jefe. En 1919 estaba a cargo de uno de los círculos de espectadores de Doncaster, una de las carreras más populares e importantes. Había mucha gente y se produjo una situación peligrosa a raíz de una discusión por una apuesta. Los vigilantes del hipódromo y la policía perdieron el control «cuando unos mineros y los recaderos de algunos corredores de apuestas intercambiaron palabras malsonantes y feas amenazas». Divall temía que se desatara una terrible escaramuza cuando «apareció Billy Kimber, un anfitrión entre sus compañeros, y resolvió el altercado de inmediato». ¿Qué habría ocurrido sin su oportuna ayuda? No habría sido difícil de imaginar, puesto que había miles de hombres en el lugar y la mayoría era de la peor clase. A Divall no le cabía duda de que Kimber era «uno de los mejores».[46]

En el sur de Inglaterra, más próspero y con un amplio número de hipódromos, se vivió una situación más anárquica durante los primeros años que siguieron a la guerra. Había una variedad de bandas activas que, a menudo, trabajaban en el mismo hipódromo el mismo día. En concreto, los matones de Dodger Mullins, procedentes de Bethnal Green, y los de Alf White, de Hoxton y King's Cross, acosaban a los asistentes antes, durante y después de las carreras.[47] Como tardaron en llamar la atención del país, el 18 de octubre de 1919, el *Daily Mail* publicó un reportaje sobre «Las bandas de los hipódromos» en el que aseguraba que «los robos con violencia estaban en aumento».[48] El verano siguiente, el *Times* solicitó que se actuara de inmediato contra los canallas de las carreras.[49]

En este caso, Kimber se puso manos a la obra, pues vio la oportunidad de echar al resto de bandas y extender las operaciones de la suya hasta los hipódromos más rentables del sur. Brian McDonald pensaba que la intervención de Kimber se había visto favorecida por las autoridades de los hipódromos, que comprendieron que no solucionarían el problema de las bandas solo con sus propios porteros y la policía. Todavía más importante era que Kimber contaba con importantes apoyos en Londres: los McDonald y los Chicos de Elephant; George «Brummie» Sage y la Banda de Camden Town y Freddie Gilbert, antiguo miembro de la Titanic Gang de Hoxton, ahora líder de los Chicos de Finsbury.

Kimber y sus aliados salieron victoriosos. Las bandas de Bethnal Green y King's Cross rompieron filas y fueron expulsadas.[50] W. Bebbington, nombrado más adelante supervisor jefe del Personal de Detectives con Recursos del Jockey Club, afirmó que, a principios de la era posterior a 1918, las bandas de Birmingham «tenían a todo el país bajo control y lo gobernaban con mano de hierro».[51] Da la impresión de que los corredores de apuestas aceptaron esta «ley de las pandillas», pues trajo consigo un cierto orden. Uno de ellos, Ali Harris, que venía de Londres, alabó a Kimber, como había hecho Dell, y lo describió como «un tipo muy respetado».[52]

No obstante, Kimber estaba metido en otro chanchullo, como explica Tommy Garnham, el nieto de Thomas Garnham, el vendedor de porcelana al que habían detenido junto a Kimber en Dunstable en 1914. A principios de la década de 1920, el hijo de Garnham, John, tenía un puesto de vasijas en Chapel Street Market, Islington, pero también era el líder de un pequeño grupo que trabajaba para Kimber en los hipódromos del sur de Inglaterra. Garnham y sus hombres vigilaban por si había alguna banda de carteristas que Kimber no hubiera autorizado y que no hubiera pagado el «tributo» necesario para trabajar allí. Su hijo, Tommy, recordaba: «Mi padre decía: "Busca al jefe, el hombre más importante, y dale un sitio para esconderse delante de los demás". "Este es vuestro jefe, mirad lo que he hecho por él" y todos los demás lo seguirían. Bueno, eso ocurría en el caso de que mi padre se encargara. Si no era así, llamaban a Billy y ninguno se enfrentaba a él».

John Garnham conocía muchas historias sobre la valentía que Kimber mostraba en las peleas. En una ocasión, John y su amigo, conocido como «el Mago», iban en un tren camino al norte para una carrera y apostaron con un par de tipos duros en el compartimento. Según le contaron a Tommy Garnham:

> Jugaron a las cartas y mi padre y el Mago les quitaron todo el dinero. Los tipos los abordaron durante la noche y les pidieron que se lo devolvieran. Como el Mago se negó a hacerlo, respondieron que se verían en las carreras. Cuando llegaron, mi padre y el Mago fueron a hablar con Bill. «¿Ves a esos dos de ahí? Los desplumamos anoche y ahora quieren que les devolvamos el dinero». «Está bien», dijo Bill Kimber. Son tonterías, tonterías. Y echó a los dos tipos a la calle. Bill Kimber se encargó de ellos solo.[53]

No obstante, el control que ejercían Kimber y sus aliados en las pistas de carreras del sur de Inglaterra no tardó en verse amenazado. Todo comenzó después de que algunos de los Chicos de Elephant y de la Banda de Birmingham aterrorizaran a los corredores de apuestas judíos del East End y los chantajearan para sacarles más dinero aparte del que ya pagaban a Kimber a cambio de su protección. Tal y como lo describió Divall, si «no desembolsaban la pasta, sufrían crueles agresiones y terminaban malheridos».[54] Y una de estas víctimas fue Alfie Solomon.

El verdadero Alfie Solomon

En *Peaky Blinders,* Alfie Solomons (como lo llaman en la serie) aparece representado con el atuendo de los judíos jasídicos: el sombrero negro de ala ancha que vestían entre semana, un largo abrigo negro, pantalones del mismo color y una camisa blanca. Además, los miembros de su banda son judíos ortodoxos que llevan kipás y *tzitzits,* los flecos o borlas que lucen los judíos en los trajes tradicionales o ceremoniales. Por el contrario, el auténtico Alfie Solomon era un judío secular cuya familia se había asentado en Inglaterra décadas antes; no eran inmigrantes recientes que huían de las matanzas del Imperio ruso.

Nacido en 1892, Solomon era el tercero de los diez hijos que tuvieron Eisha y Elizabeth Solomon. Su padre había nacido en The Strand, en el municipio de Ciudad de Westminster, mientras que su madre lo había hecho en una zona pobre del East End. Eisha Solomon era un comerciante de fruta con empleados que, en 1901, vivía con su familia y una criada en Long Acre, en Covent Garden. Una década después, se trasladaron a la cercana New Street. Por entonces, dos de sus seis hijos varones trabajaban para distintos corredores de apuestas en los hipódromos, y los otros tres eran un vendedor de fruta, un oficinista y un sombrerero. A pesar de tener diecinueve años, Alfie Solomon no tenía ninguna ocupación y en los registros aparece como que estaba «en casa».[55]

En enero de 1915, sin embargo, dijo que era cochero cuando se presentó voluntario para unirse a la Real Artillería y se convirtió en conductor. Medía un metro sesenta y siete, tenía una cintura de noventa centímetros y pesaba cincuenta y siete kilos, por lo que su desarrollo físico era óptimo. Además, tenía un aspecto saludable, los ojos azules y el pelo castaño. Desde junio de 1915, y durante tres años, sirvió en Francia y ganó la Estrella 1914-15, la Medalla de Guerra Británica y la Medalla de la Victoria.[56]

A diferencia de Kimber, Solomon no era carterista y había servido a su país fielmente. No obstante, le interesaba el juego. En agosto de 1907, lo multaron junto a otros tres jóvenes por frecuentar locales que se utilizaban para apostar en las carreras de caballos y, en abril de 1916, mientras estaba en el ejército, lo arrestaron durante una semana por jugar a los dados.[57] Su única falta fue un cargo por insubordinación a un suboficial.[58] Cuando dejó el ejército en enero de 1919, Solomon se vio obligado a comparecer ante los magistrados por apostar. Lo más destacable, sin embargo, es que no existen pruebas de que fuera violento hasta que se desató la guerra de los Hipódromos.

Con la llegada de la paz, Solomon se convirtió en corredor de apuestas, como lo había hecho su hermano pequeño, Simeon «Simmy» Solomon, que aceptaba apuestas bajo el nombre de Sydney Lewis. En 1987, Solomon me confesó que el antisemitismo era la razón por la que se había cambiado el nombre: «Si me hubiera establecido como corredor de apues-

Alfie Solomon, en las carreras de Hurst Park en la década de 1920. © Brian McDonald

tas bajo el nombre de Simmy Solomon, no habría ganado ni un penique». En su opinión, la guerra de los Hipódromos se desencadenó porque «la Banda de Birmingham vino al sur. No fuimos nosotros los que subimos, sino ellos los que bajaron. Si se hubieran quedado en el norte, no habría habido ningún problema. Como no lo hicieron, éramos nosotros contra ellos y ellos contra el sur».

En las carreras militares de Sandown Park, celebradas el 12 de marzo de 1921, apareció una multitud de hombres de la Banda de Birmingham y uno de ellos agredió brutalmente a Alfie Solomon, como recuerda su hermano.[59] Edward Greeno, un antiguo superintendente en jefe de la policía metropolitana de Londres, señaló en sus memorias que a Solomon (al que llamaba «Bernie») lo derribaron a golpes y lo patearon en la

Boleto de apuestas de Sydney Lewis, cuyo nombre real era Simeon Solomon, hermano pequeño de Alfie Solomon. © Carl Chinn Bookmaking Archive, Cadbury Research Library, University of Birmingham

boca.[60] Moss Deyong, árbitro de boxeo, presenció el ataque, aunque, al describirlo, se refirió a Solomon como Lewis, el nombre que su hermano pequeño había adoptado en el mundo de las apuestas. Uno de los gánsteres enunció en voz alta una apuesta, pero Solomon se negó a aceptarla porque sabía que, si el caballo perdía, no le iban a pagar. Dado que al final ganó, el mafioso se acercó para reclamar su dinero con el pretexto de que Solomon había aceptado la apuesta. Este último aguantó las amenazas y se negó a pagar. Deyong describió, de forma gráfica, lo que ocurrió a continuación:

> De repente, el mafioso balanceó los prismáticos, pesados y compactos, y se los estampó al corredor de apuestas en la cara. Lewis se desplomó y el atacante no perdió el tiempo en pisotearle el desprotegido rostro mientras permanecía tumbado en el suelo. De inmediato, se perdió entre la multitud. Levantaron a Lewis del suelo; tenía la cara ensangrentada y le faltaban varios dientes. La guerra entre las bandas del norte y del sur había dado comienzo.[61]

Por desgracia, otro corredor de apuestas judío murió debido a las heridas que le causó el golpe de unos prismáticos en la cabeza. Su agresor fue Thomas Armstrong, uno de los tipos duros más destacados de la Banda de Birmingham, y es probable que fuera el mismo hombre que había dado una paliza a Solomon. Más adelante, sin embargo, lo declararon inocente del cargo de homicidio involuntario.[62]

Brian McDonald señaló que Alfie Solomon tenía una banda antes de que lo atacaran y que Kimber lo odiaba «por ser un parásito que amenazaba a los corredores de apuestas con el borde de una cuchilla». Dado el largo historial de Kimber con la violencia, no era la persona más adecuada para hablar de moralidad.[63] Sin embargo, el hermano de Solomon afirmaba que «mi hermano mayor se relacionaba con Darby Sabini después de que lo atacaran los mafiosos de Birmingham».[64] Tanto si Solomon tenía a sus propios hombres antes de que lo atacaran como si no, un informe policial lo describió más adelante como «nada peor que el miembro de una banda de ladrones que se gana la vida con el chantaje a los corredores de apuestas».[65] Pero, si realmente lideraba una banda a principios de 1921, no era lo bastante fuerte como para enfrentarse a Kimber y sus aliados, por lo que Solomon buscó el apoyo de un hombre poderoso: Edward Emanuel.

Nacido en 1880, era uno de ocho hermanos y, a diferencia de las familias inmigrantes recién llegadas del este de Europa que hablaban yidis, la suya estaba bien establecida en Inglaterra.[66] Su padre, Alfred, había nacido en Aldgate y su madre, Adelaide, en Spitalfields, pero, desde finales de la década de 1870, vivían al sur del río Támesis, en Bermondsey, y tenían una frutería.[67] Hacia 1901 se habían vuelto a trasladar al otro lado del río, al límite del East End. Para entonces, Edward era transportista de frutas.[68] Al año siguiente, lo despidieron, junto a otro hombre, por causar lesiones a un tal Cornelius Haggerty y atacar a un agente de la policía de Londres.[69] Después, en 1904, amenazó con disparar a un vendedor ambulante de Islington y lo acusaron de poseer un revólver cargado. El juez declaró que Emanuel era «un tipo peligroso» y, por eso, le impuso una fianza de doscientas cincuenta libras o, si no podía pagar, una estancia de doce meses en prisión.[70]

En realidad, era bastante peligroso, como descubrió John McCarthy en 1908, cuando lo declararon culpable de agredir, aunque sin malicia, a Emanuel. Ambos habían estado bebiendo en el Lord Nelson la tarde del 15 de julio de ese año. El segundo había acudido al *pub* para discutir con McCarthy sobre el conflicto que tenía con algunos de sus amigos. McCarthy explicó que, aunque Emanuel le pagó varias bebidas, más tarde lo llamó «un puñetero asqueroso» y lo retó a una pelea. McCarthy se negó porque Emanuel era demasiado corpulento para él, pero, al final, se atrevió. Emanuel lo agarró por el cuello, lo lanzó sobre un puesto ambulante y casi lo estrangula. De algún modo, McCarthy se zafó y sacó un revólver que había llevado consigo para asustarlo. Sin embargo, el hombretón se abalanzó sobre él con un abrelatas afilado. Entonces, McCarthy, temeroso por su vida, apretó el gatillo y huyó. Aunque una bala le había atravesado el pecho y estaba herido, Emanuel corrió tras el atemorizado McCarthy. El cirujano que operó a Emanuel explicó después que su paciente era un hombre muy fuerte, porque la herida había sido de quince centímetros.[71]

A pesar de producir pavor en las personas, Emanuel también era inteligente y ambicioso, por lo que, hacia 1911, había dejado de ser transportista y se había convertido en vendedor de frutas al por menor. Además, se había casado con Elizabeth Prudon, tenía dos hijos y vivía en una casa de cinco habitaciones en Thrudon Road, Bethnal Green.[72] No obstante, su trabajo principal eran los *spielers* o clubes de apuestas ilegales.[73] En enero de 1912, lo acusaron, junto con otros dos hombres, de regentar uno en Whitechapel. Durante la redada, detuvieron a otros cincuenta y siete individuos, la mayoría de ellos descritos en el informe como extranjeros. Había cartas desparramadas por todo el local y cajas llenas de peniques. Por dicho delito, Emanuel pagó una multa de cuarenta libras, y doce libras y doce chelines por las costas judiciales.[74]

En septiembre de 1917, desembolsó una multa mayor de trescientas libras, más diez guineas en costas, por la redada que se llevó a cabo en otro de los *spielers* que tenía en Whitechapel y en el que se detuvo a cien hombres. Al haberse realizado durante la Primera Guerra Mundial, la batida consiguió una gran publicidad y se conoció como «El escándalo del reclutamiento». El club lo «frecuentaban judíos en su mayoría», muchos de los cuales contaban con la edad necesaria para alistarse, y aparecían registrados como «extranjeros».[75] La gente infirió que, puesto que cumplían el requisito de la edad, se habían negado a unirse a los esfuerzos de guerra por voluntad propia. Estos prejuicios antisemitas que aparecían en los periódicos se volvieron más notables durante la guerra de los Hipódromos, que estaba a punto de estallar.

Emanuel no solo era propietario de un salón de juegos, sino que también aparece en los informes como corredor de apuestas. Durante la redada del «garito», además de descubrir ochenta y cuatro barajas de cartas, también había aparecido un gran número de hojas de apuestas y programas de las carreras.[76] Pero Emanuel ambicionaba convertirse en un hombre de negocios legales, como recordaba Lou Prince, un corredor de apuestas del East End de padre judío que me contó que él mismo fue testigo de las «libertades» que se tomó la Banda de Birmingham cuando llegó a los hipódromos del sur. Como consecuencia, los corredores de apuestas acudieron en busca de la ayuda de Emanuel, porque representaba «el poder financiero». Prince también me explicó que Emanuel fundó la imprenta de Portsea Press, con la que pretendía alejarse de la delincuencia, pues proporcionaba un mejor servicio a los corredores de apuestas en relación con las listas de caballos para cada carrera y demás materiales impresos.[77] Pero, con los hipódromos bajo el control de Kimber, no lo logró hasta que el brutal ataque sobre Solomon le dio la oportunidad.

Según Arthur Harding, conocidísima amenaza del East End y carterista, Emanuel «dirigía los bajos fondos judíos de todo el East End. Era el Al Capone judío y todo servía de suministro para su maquinaria».[78] Su poderosa posición le permitiría forjar una alianza entre las bandas londinenses y echar a la Banda de Birmingham de los hipódromos del sur de Inglaterra. De esta manera, los corredores de apuestas no tendrían más remedio que comprar su material impreso y, así, dejaría atrás los negocios ilegales.

Emanuel tenía «un grupo de matones judíos» que enviaría a Solomon y, como Prince recalcó, «la pandilla de judíos descubrió que su poder residía en la fuerza y el juego. Nadie les diría lo que podían o no podían hacer». Aun así, no contaban con suficientes hombres para derrotar a la Banda de Birmingham y a sus aliados londinenses, por lo que, como «Emanuel tenía buena relación con la oleada italiana» —la Banda de Sabini—, los llamó para conseguir más apoyos.[79] Más importante aún: había otra figura influyente y poderosa en segundo plano que ayudó a forjar esta alianza. Cuando se llevó a cabo la redada de su club en 1917, se desveló que, detrás de Emanuel, se encontraba un hombre de recursos, pero la policía fue incapaz de culparlo de nada.[80]

Ese hombre era Walter Beresford. En 1891, era un periodista de poca monta que vivía con su madre viuda, la dueña de un próspero bar de Hackney Marsh.[81] Una década después, se había casado, tenía una casa en Leyton y era comisionista (alguien que aceptaba apuestas y las hacía a cambio de una comisión), aunque también empleaba a terceras personas y era el vigilante de un salón de juegos.[82] En mayo de 1902, lo acusaron, junto con otros hombres, de utilizar el New Savoy Club, en The Strand, para jugar y apostar ilegalmente. Se le impuso una multa astronómica de doscientas libras por lo primero y de cincuenta por lo segundo.[83] Para un trabajador poco cualificado, esa suma equivalía al sueldo de más de cuatro años.

Hacia 1921, cuando Solomon fue salvajemente atacado en Sandown, Beresford tenía una oficina en Bond Street y era un destacado y respetado corredor de apuestas hípicas. Él era el primero en apostar en las carreras y el resto tomaban sus precios como modelo.[84] Como tal, habría estado encantado de acabar con las extorsiones a cambio de protección que imponía la Banda de Birmingham y, a través de Emanuel, tenía influencia sobre los Sabini. Netley Lucas, escritor y estafador, lo confirmó en 1926 cuando redactó que esta banda la «secundaba y sostenía uno de los corredores de apuestas más conocidos y poderosos de la pista. Un hombre que es miembro de todos los clubes de hípica, que paga miles de libras después de cada gran carrera —además de quedarse con el doble para él—, y que tiene un elegante apartamento en el West End, varios coches de lujo y una mujer con gustos aún más caros».[85] Ese era

Walter Beresford, y la banda a la que secundó y sostuvo estaba liderada por el formidable Darby Sabini.

El auténtico Darby Sabini

El Darby Sabini ficticio que aparece en *Peaky Blinders* está representado como un «capo italiano violento y volátil» que controla tanto las apuestas «de los hipódromos del sur como varias sedes alrededor de Londres». Además, tiene a la policía en nómina, lo que le otorga la libertad de hacer todo lo que quiera.[86] Sus trajes inmaculados refuerzan su identidad italiana y lo acercan al concepto estético de la *bella figura* (mostrar cuidado por la apariencia exterior y la elegancia).

La *bella figura* aparece en películas sobre la Mafia como las de *El Padrino,* por lo que aplicar este aspecto a Sabini en la serie implica que el espectador lo verá como un jefe de la Mafia. En la mitología del crimen, lo era, y esta se ha aceptado como un hecho histórico. En 1963, el autor de novelas policíacas Norman Lucas escribió que Sabini, «según dicen, era miembro de la temible Mafia», mientras que, en 2005, el *Telegraph* describía a Charles «Darby» Sabini como el «líder de una banda siciliana "de cuchillas de afeitar"».[87] En su libro sobre los bajos fondos de Londres, Catharine Arnold fue más allá al afirmar que Sabini se había traído a más de trescientos seguidores de Sicilia, para que se aseguraran de que se cumplían sus órdenes, y que se había convertido en una especie de padrino de la Mafia en su barrio. Como tal, administraba la justicia, resolvía conflictos internos y protegía el honor de las jóvenes.[88]

Esta caracterización de Sabini ganó terreno gracias a la biografía de Edward T. Hart que se publicó en 1993 y se tituló *Britain's Godfather (El padrino británico).* Hart había sido periodista de sucesos de Fleet Street durante las décadas de 1950 y 1960 y obtenía su información de personas del mundo de Sabini: «Propietarios de los clubes y porteros, boxeadores y yoqueis, corredores de apuestas y sus matones, ladrones y estafadores». Por desgracia, no hay indicios de que exista ninguna grabación o transcripción de las entrevistas de Hart, aunque el libro está escrito con un marcado estilo periodístico y contiene largas conversaciones textuales y profundas reflexiones de Sabini —que había fallecido hacía ya muchos años—, así como vívidas descripciones «de primera mano» de los sangrientos combates entre las bandas.

La identidad italiana de Sabini se acentúa a lo largo del libro de Hart. Su acento era «una extraña mezcla del sur italiano y de Bow», y había creado su banda a imagen y semejanza de la mafia siciliana. Tras dejar sin sentido a uno de los luchadores principales de los Chicos de Elephant, que había insultado a una mujer italiana, los hombres de la londinense Little Italy de Saffron Hill, Clerkenwell, se dirigieron a casa de Sabini para jurar lealtad a su nuevo líder como si fuera un jefe de la Mafia. Y cuando este se reunió en su casa con Billy Kimber para poner fin a la guerra entre bandas, lo hicieron sentados a una mesa dispuesta según la más pura tradición italiana: con pan recién horneado, grandes pedazos de queso y una botella de anís.

Según Hart, la mujer de Darby Sabini se llamaba María y las descripciones que se hacían de ella se basaban en las metáforas que realizaba la prensa de las mujeres inmigrantes italianas.[89] En realidad, era una inglesa llamada Annie Emma Potter que había nacido en Clerkenwell.[90] Se casó con Sabini en 1913, pero no en la iglesia católica de Saint Peter, que tan intensamente se asociaba con los italianos de Saffron Hill, sino en la iglesia anglicana de Saint Philip, en Clerkenwell. Y, de hecho, su hija mayor sería bautizada bajo esta confesión religiosa.[91]

El propio Sabini resaltaría lo inglés que él mismo era al declarar que «Inglaterra es mi único país». Además, su único hijo, Ottavio Harry, murió defendiendo a Inglaterra en agosto de 1943.[92] Resulta significativo que no me fuera posible dar con ningún nexo entre Sabini y Sicilia, por lo que parece poco probable que se trajera hombres de la isla, como afirman algunos informes. Aunque provenía de Saffron Hill, el barrio italiano de Londres, la mayoría de las personas que se establecieron allí entre 1876 y 1915 eran originarias de Lombardía y Emilia, al norte de Italia, o de la Toscana o Campania, la región entre Nápoles y Roma. De estos lugares, la zona principal de la que salieron los inmigrantes fue la región de Parma, al sur de los Apeninos, de donde se piensa que proceden los Sabini.[93]

En los primeros años, la comunidad italiana de Inglaterra se componía de hombres jóvenes recién llegados que se casaban con muchachas de la localidad.[94] A pesar de que aumentaba el número de esposas italianas o nacía en Londres la primera generación de niñas hijas de parejas italianas, desde 1875, los matrimonios mixtos no se detuvieron. Entre ellos se incluía el padre de Sabini, Ottavio, que se casó con Eliza Elizabeth Handley en 1898 en la iglesia anglicana de Saint Paul, en Clerkenwell. Al parecer, sin embargo, su relación venía de lejos, ya que catorce años antes, cuando Ottavio se había visto envuelto en una reyerta con otros italianos en un *pub,* Eliza Handley había declarado que era su novia.[95] Cuatro años después, en julio de 1888, nació su hijo Ottavio, aunque su nacimiento se registró con el apellido de soltera de su madre, Handley.[96]

Se lo conocía como Darby, apodo que se cree que procede del término que se aplicaba a un boxeador zocato. Tenía dos hermanos mayores, Frederick y Charles, que también se apellidaban Handley en el registro y cuyos nombres eran en honor a dos de los hermanos de su madre.[97] A menudo, la prensa de la época se refería a él como Charles, hecho que ha confundido a muchos historiadores sobre su verdadera identidad, yo incluido. Sabini reconoció, más adelante, que también adoptó el nombre de Frederick Handley, aunque después anunció que «mi nombre no es Charles Sabini, sino Ottavio Sabini».[98]

Hacia 1891, sus padres vivían en Mount Pleasant, Clerkenwell, con sus cuatro hijos.[99] Darby Sabini no estaba con ellos, pero el año anterior aparece registrado como alumno de la Drury Lane Industrial Day School.[100] Esta institución, fundada en 1895 para los niños que no asistían a la escuela con regularidad, suponía una especie de centro de día para los jóvenes con tendencias delictivas antes de que los enviaran a las residencias de las llamadas *industrial schools*.[101] Aun así, no se ha descubierto ninguna prueba que indique que Sabini era un delincuente habitual, como Kimber y demás corruptos del mundo de las carreras, y, como señaló Heather Shore, da la impresión de que «no tuvo ningún problema con la justicia».[102]

En su boda en 1913, Sabini anotó en el registro que era conductor y, tres años más tarde, en el bautizo de su hija, declaró que era mozo de tren.[103] Pero, en realidad, era portero de un club nocturno de Drury Lane, como admitió en 1926. Y es probable que, como tal, también fuera alguna clase de patrón.

Tras el estallido de la Primera Guerra Mundial, el club cerró. Sabini dijo que el ejército lo había rechazado y se convirtió en corredor de apuestas y recadero. Es probable que esto último se debiera a que declaró que recopilaba los boletos de las apuestas. Después, en 1918, volvió a su trabajo de portero en el White Horse Club de Stepney Green, donde ganaba tres libras a la semana. Dos años más tarde, en mayo de 1920, la justicia le prohibió frecuentar las casas de juego, por lo que deducimos que conoció a Emanuel a través de su trabajo en los clubes y los *spielers*.[104]

Para entonces, Sabini lideraba una importante banda. Shore sugirió que, como había ocurrido con el resto de bandas de Londres de la década de 1920, la suya se habría originado no solo en las bandas callejeras que tenían disputas territoriales y que eran características desde hacía tiempo en los lugares como Clerkenwell, sino también en cómo se defendían de las incursiones de los jóvenes de otras zonas.[105] Existen pruebas que apoyan estos indicios, ya que, en 1898, se dio «otro caso de disparos de revólver por parte de la Clerkenwell War Gang» en el que Alfred Smith disparó a un tal Augustus Sabini.[106]

Este suceso sugiere que la Banda de Sabini también tendría sus raíces en la violencia que mostraban sus parientes mayores. El padre de Darby Sabini tenía un hermano, Giuseppe, y varios primos en Clerkenwell.[107] Dos miembros de la familia fueron acusados de un delito de lesiones con navajas en 1883 y 1888, y su padre pagó una multa por agresión en 1895, un año después de que lo hubieran apuñalado. Todas estas trifulcas sucedieron entre italianos.[108] Y los Sabini jóvenes, y también violentos, tampoco se quedaban atrás: en junio de 1909, acusaron al hermano mayor de Darby, Charles, de agredir a dos hombres con un martillo.[109]

Seis meses después, imputaron a un tal Vincent Sabini y a George Cortesi por un delito de lesiones graves. A Sabini lo declararon inocente, pero a Cortesi lo penaron con dos meses de trabajos forzados. Este último tenía condenas previas por agresión y robo, y tanto él como uno de sus hermanos se convertirían en figuras clave de la Banda de Sabini.[110] Los Cortesi, nacidos en Francia, vivían ahora en Clerkenwell.[111] Como también lo hacía Angelo Giancoli,[112] que, más adelante, se adjudicó el nombre de George Langham y a quien despidieron por un delito de lesiones graves a los catorce años. Una década después, en 1913, Giancoli realizó seis meses de trabajos forzados por ese mismo delito.[113] Además, se convirtió en uno de los hombres encargados de que los deseos de Darby Sabini se cumplieran.[114]

Unidos por el entorno y la lealtad a su barrio, los lazos de los miembros de la Banda de Sabini se estrecharon no solo por las relaciones personales, sino también por la sangre, pues, como percibió Shore: «La "estructura" más duradera que conectaba a la Banda de Sabini eran la familia y el parentesco».[115] Y así era, porque en la banda también estaban los dos hermanos pequeños de Darby, Joseph y Harry (o, como lo conocían todos, Harry «Boy»). No obstante, fue Darby el que se convirtió en el líder. Modesto en su forma de vestir, a diferencia de la *bella figura* del Sabini ficticio, llevaba una gorra plana, un

Arriba: la Banda de Sabini en 1920. El segundo por la izquierda es Joe Sabini y el que está sentado es Harry Cortesi. A su derecha, sin sombrero, está Angelo Gianicoli y, a su izquierda, Darby Sabini con una gorra plana y una camisa sin cuello (por lo que viste mucho menos elegante que su representación en la ficción). A su lado se encuentra Gus Cortesi y detrás de él a la derecha está «Harry Boy» Sabini. © Islington Local History Centre

Abajo: un día de excursión para las bandas de 1919, antes de que empezaran las peleas. En la fila de atrás, sobre el tranvía: «Harry Boy» Sabini, es el cuarto por la derecha; el segundo, también por ese lado, es el fornido de Billy Kimber; a su derecha está Bert McDonald, mientras que Joe Sabini es el tercero por la izquierda. En la fila de abajo, el segundo por la derecha es Darby Sabini, con Wag McDonald a su izquierda. Wal McDonald es el cuarto por la derecha, ataviado con un bombín, mientras que Enrico «Harry» Cortesi es el último de los cuatro hombres que llevan sombrero de paja por la derecha. Su hermano, George Cortesi, lleva uno similar y es el quinto por la derecha. © Brian McDonald

traje con chaleco y una camisa sin cuello, lo que le confería un aspecto imponente. Prince, el corredor de apuestas, recuerda que «era el caballero de la mafia que no temía a nadie». Y fue el valiente Sabini el que lideraría la lucha contra la Banda de Birmingham de Kimber y sus aliados.[116]

La guerra de los hipódromos de 1921

Antes de la guerra de los Hipódromos, la Banda de Sabini se reunió en 1919, tal y como muestra una fotografía en la que aparecían a un grupo de hombres bien vestidos, que iban de excursión en un charabán, supuestamente a las carreras. Entre otros gánsteres, en la imagen aparecen Darby, Joe y Harry «Boy» Sabini; dos de los hermanos Cortesi, junto a Billy Kimber, el líder de la Banda de Birmingham, y Wag y Wal McDonald, de los Chicos de Elephant. Salta a la vista que, a pesar de que ya había abandonado el ejército, Alfie Solomon no se encuentra entre ellos. Esta circunstancia se debe a que aún no se había involucrado en el mundo del gansterismo, pero también resulta revelador que no aparezca ningún otro judío en la fotografía. No cabe duda, por lo tanto, de que el antisemitismo contaminaba la Banda de Birmingham y a sus aliados londinenses.

Las cordiales relaciones de la alianza de Kimber y los Sabini se rompieron, sin embargo, en la primavera de 1921 a causa de una oportunidad para ganar mucho dinero. Los Sabini, a través de su fuerte unión con Emanuel y Beresford, y atraídos por las grandes sumas de efectivo que se conseguían de los «servicios» prestados a los corredores de apuestas, «dieron la cara», como lo expresó Divall, por estos profesionales de las apuestas del East End.[117] Además, los apoyaban los matones de Alfie Solomon y Emanuel y la Banda de King's Cross de Alf White.[118]

Sin embargo, Kimber no estaba preparado para echarse atrás ante esta nueva alianza y, el 21 de marzo, envió a una pandilla a las carreras de Greenford Trotting, la cual rodeó a Darby Sabini. Se escucharon gritos de «disparad a ese...» y «lo mataré» antes de que Sabini sacara su propio revólver y disparara unas cuantas veces (la policía lo rescataría al final). La pistola estaba cargada con cartuchos de fogueo, pero él llevaba una navaja de afeitar encima,[119] una de las armas favoritas de las bandas que trabajaban en los hipódromos, pues infligía unas heridas terribles. Una vez, Greeno detuvo una pelea entre un corredor de apuestas y el hombre de la pandilla de Bethnal Green que lo atacaba, pero el rostro de la víctima tenía «tantos cortes que parecía una cortina de encaje».[120]

Cuando volvieron a encarcelar a Sabini por el incidente del tiroteo, salió en libertad bajo fianza y pagó la elevada cantidad de doscientas libras; otros dos de los detenidos desembolsaron cien cada uno.[121] El caso del tiroteo contra Sabini fue desestimado, pero pagó una multa de diez libras por estar en posesión de un arma sin licencia.[122] La policía emitió un informe favorable que permitió la absolución de Sabini por el delito principal, por lo que Brian McDonald sospechaba que «el dinero cambiaba de manos». Arthur Harding también pensaba lo mismo, pues recordaba que Emanuel tenía «a la policía comprada» y que esta lo sacaba de cualquier problema.[123]

Tanto si esto era cierto como si no, resultaba evidente que los dos bandos estaban igualados, por lo que Kimber accedió a reunirse con Sabini en su casa de Collier Street, King's Cross, la tarde del 27 de diciembre, para hablar de la división de los hipódromos del país entre las bandas. A Kimber lo acompañaban George Sage y Wag McDonald, mientras que Sabini había invitado a otros hombres de las carreras entre los que no se encontraba Solomon. Quizá llegaron a algún acuerdo, pero, tras unas copas y unas canciones, Kimber y sus amigos se marcharon sin más. Según el único testigo que hubo de la reunión, mientras estos se dirigían al pasadizo, divisaron a Solomon y «uno de los hombres se giró y dijo: "¿Qué quieres, judío?"».[124]

Se produjo, entonces, un tiroteo y Kimber quedó inconsciente sobre la acera. Tenía una herida en el costado y lo trasladaron a toda prisa al hospital.[125] Solomon acudió a la policía y admitió haber disparado a Kimber por accidente después de que uno de los cabecillas de «los matones de la Banda de Birmingham» le gritara: «¿Qué haces aquí, judío? ¡Lárgate o te disparo!». Ante aquello, el aludido le quitó el revólver de la mano a Kimber y, durante el forcejeo, el arma se disparó. Asustado, Solomon huyó. Cuando su contrincante se presentó ante el tribunal, indicó que no sabía quién le había disparado y declaró que si Solomon «había dicho que había sido él, entonces es un cobarde. Los cobardes son los únicos que portan armas. Me volaría los sesos antes que utilizar una contra alguien».[126] Aunque se acusó a Solomon de un delito de lesiones graves, Kimber se negó a decir nada más de ahí en adelante y, durante el juicio en Old Bailey, el juez ordenó al jurado que pronunciara un veredicto de inocencia.[127]

A este acontecimiento lo siguieron seis meses de violencia en los hipódromos del sur de Inglaterra y Londres. El 4 de abril se originó una pelea entre la Banda de Sabini y sus aliados judíos y la Banda de Birmingham (de esta última se acusó a uno de sus miembros de intento de asesinato) en Alexandra Park. Un mes más tarde, el 2 de junio de 1921, se produjo lo que el *Times* denominó como «La batalla de Epsom Road».[128] Lo que en un principio se pensó que era un altercado del Sinn Féin, en realidad fueron numerosos miembros de la Banda de Birmingham que atacaron de forma despiadada a los corredores de apuestas de Leeds tras las carreras. Se sospechaba que estos últimos —en su mayoría judíos—, estaban cambiando sus alianzas y dejando de lado a Kimber, por lo que se convirtieron en un objetivo. Se culpó a veintidós hombres —entre los que había criminales reincidentes con condenas por homicidio involuntario, robo con violencia, lesiones graves e intento de asesinato— de un delito de agresión.

En un caso aparte, otros dos miembros de la Banda de Birmingham acabaron en prisión por amenazar a los corredores de apuestas de Epsom para que les dieran su dinero; puesto que cincuenta de ellos habían accedido a entregarles una libra, habían reunido una buena suma. Uno de estos matones, al que condenaron a tres meses de prisión, era Charles Franklin, que había participado en la terrible *Vendetta* de Garrison Lane.[129]

Es evidente que la pérdida de tantos efectivos debilitó a Kimber, pero, en agosto de 1921, durante las carreras de Bath, lideró un ataque sobre los corredores de apuestas de Londres y sus empleados, entre los que se encontraba Alfie Solomon. Mientras este y su ayudante, Charles Bild, se dirigían al circuito, una multitud de tipos duros rodeó al segundo y «lo golpearon con martillos, palos, barras de hierro e, incluso, un saco de arena». Cubierto de sangre y casi sin sentido, escapó y llegó a las termas romanas de Bath, donde una sirvienta rasgó una sábana para vendarle las heridas y, desde allí, lo trasladaron al hospital. Solomon, por su parte, recibió un martillazo y quedó inconsciente. Tenía cuatro heridas en la cabeza y lo patearon y golpearon con violencia mientras sangraba tendido en el suelo. Sus atacantes huyeron y a él también lo ingresaron en el hospital.[130]

El hermano de Solomon, Harry, fue otra de las víctimas. Durante las carreras, un banda de hombres lo persiguió. Asustado, sacó un revólver y apuntó a sus agresores. Uno de ellos se lo quitó de las manos y otro lo apaleó. Además, mientras permanecía en el suelo, lo golpearon en la cabeza con un martillo. A pesar de que lo salvó un policía, Solomon fue acusado de llevar un revólver y munición sin licencia y de poner en riesgo la vida de las personas. Apareció en el juicio con la cabeza vendada y lo enviaron a prisión durante un mes.[131]

Kimber fue uno de los dos hombres acusados de agredir a Charles Bild, pero no compareció en el juicio y el caso se desestimó. Se anunció, sin embargo, que «no habría más problemas de esta clase», ya que la contienda entre ciertas facciones de la fraternidad de las carreras se había resuelto de manera satisfactoria.[132] Habían burlado a Kimber. En agosto de 1921, Beresford y Emanuel habían formado la Bookmakers and Backers Racecourse Protection Association (BPA, la Asociación de Protección de los Corredores de Apuestas y Patrocinadores de las Carreras) y se habían convertido en su presidente y vicepresidente respectivamente.[133] En cuestión de un mes, designaron a ocho agentes, con un elevado sueldo de seis libras a la semana, para proteger a los corredores de apuestas del sur de la Banda de Birmingham y sus aliados. Entre estos guardias se encontraban Darby Sabini y algunos de sus hombres y Philip Emanuel, un pariente de Edward Emanuel.[134] A pesar de este vínculo con los gánsteres, el Jockey Club, que dirigía muchos de los hipódromos principales de Inglaterra, acogió con buenos ojos la creación de la nueva asociación.[135] Emanuel y los Sabini se beneficiaron de la legitimidad de este negocio porque dificultaba que Kimber y sus hombres los desafiaran.

Con ambos bandos sumidos en una tregua y la prensa, que solicitaba a la policía que actuara contra los «*hooligans*» y los «matones» en los propios hipódromos, se celebró una reunión en casa de Beresford, donde se acordó dividir Inglaterra en círculos para que cada banda controlara las cuotas de protección de los hipódromos. Los que estaban al norte, en las Midlands y en el West Country los llevaría la Banda de Birmingham, que tenía nuevos líderes al frente; y los que se situaban al sur y en East Anglia los controlarían los Sabini y sus aliados. Como la mayor parte de la Banda de Birmingham aún vivía en la ciudad, quedaron satisfechos. La tregua resistió, pero Kimber y sus amigos de Londres estaban enfadados y se desató una nueva guerra de los Hipódromos entre estos, la Banda de Sabini y sus aliados.[136]

Consecuencias

Los apuñalamientos, los cortes con cuchillas, los tiroteos e, incluso, un ataque con un machete colmaron los periódicos.[137] En un escenario fluido, que cambiaba velozmente, también se produjeron disputas entre los aliados y, en septiembre de 1922, la BPA se deshizo de los guardias privados que estos le facilitaban. A dicha decisión la siguieron varias quejas, como el alegato de las bandas de que habían exigido un *royalty* de un chelín por cada conjunto de listas que habían vendido a los corredores de apuestas.[138]

Después, el 20 de noviembre de 1922, se produjo una confrontación violenta en Little Italy cuando dos de los hermanos Cortesi dispararon a Harry «Boy» y a Darby Sabini en el club Fratalanza.[139] También habían sido guardias privados de la BPA y, por lo visto, habían tenido un desacuerdo con los Sabini por la venta de los listados de las carreras a los corredores de apuestas. Al prestar testimonio, Darby Sabini divulgó las amplias sumas de dinero que podían conseguir. Cada lista se vendía por cinco chelines, por lo que reunirían de cien a doscientas libras al día, un cómputo anual de tres mil a cuatro mil libras. Además, alegó que, en ese momento, las listas las vendía la asociación, pero no era cierto: las imprimía Emanuel, que estaba a punto de convertirse en un hombre de negocios legal, y las vendía la Banda de Sabini.[140]

Dave Langham, hijo de George Langham (Angelo Gianicoli), uno de los sicarios de dicha banda, hizo hincapié en la cantidad de dinero que amasarían con esas ventas. A principios de los años treinta, su familia se había mudado de Saffron Hill a una casa con baño interior, y su padre volvía de las carreras con bolsas de dinero repletas de plata. Contenían tantas monedas que tenían que vaciarlas en la bañera para que los asociados las contaran.[141]

Darby Sabini, que ya no disponía del apoyo de los hermanos Cortesi, perdió también a su hermano Joe en 1922, cuando lo condenaron a tres años de cárcel por disparar un arma de fuego e intento de asesinato.[142] Unos meses después, otro de sus aliados principales, Alf White, líder de la banda de King's Cross, fue encarcelado.[143] Más adelante, en 1924, Alfie Solomon pasaría tres años en prisión.[144] Había estado jugando a las cartas en el club Eden, que en la segunda temporada de *Peaky Blinders* aparece representado como el opulento club de *jazz* de Darby Sabini. No obstante, en la vida real, Brian McDonald lo describió como «nada más que un *spieler* que ocupa las dos plantas superiores de un garaje y tiene un bar, mesas de cartas y una ruleta».[145]

Solomon estaba en compañía de su eminencia gris, Emanuel, al que Barney Blitz, otro cliente del local, guardaba cierto rencor. Blitz, antiguo boxeador y un tipo violento, discutió con Emanuel, que le tiró una bebida encima. Entonces, Blitz lo golpeó «tan fuerte con un vaso que el otro perdió la razón

Alfie Bottrel, conocido como «Botella», acepta apuestas bajo el nombre de Joe White, «el Rey Plateado», en unas carreras de caballos de alrededor de 1924. © *Carl Chinn Bookmaking Archive, Cadbury Research Library, University of Birmingham*

por completo». Los separaron, pero Solomon tomó un cuchillo de una mesa y se lo clavó a Blitz en la cabeza, lo que le produjo una herida mortal. Otro hombre que intentó quitarle el utensilio también resultó herido. Al declarar en su propia defensa, Solomon indicó que todo lo que recordaba «era haber visto a Emanuel sangrando como un cerdo por la cabeza. Pensaba que Blitz lo atacaría de nuevo».[146]

Aunque el equipo del médico forense había establecido un veredicto de homicidio intencional, la defensa resaltó el violento temperamento de Blitz, se hizo con los testimonios favorables de la comunidad judía con respecto al buen carácter de Solomon y enseñó sus medallas y papeles de baja del ejército durante el juicio.[147] Como resultado, el acusado tuvo la suerte de que solo lo culparon de homicidio imprudente.[148] Cuando lo acusaron, se lo describió como «un joven con aspecto de judío, vestido de manera elegante con un largo abrigo azul, un sombrero gris y zapatos marrones».[149] Los informes de la policía metropolitana establecían que medía un metro sesenta y ocho, era de tez clara, tenía los ojos azules y el pelo castaño. Las cicatrices que lucía en el labio superior eran pruebas de los ataques que había sufrido a manos de Kimber y demás matones. Y también tenía varios tatuajes: en el brazo izquierdo llevaba una concha, un león y una mujer japonesa con un abanico y, en el derecho, otra japonesa.[150]

A pesar del encarcelamiento de Solomon y de otros miembros, la Banda de Sabini todavía intimidaba a los corredores de apuestas. Por su parte, el propio Darby evitaba las condenas: cuando, en 1923, lo acusaron de atacar a un corredor de apuestas con un puño de acero, el caso se desestimó.[151]

Pero Sabini no tardó en meterse en problemas. Aunque era un experto en evitar que lo arrestaran, cometió un error de juicio al denunciar al *Topical Times* por una supuesta difamación. Al parecer, el periódico lo había designado como el líder de una banda de chantajistas que aterrorizaban a los corredores de apuestas e iban armados. La publicación —un periódico semanal con contenido deportivo en su mayoría—, era propiedad de D. C. Thomson. En marzo de 1924, bajo el titular de «How We Outwitted a Rival Gang» («Cómo aventajamos a una banda rival»), reveló las actividades criminales de Sabini con un reportaje en primera persona que protagonizó un miembro de la banda.[152]

Al comprender que la publicación tenía muchas pruebas que demostraban que era un gánster, Sabini trató de retroceder y no se presentó a la vista de diciembre de 1925. Por su parte, la defensa alegó que estaba asociado con una banda de alimañas que operaban en los hipódromos y que las palabras que habían escrito no solo eran ciertas en contenido y hechos, sino que contaban con numerosos datos que las corroboraban. Se emitió un fallo con costes en su contra,[153] por lo que ahora Sabini debía a D. C. Thomson más de setecientas libras. Aun así, no se presentó a la primera reunión con sus acreedores del 10 de junio de 1926. A pesar de que su dirección se desconocía, aún se lo veía en los hipódromos y se insinuaba que todavía ganaba grandes sumas de dinero por la venta de los listados de las carreras.[154] No obstante, se lo declaró en estado de quiebra.

Al sentirse amenazado por una orden de arresto en su nombre, Sabini compareció ante el Tribunal de Cuentas de Londres el 29 de junio. Descrito como un hombre regordete, ahora vivía en unos apartamentos de Russell Street, Brighton, con su mujer y sus tres hijos, y aseguraba que el artículo del *Topical Times* le había perjudicado enormemente. Negó ser el líder de la Banda de Sabini y tener relación alguna con las amenazas que recibían los corredores de apuestas que no querían pagar por ocupar su sitio en los hipódromos o que compraban los listados de las carreras. Además, reveló que cada una de las listas se vendía por cinco chelines, de los que él y otro hombre se llevaban cinco peniques, mientras que el impresor de Portsea Press se embolsaba un chelín (la imprenta era de Emanuel, desde luego). Sabini añadió que los corredores de apuestas compraban los listados porque eran miembros de la BPA y, si no querían hacerlo, no se los amenazaba.

Negó los indicios de que ganaba entre 20 000 y 30 000 libras al año como jefe de la Banda de Sabini, se rio y dijo: «No». De sus ingresos de ocho libras a la semana, gastaba una libra y cinco chelines al día en los gastos de viaje a las carreras más otros cinco chelines en comer y beber (y hacía estos trayectos casi todos los días). Por último, admitió que retiró la demanda que había interpuesto a los editores del periódico porque no podía reunir las setenta y cinco libras de costas que le solicitaba el abogado al no disponer de bienes.[155]

Para entonces, la Brigada Móvil —la sección de la Policía Metropolitana especializada en delitos y operaciones— había tomado fuertes medidas contras las bandas de los hipódromos. El Jockey Club también había diseñado un departamento que supervisaba los cercados (recintos) de los hipódromos. Contaminada por el empleo de miembros de la Banda de Sabini, la BPA se había separado de dicha familia y había formado distintos Comités de las Pistas que protegían y salvaguardaban los derechos de los corredores de apuestas de los hipódromos. En 1929, el Jockey Club apoyó este enfoque y, de ahí en adelante, los puestos de los corredores de apuestas no los establecían las bandas, sino el personal de los hipódromos en colaboración con la BPA local.

Cabe la posibilidad de que, a estas alturas, la Banda de Sabini estuviera capitaneada por el hermano más pequeño de Darby, Harry «Boy», que proporcionaba «guardaespaldas» y otros servicios a las casas de juegos y clubes del West End. Darby Sabini, por su parte, permaneció en Brighton y aparece inscrito como corredor de apuestas en un informe que se realizó en 1929 después de que pagara una multa de cinco libras por agredir a otro compañero de profesión en el canódromo de Hove.[156] Su antiguo aliado, Alfie Solomon, había reanudado el negocio de las apuestas tras su salida de la cárcel y, según los historiales policiales, había formado otra banda.

En febrero de 1930, acudió al canódromo de Clacton con sus hombres y exigió dinero a los corredores de apuestas. Aunque echaron del estadio a esa panda de canallas, Solomon aseguró después que fue él quien sufrió amenazas esa tarde por parte de los integrantes de la banda de Bethnal Green que lideraba Dodger Mullins.[157]

A principios de 1936, los hombres de Solomon produjeron varios cortes muy graves en la cara y la espalda, con las navajas de afeitar, a Mullins, un conocido hombre violento que odiaba a los Sabini y a sus socios.[158] Como venganza, este se alió con la banda de Hoxton y con Wal McDonald, de los Chicos de Elephant, para ir a las carreras de Lewes en junio. Se presentaron con hachas de mano y puños de acero, entre otras armas peligrosas. Solomon recibió varios golpes y lo hirieron en la cabeza, pero escapó; su empleado, sin embargo, no tuvo tanta suerte y lo apalearon con agresividad.[159]

Esta «batalla de Lewes» suscitó titulares sensacionalistas e inexactos que auguraban una nueva guerra en las carreras y aludían a la posible participación de los mafiosos estadounidenses.[160] No obstante, no sucedió nada por el estilo, ya que los antiguos gánsteres que operaban en los hipódromos se hacían mayores y estaban de capa caída desde mitad de la década de 1920. Aun así, este ataque inspiró la novela de Graham Greene *Brighton Rock* (1938).[161] Los delincuentes de su relato estaban bien perfilados y no eran los ejemplos exagerados de las fantasías de los medios de comunicación, aunque mucha gente da por hecho que el personaje de Colleone, el gánster rico, está basado en Sabini.[162] El propio Greene me escribió en 1988 y me explicó que:

> es verdad que *Brighton Rock,* mi novela, representa algo similar a la Banda de Sabini, pero he olvidado lo que estaba en mi mente cuando la escribí. En aquella época, a menudo iba a Brighton y una vez pasé la tarde con un miembro de una banda que me enseñó bas-

tantes términos de la jerga que empleaban, además de que me condujo a uno de los lugares de reunión que empleaban sus compañeros gánsteres.[163]

Dos años después de la publicación del libro, en abril de 1940, Sabini fue arrestado en el canódromo de Hove e internado bajo la Regulación de Defensa 18B.* Se lo detuvo porque la Policía Metropolitana y el Servicio de Seguridad (MI5) creían que era un «gánster peligroso y un estafador de la peor calaña» con inclinaciones fascistas, que «podía liderar levantamientos internos contra el país» a petición de alguna fuerza de ocupación. En realidad, era una teoría muy bizarra de la que dudaron tanto el jefe de policía local como otras tantas personas.[164]

Liberaron a Sabini y, en junio de 1943, lo condenaron, junto con otro hombre, a dos años de trabajos forzados por recibir artículos robados por valor de 383 libras.[165] Murió en 1950 y su última profesión conocida fue la de comerciante.[166] A pesar de que, cuando falleció, no tenía mucho dinero, surgió la leyenda de que había vivido en un ático de Brighton.[167] En realidad, residió en el número 16 de Old Shoreham Road,[168] donde moriría su mujer en 1978 , que dejaría una herencia de 16730 libras.[169]

Hacia la mitad de la década de 1920, Kimber también se involucró en el negocio de los clubes nocturnos del West End sin dejar de operar en las pistas de los hipódromos del suroeste de Inglaterra.[170] El 19 de julio de 1926, se casó con Elizabeth Garnham, una hermana de su amigo y aliado John Garnham, miembro de la banda de Chapel Street Market.[171] Kimber declaró que era viudo, y era cierto, aunque desde hacía poco tiempo: Maud había fallecido no mucho antes.[172] Sin embargo, la contienda que él y los McDonald mantenían con los Sabini continuaba y, alrededor de 1927, Bert McDonald

* Esta regulación se aplicó en Gran Bretaña durante la Segunda Guerra Mundial y permitía recluir a los sospechosos de simpatizar con la causa nazi. *(N. de la T.)*

John Garnham (con chaleco) en su puesto de porcelana de Chapel Market, Islington, en 1951. John era buen amigo de Billy y lideraba una banda menor. © Tommy Garnham

y él dispararon a través de las ventanas del Griffin, el bar de Clerkenwell, que frecuentaba la banda de Sabini.

Los dos hombres huyeron a Estados Unidos, donde Brian McDonald cree que Kimber habría matado a un hombre que no le pagó el dinero que le debía por un favor que le había hecho. Desde Arizona se marcharon a Los Ángeles. Allí vivía Wag McDonald, que había emigrado para que no lo arrestaran tras la batalla de Epson de 1921, y ahora era el guardaespaldas de Jack Dragna, el jefe de la mafia de la ciudad. Kimber se trasladó a Chicago, donde se dice que Murray Humphreys lo ocultó.[173] De padres galeses, es una figura importante de la famosa banda de Al Capone.[174]

Brian McDonald relata en su libro *Elephant Boys* la emocionante historia de su tío Wag en América, que fue gran amigo del actor Victor McLagen y apareció en las escenas de las películas en las que había alguna multitud.[175] No existen pruebas que sugieran que Kimber hizo lo mismo o que se involucró de manera activa con la banda de Capone, ni tampoco de que existiera una fuerte conexión entre la Banda de Birmingham que lideraba y los gánsteres americanos; a no ser que hablemos de la inconformista vida de Jimmy Spenser.[176]

Spenser, o «el pistolero de Birmingham», como lo apodaron en el *Birmingham Daily Gazette* en marzo de 1933, se mudó a Londres y se unió a Kimber a principios de la década de 1920.[177] Según Brian McDonald, su verdadero nombre era Francis Harold Guest y se hizo amigo de los Chicos de Elephant.[178] Como cuenta en su libro *Limey,* Spenser se montó en un barco hacia América alrededor de 1925, donde se convirtió en el pistolero de Jack Brussi, un gánster y secuestrador de Long Island City. A continuación, se trasladó a California y se unió a la pandilla del estafador Niley Payne, tras lo que se alió con Wag y Bert McDonald, para finalmente terminar en la prisión de San Quintín. Una vez cumplida su condena, lo deportaron a Gran Bretaña en 1932.[179]

Kimber había regresado a Inglaterra tres años antes y se había convertido en corredor de apuestas. A finales de la década de 1930, se nombraba «Bill Kimber, hombre de confianza», y se convirtió en el presidente de la Devon and Cornwall Bookmakers' Protection Association (la Asociación para la Protección de los Corredores de Apuestas de Devon y Cornualles).[180] Había cierta ironía en ello, pues la fundación de la BPA en 1921 por parte de Emanuel, su archienemigo, había firmado la sentencia de muerte de las extorsiones a cambio de la protección que Kimber realizaba en los hipódromos de Inglaterra.

Este murió en 1945. Su obituario del periódico local aseveraba: «Su gran interés en la vida, tanto personal como profesional, eran las carreras, y se trataba de una figura muy respetada y conocida en todos los hipódromos de Inglaterra». Dejó la casa en el número 10 de Park Hill Road, Torquay, y 3665 libras en herencia a su viuda, Elizabeth.[181] Tuvieron dos hijas, y una de ellas se casó con un líder del escuadrón de la RAF que ganó la Distinguida Cruz de la Aviación. Además, puesto que las enviaron a terminar sus estudios a Suiza, tuvieron una vida muy distinta a la de las hijas que Kimber había abandonado en Birmingham.[182]

Por su parte, Emanuel, su archienemigo, amasó una fortuna mayor. Hacia 1930, su imprenta de Portsea se encontraba en Hackney y él vivía con su mujer en una gran casa situada en el 965 de Finchley Road, Golders Green, un barrio que empezaba a atraer a muchas familias judías de clase media.[183] Murió en 1943[184] y su mujer lo siguió siete años después, dejando en herencia 22 656 libras a sus dos hijas.[185]

En cuanto a Alfie Solomon, murió en 1947. Su última dirección conocida, en 1924, era Gerrard Street, en el Soho, cerca de donde había crecido en Covent Garden.[186] Hoy todavía no se ha encontrado ningún testamento.

A pesar de que sus vidas se han dramatizado en la serie de televisión, Billy Kimber, Alfie Solomon y Darby Sabini fueron personas reales. Luca Changretta, sin embargo —el mafioso de la cuarta temporada—, no lo fue.

Epílogo

En una pelea brutal del capítulo dos de la tercera temporada de *Peaky Blinders,* John Shelby ataca sin ayuda a Angel Changretta —el hijo del gánster italiano de Birmingham Vicente Changretta— y a su guardaespaldas. John lo pilla desprevenido al bajar a una especie de sótano que hay en una lavandería china. Cuando Changretta se dirige a un perchero con trajes limpios y los separa en busca del que lleva su nombre, se sorprende al ver a John Shelby, que le sonríe peligrosamente a través del hueco. A toda velocidad, el *peaky blinder* tumba de un puñetazo a Changretta y, a continuación, con un fuerte golpe de una porra, deja inconsciente al guardaespaldas. Su jefe se esfuerza por levantarse, pero Shelby se gira, vuelve a derribarlo de una patada y lo arrastra. Changretta se desploma y Shelby se quita la gorra para cortarle la mejilla derecha. Con un dolor terrible, el herido se cubre el rostro mientras la sangre le mana entre los dedos.[1] En la guerra que se desata como consecuencia entre las dos bandas, asesinan tanto a Angel Changretta como a su padre. Sus muertes enfurecen a otro de sus hijos, Luca, un mafioso de Nueva York que promete vengarse y se convierte en el principal antagonista de Tommy Shelby en la cuarta temporada.

La banda de Changretta no existía, pero, desde finales del siglo XIX, existió una familia Changretta en Birmingham. Sus miembros eran la antítesis de los ficticios gánsteres italianos que aparecen en la serie y el empleo de un apellido tan inusual pone de relieve la discrepancia que existe entre la ficción y la realidad históricas.

Martino Ciangretta fue el primer miembro de esta familia en llegar a Birmingham, donde su apellido se escribió como «Changretta». Trabajador y pacífico, era un hombre dedicado a su familia que produjo un impacto positivo y duradero sobre la ciudad. Pertenecía a una pequeña comunidad de italianos respetuosa con la ley, que no tenía ninguna conexión con Sicilia, la Mafia o los gánsteres. Dicha comunidad se había desarrollado desde finales de 1870, cuando un creciente número de personas del sur de Italia emigraron a causa de la pobreza extrema.

Los primeros vínculos de una llamativa migración en cadena se formaron entre los jóvenes de las zonas de Picinisco, Atina y Gallinaro y el pueblo de Carnello, en el valle di Comino (en la actualidad se sitúan en la provincia de Frosinone y están muy cerca de la ciudad de Sora).[2] Los inmigrantes se asentaron en Bartholomew Street y Duddeston Row, cerca del moderno Millennium Point, por varias razones: la oferta de casas adosadas que se alquilaban a un precio razonable; la proximidad al Bull Ring, que les daba la oportunidad de ganar algo de dinero tocando el organillo para los compradores que paseaban por allí y la contigüidad de la iglesia católica de Saint Michael, en Moor Street, que pasó a conocerse como la iglesia de los italianos.[3]

Los certificados bautismales y de matrimonio señalan la importancia que tuvo Giuseppe Delicata para los primeros inmigrantes que se instalaron en la ciudad a principios de 1880. Él y su familia eran el punto de unión de los recién llegados, que estaban vinculados a ellos por la comunidad y el parentesco.[4] Pero Delicata también era el *padrone,* un hombre establecido en Inglaterra que volvía a Italia con regularidad en busca de jóvenes que llevar a Birmingham. Les pagaba el pasaje, el alojamiento y la manutención, pero tenían que reembolsárselo trabajando para él durante un determinado periodo de tiempo. Su tarea era tocar el organillo por las calles.[5] Uno de estos jóvenes era Martino Changretta.

Nacido en 1868, declaró que era de Sora, como hacían todos los italianos de Birmingham que provenían del valle di Comino.[6] Llegó a la ciudad en 1887, al final de su adolescencia.[7] Seis años después, en febrero de 1893, un artículo de periódico informó de que Ciangetto Martino, como lo denominaron, y otro «organista» habían sido víctimas de una agresión. A través de un intérprete, Changretta contó al tribunal que estaban tocando en Hagley Road cuando otros dos italianos les dijeron que debían marcharse porque su *padrone* estaba a cargo de esa calle desde hacía trece años. Si no lo hacían, los matarían. Puesto que ignoraron la amenaza, uno de los hombres atacó a Changretta con una barra hierro y un cuchillo con el que le produjo un corte en el labio y la cabeza. El agresor pagó una insignificante multa de dos chelines.[8]

Para entonces, Martino Changretta tenía veinticinco años y ya había conocido a la que sería su mujer, Ann Kitchen. Su nieta, Victoria Hooper, escribió que, aunque su abuela había nacido en Chipping Norton, los Cotswolds, en 1873, su familia se había trasladado a Bartholomew Street a mediados de la década de 1880. Una vez en el barrio italiano, recuerda: «Mi abuela conoció a Martino Ciangretta, un italiano de ojos oscuros y pelo rizado. Mientras que él pasaba bastante del metro

Martino Changretta en el centro. La fotografía se tomó durante la demolición de Elmdon Hall en 1921. © BirminghamLives Archive

ochenta, ella era una mujer menuda que no llegaba al metro cincuenta y tenía el pelo rubio y largo hasta la cintura. La piel del oso estaba vendida antes de cazarlo, por así decirlo, de manera que se casaron en octubre de 1893 en la iglesia de Saint Michael y mi tía Chris nació un mes después».[9]

Los Changretta tuvieron catorce hijos. Otra de sus nietas, Pam Ovethrow, explicaba que la más mayor había nacido en 1893; la más pequeña, en 1917; y que cuatro habían muerto en la niñez. Además, le contaron que su abuelo se había marchado a América «para ver si allí podía tener una vida mejor con su familia, pero, como no funcionó, volvió junto a Annie y los niños».[10]

Poco después de casarse, Changretta abandonó el servicio de Delicata y se convirtió en albañil. En 1922 fue el capataz encargado de despejar el lugar de Broad Street reservado para construir el Memorial de Birmingham, que honraría a los hombres de la ciudad que habían caído durante la Gran Guerra. El hecho de que asignaran el trabajo a Changretta generó molestias entre algunos individuos, que escribieron varias cartas a los periódicos locales para preguntar por qué tenían que encargarse de él los extranjeros en lugar de aquellos que habían luchado y ayudado a pagar el monumento. Los contratistas respondieron que, de los dieciséis hombres empleados, el único extranjero era un italiano experto en trabajos de demolición y el capataz era un inglés naturalizado.

El propio Changretta contestó a críticos bajo el apodo de T(homas) Martin, el nombre inglés que había adoptado, y enfatizó que había vivido en Birmingham durante treinta y cinco años, que estaba casado con una inglesa y que había servido en el ejército durante la guerra de los bóer. Además, su hijo mayor había hecho el sacrificio por el país cuando cayó en combate durante la Primera Guerra Mundial. El resto de «extranjeros» eran sus yernos, «nacidos de una madre inglesa en esta ciudad». Todos y cada uno de ellos habían servido «en la última guerra y habían estado en medio del peligro». Changretta expresó su dolor personal por las críticas a la vez que declaraba que estaba «a cargo de una tarea que debía honrar a los caídos, entre los que, de inscribirse los nombres, estaría incluido el de mi hijo».[11] Y así fue. Gunner K. G. Changretta, de la Real Artillería Garrison, aparece en el cuadro de honor del Monumento a la Memoria de Birmingham.

Más adelante, Changretta fundó su propio negocio de demoliciones en Lawley Street, con el que realizó grandes obras para el ayuntamiento de Birmingham y también despejó las paredes interiores del Curzon Hall para que se convirtiera en el cine West End.[12]

No obstante, Martino y Annie Changretta, cada vez más mayores, sufrieron más desgracias durante la Segunda Guerra Mundial. Su casa de Belmont Row fue bombardeada en 1942 y, como recuerda Hooper, «sacaron de entre los escombros a mi abuela y mis primos, Alfie y Ray, mientras la gasolina del garaje de al lado bajaba a raudales por la calle. Gracias a Dios, todos estaban bien, pero mi abuela se quedó completamente sorda después de aquello. Y llegarían más penurias, pues mi tío Vic murió en Italia en septiembre de 1943. Su nombre todavía vive en la familia porque era una persona muy querida por todos sus sobrinos».[13]

Victor Changretta había nacido en 1917 y era el hijo menor. Sirvió como soldado raso en el 1.º/6.º Batallón del Regimiento de la Reina (Oeste de Surrey). Hombre casado de veinticinco años, cayó en combate el 30 de septiembre de 1943. Por desgracia, murió en las tierras aliadas de Salerno, Italia, el país de su padre. Un año más tarde, su extensa familia publicó diez recordatorios en su honor en la sección de Necrológicas del *Birmingham Mail.* Su mujer, Florrie, escribió que se había alistado para luchar por Gran Bretaña con gran valentía.[14] Trabajadores, respetuosos con la ley, honorables y honestos, los Changretta reales lo dieron todo por su país y su ciudad, a diferencia de los gánsteres ingleses de los años veinte.

Aun así, no son las familias respetables y respetadas como la de los Changretta las que tienen cierto atractivo para el drama, sino los glamurosos gánsteres de la ficción. Como ocurre con los mafiosos italianos, se los considera los protectores de sus familias y los defensores de sus comunidades. Hombres de honor que solo emplean la violencia con otros gánsteres o con aquellas personas que han quebrantado un código de conducta considerado «moral». Los que no tengan negocios con mafiosos semejantes no tienen nada que temer: respetan a las esposas y a las madres, honran a los mayores y protegen a los niños. Leales, honrados, sin miedo a nada, de confianza y con principios, son admirados como figuras antisistema que han creado una sociedad «alternativa». Aunque forasteros y criminales, tienen éxito, son pudientes, respetados y van bien vestidos. Alejado psicológicamente de los mirones, el gánster se convierte en una figura romántica, como la de Tommy Shelby.[15]

Pero, en realidad, no había nada romántico ni glamuroso en los gánsteres de los hipódromos ingleses de la década de 1920 que nos presenta en primer plano la serie *Peaky Blinders.* Billy Kimber era un carterista y un extorsionista que tuvo éxito a través de la fuerza bruta y el miedo a la violencia. Infiel a su primera mujer y a sus hijos, los abandonó a una vida de pobreza. Aunque algunos lo consideraran «el caballeroso de la banda», Darby Sabini era otro matón que se había enriquecido a través de la intimidación abierta y despiadados ataques a aquellos que se cruzaban en su camino. Al igual que él y Kimber, aunque no tan poderoso, Alfie Solomon también era una persona agresiva que corrió la suerte de que lo declararan culpable de homicidio imprudente, y no de asesinato, tras matar a un hombre en una discusión en el club Eden por la que podrían haberlo ahorcado.

Ninguno de ellos, ni otros como Edward Emanuel o Harry «Boy» Sabini, eran hombres a los que uno pudiera admirar por su honorabilidad, principios o moral. Como tampoco lo eran los auténticos *peaky blinders* ni los *sloggers* de los barrios pobres de Birmingham, que solo eran jóvenes y adultos agresivos que disfrutaban con el dolor y las sangrientas heridas que infligían a sus enemigos. Muchos se asemejaban a John Sheldon, que rehuía las peleas justas y, en su lugar, luchaba acompañado de una amplia multitud armada.

Otros se parecían a mi bisabuelo, Edward Derrick, que era un simple ladronzuelo que abusaba de su mujer, atacaba a los agentes de la ley y había herido a otra persona. Eran hombres despreciables y aquellos a los que deberíamos admirar son a los que les hacían frente. Personas como Edward Cook, que se enfrentó a los *sloggers;* el agente Lines, que murió a manos de una banda por salvar a un compañero, o la valiente Harriet Chaplin, que siguió a los rufianes que habían agredido a un grupo de hombres y los identificó ante la policía.

Y también deberíamos reverenciar a la mayoría de las personas pobres que no recurrieron a la delincuencia y la violencia y que soportaron el reinado de los *peaky blinders* hasta su final. A pesar de vivir en una sociedad injusta y, por lo general, desinteresada, en medio de la interminable batalla contra el imparable enemigo de la pobreza, se esforzaron día tras día para mantenerse puros, honestos y decentes. En lo que los espectadores mal informados llamaban de forma despectiva los «barrios bajos», las madres, tías, abuelas y hermanas mayores crearon barrios viables gracias a sus amistades y relaciones vecinales. A diferencia de los *peaky blinders* y los gánsteres de los hipódromos, estas mujeres mantuvieron su lealtad, honor, verdad y principios y se adhirieron a un código de conducta moral. Deberíamos sentir respeto por todas estas personas.

Agradecimientos

Nací en Birmingham en 1956 y, aunque como otros conciudadanos de mi generación y anteriores había oído hablar de los *peaky blinders* de pequeño, no escribí nada sobre ellos hasta 1986, cuando elaboré mi tesis doctoral sobre el vecindario de Ladypool Road, situado en Sparkbrook. En ella también analicé la importancia de Charles Haughton Rafter, el jefe de policía de Birmingham al que se atribuye la desaparición de dichos rufianes. Realicé el trabajo gracias a los recuerdos de mis tíos abuelos, Bill Chinn y Wal Chinn, nacidos en 1892 y 1897 respectivamente, que estaban entre las primeras personas a las que entrevisté en mis días de joven historiador oral.

Un año después, en 1987, empecé a investigar para mi segundo libro, una historia social sobre la industria del juego ilegal (un tema muy cercano a mis orígenes). Mi abuelo, Richard Chinn, se inició como corredor callejero de apuestas ilegales en 1922 y mi padre, Alfred «Buck» Chinn, creció en el mundo del juego y supervisó el paso que dio el negocio a la legalidad en 1961. Yo me dediqué, en parte, a la profesión desde los trece años y, después, llevé el control de las casas de apuestas familiares de Sparkbrook entre 1978 y 1984, cuando las vendimos. Mi padre, no obstante, siguió involucrado en el negocio de las apuestas y se convirtió en el presidente de la filial de Birmingham de la Bookmakers' Protection Association (Asociación para la Protección de los Corredores de Apuestas). A través de sus contactos, entrevisté a varios corredores de apuestas de avanzada edad de Londres especializados en los hipódromos. Entre ellos estaba Simeon Solomon, cuyo alias en el mundo del juego era Sydney Lewis y cuyo hermano mayor, Alfie Solomon, es uno de los personajes de la serie *Peaky Blinders.* Él y el resto de compañeros con los que hablé fueron los primeros en informarme de la guerra de los hipódromos que se desató en 1921 entre las bandas de Birmingham y de Sabini.

Estoy profundamente agradecido a todas las personas que compartieron sus historias de aquella época conmigo y a todos los que lo han hecho desde entonces; este libro se ha enriquecido gracias a sus recuerdos. De igual modo, mi gratitud va para aquellos que me han permitido incluir fotografías de sus colecciones personales, entre los que destaco a: Brian McDonald, que también me demostró su generosidad al compartir sus incomparables conocimientos sobre las bandas de Londres; Juliet Banyard y su hermano, Justin Jones, los bisnietos de Billy Kimber y su primera mujer; Lesley y Robert Staight, los bisnietos de Edward Tuckey, miembro de la Banda de Birmingham; Tommy Garnham, cuyo padre lideraba una pequeña banda de Islington que trabajaba para Billy Kimber, y Mark Hanson, el sobrino nieto de la activista del movimiento laborista Jessie Eden.

En cuanto a las fotografías sacadas de colecciones, doy las gracias a la Biblioteca de Birmingham, al Centro Histórico Local de Islington y al Museo de la Policía de las Midlands Occidentales, en el que varios voluntarios de la comisaría de Sparkhill también me han ayudado a escarbar en busca de información. La existencia de un museo como se debe, en gran parte, a los infatigables esfuerzos del difunto Dave Cross, que me introdujo en la inestimable colección de fotografías de prisioneros que allí se conserva. El resto de imágenes proceden del Birmingham Lives Archive de la Biblioteca de Birmingham, que se creó a partir de mi colección personal.

Un libro de este estilo y magnitud no se habría publicado sin el apoyo y experiencia de un equipo tan capacitado. De dos equipos, en realidad. En History West Midlands doy las gracias a la doctora Jenni Butterworth por sus detalladas correcciones; a John y Averil Maskew por retocar las fotografías y a Peter Bounous por conseguir los permisos de reproducción de varias de ellas. Me gustaría rendir un homenaje especial a Mike Gibbs, director editorial de History West Midlands, por su entusiasmo y compromiso con la historia de Birmingham y del Black Country* y por creer en mi trabajo. El segundo equipo al que me refería es al de Bonnier Books UK y, en concreto, doy las gracias por su participación, pasión y apoyo a Kelly Ellis, directora editorial de la sección de no ficción para adultos; a Ellie Carr, editora adjunta y a Liz Marvin, correctora. Otro agradecimiento es para el resto de personas de los demás departamentos de Bonnier Books UK que han participado en este libro.

Por último, doy las gracias a mi extensa familia de Sparkbrook, Aston y Highgate, por todas las historias que me han contado y que me han llevado a convertirme en historiador social, y a Kay, mi mujer dublinesa, por entender mi pasión por la historia de Birmingham y las clases trabajadoras urbanas, por sus comentarios sobre cómo era crecer en Finglas West y por su apoyo inquebrantable.

* Zona situada en los Midlands Occidentales. Su nombre parte de la polvareda negra del carbón que se levantaba durante la Revolución Industrial en las fábricas, aunque también se cree que deriva, precisamente, de la gran cantidad de carbón que asomaba por los terrenos de dicha zona. *(N. de la T.)*

Lecturas adicionales

Las detalladas notas que aparecen al final se reúnen en muchos libros y artículos fácilmente accesibles para quien desee conocer más sobre todo lo que hemos tratado. Sin embargo, la lista que aparece a continuación contiene aquellos que guardan una relación más directa con los *peaky blinders* y las bandas de la década de 1920.

Chinn, Carl, *The Real Peaky Blinders, Billy Kimber, the Birmingham Gang and the Racecourse Wars of the 1920s* (Studley, 2014).

Davies, Andrew, «Youth, Violence, and Courtship in Late-Victorian Birmingham: "The Case of James Harper and Emily Pimm"», *History of the Family*, vol. 11, n.º 2 (2006), pp. 107–20.

Davies, Andrew, *The Gangs of Manchester. The Story of the Scuttlers Britain's First Youth Cult* (Preston, 2008).

Gooderson, Philip, *The Gangs of Birmingham. From the Sloggers to the Peaky Blinders* (Lancashire, 2010).

McDonald, Brian *Elephant Boys Tales of London and Los Angeles Underworlds* (Edimburgo y Londres, 2000).

McDonald, Brian, *Gangs of London. 100 Years of Mob Warfare* (Wrea Green, 2010).

Shore, Heather, «Criminality and Englishness in the Aftermath: The racecourse wars of the 1920s», *Twentieth Century British History*, vol. 22, n.º 4 (1 de diciembre de 2011), pp. 474–497.

Shore, Heather, «Rogues of the Racecourse. Racing men and the press in interwar Britain», *Media History*, vol. 20, n.º 4, (publicado *online:* 28 de Agosto de 2014), pp. 352–367.
Shore, Heather, *London's Criminal Underworlds, c.1720–c.1930. A Social and Cultural History* (Basingstoke, 2015).

Notas

Introducción

1. Nick Cave and the Bad Seeds. Compositores: Mick Harvey, Nick Cave y Thomas Wydler, de Let Love In., producida por Tony Cohen (Mute Records, 1994).
2. Temporada 1, capítulo 1, Peaky Blinders (BBC2, 2013).
3. Lanre Bakare & Gwilym Mumford, «Peaky Blinders: Brummie Boardwalk or shopsoiled Sopranos?», Guardian, 29 de septiembre de 2014 (https://www.theguardian.com/tv-andradio/2014/sep/29/peaky-blinderscillian-murphy); y Alex Fletcher, «Peaky Blinders' review: "Did the British 'Boardwalk Empire' cut it?"», Digital Spy, 12 de septiembre de 2013 (http://www. digitalspy.com/tv/news/a514949/peaky-blinders-review-did-thebritish-boardwalk-empire-cut-it/).
4. Julian Ralph, «The best-governed city in the world», *Harper's Magazine* (Junio de 1890); y véase, por ejemplo: «Street Ruffianism in Birmingham», *Portsmouth Evening News* (21 de septiembre de 1883).
5. «Black Country Memories: Black Country Irish», *Express and Star* (14, 21 y 28 de mayo de 2009).
6. «The Perils of the Police», *Birmingham Mail* [de aquí en adelante *BM]* (12 de junio de 1871).
7. «Balsall Heath Police Court», *BM* (13 de febrero de 1891).
8. «Penn Street Industrial School, Birmingham, Warwickshire», http://www.childrenshomes.org.uk/BirminghamPennStreetIS/
9. Edward Derrick, fichas policiales, Audiencias Trimestrales de la Paz, QS/B/20/65 (29 de octubre de 1906).
10. William Chinn, entrevista, BirminghamLives Archive, [de aquí en adelante BLA] (1979).

11. «For the Sake of Beer», *BM* (30 de julio de 1906).
12. Carl Chinn, *The Real Peaky Blinders* (Studley, 2015), p. 16.
13. Demanda de divorcio: 4333. Demandante: Ada Derrick. Demandado: Edward Derrick. Modelo: Petición de divorcio por parte de la mujer [viuda], J 77/1744/4333, The National Archives (1921).
14. «Woman's Divorce», *Birmingham Daily Gazette* [de aquí en adelante *BDG]* (25 de abril de 1923).
15. «Cleaned Up Black Spots», *BDG* (24 de agosto de 1935).

Capítulo 1: Antes de los *peaky blinders:* las *slogging gangs*

1. Michael Bradley, «Birmingham's real Peaky Blinders», *BBC News, West Midlands* (12 de septiembre de 2013, http://www.bbc.co.uk/news/uk-englandbirmingham-24047750).
2. Charles Anthony Vince, *History of the Corporation, vol. III* (Birmingham, 1903), pp. 226, 228-229 y 23; y Joseph Trevor Jones, *History of the Corporation of Birmingham, vol. V (1915–1935), parte II* (Birmingham, 1940), pp. 354 y 373. El sorprendente aumento de la población se debe a la expansión de Birmingham en 1911, cuando se incluyó a las autoridades de Aston, Erdington, Handsworth, Kings Norton y Yardley y los distintos distritos a los que pertenecían.
3. «Year's Crime in Birmingham», *BDG* (1 de septiembre de 1920).
4. Jones, *History of the Corporation of Birmingham, vol. V, parte II* (Birmingham, 1940), p. 371; «Glasgow Disorder», *The Scotsman* (1 de febrero de 1919); «Riot Act read in Birkenhead», *Aberdeen Press and Journal* (4 de agosto de 1919); «Mob Law», *Leicester Daily Post* (23 de julio de 1919); y «Serious Riots», *Leeds Mercury* (2 de junio de 1919), p. 9.
5. «Mons Man Killed in Cardiff Riots», *Globe* (13 de junio de 1919); y «The Racial Riots», *Hartlepool Northern Daily Mail* (12 de junio de 1919).
6. «Hooliganism Redivivus», *BM* (5 de noviembre de 1901).
7. «Sparring», *Morning Advertiser* (23 de julio de 1824).
8. «Riot in Birmingham by the Slogging Gang», *Birmingham Daily Post* [de aquí en adelante *BDP]* (8 de abril de 1872).

9. «The Slogging Gang», *BDP* (10 de abril de 1872).
10. «The Slogging Gang», *BDP* (11 de abril de 1872).
11. «A Caution to Juvenile Stone Throwers», *BDP* (3 de junio de 1872).
12. Ver, por ejemplo, «Burslem Stone Throwing Battle», *BDG* (27 de abril de 1870).
13. «Infringement of the Bye-Laws», *BDG* (10 de mayo de 1872).
14. Jerry White, *The Worst Street in North London. Campbell Bunk, Islington, Between the Wars* (Londres, 1986), p. 69.
15. Dyke Wilkinson, *Rough Roads. Reminiscences of a Wasted Life* (Londres, 1912), p. 12.
16. Donald Philips, *From Biggles to Biggles: A Birmingham Childhood* (manuscrito inédito, sin fecha; gracias a David Phillips), p. 2.
17. George Wood, entrevista, BLA (1985).
18. Fred Franklin, entrevista, BLA (1982).
19. Buck Chinn, entrevista, BLA (1989).
20. Jones, *History of the Corporation of Birmingham, vol. V, parte 2,* p. 373.
21. Sydney Hetherington, *From the Slums to Eastbourne's Belgravia* (manuscrito inédito, 1998), pp. 16–17.
22. «Sunday Nuisances», *Birmingham Journal* [de aquí en adelante *BJ*] (16 de noviembre de 1839).
23. Geoffrey Floy, *Policing Birmingham: a study of a borough police force, 1839–1914* (Universidad de Birmingham, M. Phil., 1997), pp. 55–56 y p. 92.
24. Véase, por ejemplo: «Bathing in the Canal», *BDP* (26 de agosto de 1859); «A Pigeon Flyer Caught» y «Obstructions», *BDP* (12 de abril de 1859); «The Black Your Boots Nuisance», *BDP* (26 de agosto de 1859).
25. «Church Pastoral Society», *Aris's Birmingham Gazette* [de aquí en adelante *ABG*] (17 de marzo de 1856).
26. «Crusade against Street Gambling», *BJ* (27 de septiembre de 1857).
27. «Caution to Street Gamblers», *BJ* (12 de noviembre de 1853).
28. «Assault on the Police», *BJ* (2 de mayo de 1857).
29. «Gambling in the Streets and Assaulting the Police», *BDP* (28 de abril de 1858).
30. «Police Crusade against *Pitch-and-toss* in the Streets», *BJ* (1 de septiembre de 1860); y, por ejemplo, «New Vauxhall», *BDP* (5 de abril de 1860).

31. «Sabbath Breaking and the Police», *BDP* (11 de abril de 1861).
32. Floy, *Policing Birmingham*, p. 128.
33. J. T. Bunce, *History of the Corporation of Birmingham*, vol. II (Birmingham, 1885), pp. 294 y 300.
34. Barbara Weinberger, *Law Breakers and Law Enforcers in the Late Victorian City: Birmingham 1867–1877* (Universidad de Warwick, tesis doctoral, 1981), p. 231.
35. Véase, por ejemplo, «Street Ruffianism in the Ascendant», *The Era* (6 de diciembre de 1863).
36. «Street Ruffians», *ABG* (18 de junio de 1864).
37. «Correspondence», *BDP* (7 de julio de 1866).
38. «The Street Gambling Nuisance», *ABG* (23 de mayo de 1868).
39. «*Pitch-and-toss*», *BDG* (4 de abril de 1871).
40. Gooderson, *The Gangs of Birmingham*, p. 77.
41. «Barford Street», *BDG* (10 de abril de 1871).
42. «Correspondence», *BDP* (16 de marzo de 1868); «Capture of a Gang of Roughs», *BDP* (8 de junio de 1870).
43. «Street Ruffians», *BDG* (28 de septiembre de 1870); y «News of the Day», *BDP* (8 de noviembre de 1870).
44. «A Riot», *BDP* (4 de mayo de 1871).
45. Bunce, *History of the Corporation of Birmingham, vol. II*, pp. 294 y 300.
46. «Eleven Weeks Ruffianism in Birmingham», *BDP* (11 de abril de 1873).
47. «Rowdyism in Birmingham», *BDP* (12 de agosto de 1873).
48. «Street Ruffianism in Birmingham», *BDP* (1 de abril de 1873).
49. «Eleven Weeks Ruffianism in Birmingham», *BDP* (11 de abril de 1873).
50. «The Slogging Gang», *BDP* (29 de marzo de 1873).
51. «The Slogging Gang», *BDP* (22 de septiembre de 1873); «A Terror to the Neighbourhood» *BDP,* (30 de octubre de 1873).
52. Weinberger, *Law Breakers and Law Enforcers in the Late Victorian City,* pp. 233–38.
53. «Ruffianism in Birmingham. Dastardly Assaults», *BDP* (24 de junio de 1873).
54. «News of the Day», *BDP (*2 de julio de 1873).
55. «News of the Day» *(*2 de julio de 1873) y «Warwickshire Assizes», *BDP* (9 de julio de 1874).

56. «A Caution to Rioters», *BDP* (8 de julio de 1874).
57. «The Barn Street "Sloggers"», *BDP* (12 de septiembre de 1874).
58. «Incidents of the "Slogging Gang"», *BM* (28 de septiembre de 1874).
59. Censo de 1871, The National Archives, expediente: RG10; archivo: 3086; folio: 129; página: 59; número GSU: 838895.
60. Censo de 1881, The National Archives, expediente: RG11; archivo: 2987; folio: 23; página: 39; número GSU: 1341714.
61. «Incidents of the "Slogging Gang"», *BM* (28 de septiembre de 1874).
62. Weinberger, *Law Breakers and Law Enforcers in the Late Victorian City*, p. 174.
63. Gooderson, *The Gangs of Birmingham*, p. 35.
64. «The "Murphy Riots". Demolition of Park Street, Birmingham 17 and 18 June 1867» (Birmingham, 1867), p. 9.
65. Patsy Davis, «Birmingham's Irish Community and the Murphy Riots of 1867», *Midland History* 31 (2006), pp. 50–51.
66. «Sunday Riots», *BDP* (30 de abril de 1872).
67. Gooderson, *Gangs of Birmingham*, p. 111.
68. «Violent Assault upon "A Copper"», *BDP* (30 de mayo de 1872).
69. «Our Roughs» y «A Warning to Street Rioters», *BM* (14 de julio de 1874).
70. «The Stone-Throwing Nuisance at Ashted», *BDP* (23 de marzo de 1875).
71. «Navigation Street Riot. Death of Police-Constable Lines», *BDP* (25 de marzo de 1875).
72. «The Riot in Navigation Street. The Sentences», *BDP* (13 de julio de 1875).
73. «Murder of PC Lines», *BWP* (27 de mayo de 1955).
74. «The Suppression of Rowdyism in Birmingham» y «News of the Day», *BDP* (21 de mayo de 1875).
75. «More Persecution of Witnesses», *BDP* (19 de julio de 1875).
76. «News of the Day», *BDP* (21 de mayo de 1875) y «The Suppression of Rowdyism in Birmingham», *BDP* (21 de mayo de 1875).
77. «News of the Day», *BDP* (15 de febrero de 1876).
78. «Birmingham Watch Committee», *BDP* (28 de febrero de 1877).
79. «Street Crimes in Birmingham. -A warm dis-». *The Times* [Londres, Inglaterra] 28 de noviembre de 1877: 12. Archivos digitalizados del *Times*. Web. Consultado el 28 de junio de 2018.

80. *Weinberger, Law Breakers and Law Enforcers in the Late Victorian City*, pp. 63–64.
81. J. T. Bunce, *History of the Corporation of Birmingham, vol. II* (Birmingham, 1885), p. 300.
82. Véase, por ejemplo, «A Street Waif», *BM* (25 de marzo de 1881).
83. «Sunday Gambling at Aston», *BDP* (28 de abril de 1885).
84. «News of the Day», *BDP* (8 de mayo de 1883).
85. Lil Perry, «Old Days of Aston», BLA (1978) y, para Londres, véase White, *The Worst Street in North London*, pp. 118–119.
86. «"Slogging Gangs" in Birmingham», *BM* (5 de junio de 1882).
87. «Street Ruffianism», *BM* (13 de septiembre de 1882); y «Revival of the Slogging Gangs», *BM* (11 de agosto de 1882).
88. «Birmingham Watch Committee», *BM* (10 de octubre de 1882).
89. «A Warning to Stone Throwers», *BDP* (1 de abril de 1884).
90. «A Warning to Street Ruffians», *BDP* (21 de julio de 1886).
91. «The Aston Slogging Gang», *BDP* (18 de agosto de 1886).
92. «Street Rowdyism», *BDP* (11 de agosto de 1886); «Stonethrowing», *BDP* (13 de abril de 1886). «More Attacks on Policemen», *BDP* (23 de noviembre de 1886); y «The Aston Slogging Gang», *BDP* (4 de octubre de 1888).
93. «Alleged Serious Wounding», *BDP* (22 de diciembre de 1888).
94. «News of the Day», *BDP* (1 de septiembre de 1888).
95. «Punishment for "Sloggers"», *BDP* (26 de febrero de 1889).
96. «A Violent Assault», *BDP* (20 de febrero de 1889).
97. «Ruffianism at Aston», *BDP* (31 de julio de 1889).
98. Malcolm Archibald, *Liverpool Gangs, Vice and Packet Rats: 19 Century Crime and Punishment* (Edimburgo, 2015), pp. 171–182; Heather Shore, *London's Criminal Underworlds, c.1720–c.1930: A Social and Cultural History* (Basingstoke, 2015), pp. 141–166, y para Londres, véase también Brian McDonald, *Gangs of London: 100 Years of Mob Warfare* (Wrea Green, 2010), pp. 59–73; y Andrew Davies, *The Gangs of Manchester: The Story of the Scuttlers Britain's First Youth Cult* (Preston, 2008), pp. 38–141.
99. Davies, *Gangs of Manchester*, pp. 17–18.
100. «Members of the "Slogging Gang"», *BDP* (6 de abril de 1886); y «Street Rowdyism», *BDP* (11 de agosto de 1886).
101. «Deeds of Violence», *Liverpool Mercury* (4 de agosto de 1887); y «Assaulted by a Slogging Gang», *BDP* (21 de septiembre de 1888).

102. «A Slogging Gang», *BDP* (24 de julio de 1889); «The Outrage by Militia Men at Small Heath», *BDP* (2 de julio de 1889); «An Ornament to the Slogging Gang», *BDP* (1 de julio de 1889); «A Slogging Gang», *BDP* (13 de junio de 1889); «A "Slogging Gang" Broken Up», *BDP* (1 de junio de 1889); y «Tackling "Slogging Gangs"», *BDP* (27 de febrero de 1889).
103. «Notes and Comments», *Sheffield Daily Telegraph* (10 de junio de 1882).

Capítulo 2: La ciudad de los *peaky blinders*

1. Temporada 1, capítulo 2, *Peaky Blinders* (BBC2, 2013). Para un análisis completo del lanzamiento de monedas *(tossing),* véase Chinn, *Better Betting*, pp. 85–93.
2. Louise Mellor, «Steven Knight on Peaky Blinders, Series 2», Den Of Geek (11 de septiembre de 2013) https://www.denofgeek.com/tv/peaky-blinders/27113/steven-knight-on-peakyblinders-birmingham-accentsworking-class-drama-sam-neillcillian-murphy-more
3. John Crace, «Peaky Blinders; The Guilty – TV review», *Guardian* (13 de septiembre de 2013) https://www.theguardian.com/tv-and-radio/2013/sep/13/peaky-blinders-tv-review
4. «Incidents of Full Career. Campaign Against the "Peaky Blinders"», *Warwick and Warwickshire Advertiser* (2 de noviembre de 1929).
5. R. E. Corder, «The Seamy Side», *Daily Mail* [Londres, Inglaterra], 3 de abril de 1929: 8. Archivo histórico del *Daily Mail.*
6. «Belt and Buckle Days. Saga of Birmingham's Peaky Blinders», *BM* (15 de abril de 1939).
7. «Death of Norman Tiptaft. Vigilante Extraordinary», *BDP* (14 de octubre de 1970).
8. «Mr Butler Urged to Punish or Resign», *BDP* (20 de julio de 1961).
9. Norman Tiptaft, *The Individualist* (Birmingham, 1954).
10. John Douglas, *A Walk Down Summer Lane* (1ª edición 1977, Londres; ed. 1983), p. 126.

11. Pauline and Bernard Mannion, *The Summer Lane and Newtown of the Years between the Wars 1918–1938* (Birmingham, 1985), pp. 1, 31 y 81.
12. «Gang Warfare and the "Peaky Blinders"», Carta de George Morris, *Birmingham Weekly Post* [de aquí en adelante *BWP],* (6 de mayo de 1955).
13. Arthur L. Matthison, *Less Paint, More Vanity* (Londres, 1937), pp. 62–63.
14. «A Cowardly Rogue», *BDP* (29 de octubre de 1891); «Table Talk», *BM* (11 de octubre de 1890); y «Local News and Jottings», *BM* (25 de junio de 1891).
15. «The "Peaky Blinders" Barber», *BM* (30 de mayo de 1914).
16. «Man Found Drowned», *BDP* (19 de mayo de 1891).
17. F. Atkins, Carta, (15 de octubre de 1936), citado en Gooderson, *The Gangs of Birmingham,* p. 217.
18. «Carta de Norma K. Beattie», BLA (19 de julio de 1987).
19. Corinne Brazier, «Potentially the oldest police custody photo... in the world?», *WM Peelers* (19 de marzo de 2018) https://www.wmpeelers.com/singlepost/2018/03/19/Potentiallythe-oldest-police-custodyphoto-in-the-world (consultado el 24 de junio de 2018).
20. V. W. Garrett, *A Man in the Street* (Londres, 1939), pp. 65–6.
21. Fred Sutton, entrevista, BLA (1989).
22. «Table Talk», *BM* (30 de mayo de 1896); «Table Talk», *BM* (14 de mayo de 1904); y «The "Peaky Blinders'" Barber» (30 de mayo de 1914).
23. «The "Peaky Blinders'" Barber», *BM* (30 de mayo de 1914).
24. «Local News and Jottings», *BM* (13 de agosto de 1906).
25. Geoffrey Pearson (2008), «Disturbing continuities: "peaky blinders" to "hoodies"», Archivos de la Justicia Penal, 65:1, 6-7, DOI: 10.1080/09627250608553010
26. Davies, *Gangs of Manchester*, p. 22. Véase también Charles E. B. Russell, *Manchester Boys: Sketches of Manchester Boys at Work and Play* (Manchester, 1905), p. 16, en el que establece que un *scuttler* llevaba puesta «una gorra con la visera inclinada sobre un ojo».
27. J. R. C. «Peaky Blinders», *Central Literary Magazine*, vol. XIV, n.º 2, (abril de 1879), p. 71.

28. Andrew Davies, «Youth, violence, and courtship in late-Victorian Birmingham: The case of James Harper and Emily Pimm», *History of the Family*, 11 (2006), p. 111.
29. Shore, *London's Criminal Underworlds*, p. 165.
30. Véase, por ejemplo, «Sidelights on Low Life. Birmingham "Peaky" sent to Prison», *BM* (26 de mayo de 1900); Davies, «Youth, Violence, and Courtship in Late-Victorian Birmingham».
31. Véase Alan Mayne, *The Imagined Slum: Newspaper representation in three cities, 1870–1914* (Leicester, 1993) y Alan Mayne, «Representing the slum», *Urban History*, volumen 17 (mayo de 1990), pp. 66–84.
32. Davies, «Youth, Violence, and Courtship in Late-Victorian Birmingham», pp. 108–09 y 118.
33. «The Peaky's Courtship», *BDM* (19 de noviembre de 1898).
34. «Table Talk», *BM* (14 de mayo de 1904).
35. Benny Green, «Introducción a Clarence Rook», *The Hooligan Nights* (1ª edición de 1899; nueva edición Oxford, 1979), p. viii.
36. 2–7 «My Bloke's a Peaky» (Roud 24185) *Cecilia Costello, Old Fashioned Songs.*
37. Davies, *Gangs of Manchester*, pp. 277–295.
38. J. R. C., «Peaky Blinders», p. 71.
39. «Slogging Gang», *Lakes Herald* (7 de mayo de 1897).
40. «Brummagem Beauties», *Sheffield Evening Telegraph* (29 de julio de 1897).
41. *The Wellington Journal & Shrewsbury News* (26 de agosto de 1899)
42. «A Man's Skull Fractured», *BM* (24 de marzo de 1890).
43. «The Birmingham "Slogging Gangs"», *St James's Gazette* (9 de abril de 1890).
44. «"Slogging Gangs" of Birmingham», *Aberdeen Evening Express* (10 de abril de 1890); «Slogging Gangs», *Chichester Observer* (16 de abril de 1890).
45. Gooderson, *The Gangs of Birmingham*, pp. 219.
46. «Serious Charges of Assault», *BM* (28 de mayo de 1890).
47. «A Brutal Assault», *BM* (25 de junio de 1890).
48. Censo de 1891, The National Archives, expediente: RG12; archivo: 2407; folio: 10; página: 16.
49. «The Crusade Against Ruffianism», *BD* (16 de abril de 1890).

50. «The Highgate Street Slogging Gang», *BM* (11 de abril de 1890); «Ruffianism in Birmingham», *BM* (12 de abril de 1890).
51. «A Slogging Gang at Perry Barr», *BM* (11 de abril de 1890); «The Sparkbrook Slogging Gang», *BDP* (10 de abril de 1890).
52. «The Chief Constable and the Sloggers», *BM* (23 de abril de 1890).
53. «News of the Day», *BDP* (10 de abril de 1890).
54. «Ruffianism at Sparkbrook», *BDP* (24 de marzo de 1890).
55. «Heavy Sentences on Sloggers», *BDP* (16 de abril de 1890).
56. «Notes and News», *BM* (15 de abril de 1890).
57. «The Band of Friendship», *BDP* (21 de junio de 1890).
58. William Chinn, entrevista, BLA (1979).
59. «One of a Gang», *BDP* (24 de marzo de 1891)
60. «Assault by a 'Ganger», *BDP* (14 de abril de 1891) y «Assaulted by Roughs», *BM* (28 de abril de 1891).
61. «A Cowardly Ruffian», *BM* (28 de octubre de 1891).
62. «The Stone-Throwing Nuisance», *BM* (8 de julio de 1891) y «Street Ruffianism in Birmingham», *BDP* (24 de junio de 1892).
63. «Cliveland Street v. Weaman Street», *BDP* (2 de agosto de 1893) y «A Nechells Slogging Gang», *BDP* (18 de octubre de 1893).
64. «A Heavy List», *BDP* (26 de junio de 1894).
65. «Birmingham Slogging Gangs», *Manchester Evening News* (27 de junio de 1895).
66. «Assault on the Police», *BDP* (29 de octubre de 1895) y «The Bromsgrove Street Disturbance», *BDP* (30 de octubre de 1895).
67. «Slogging in Kenyon Street», *BDP* (5 de noviembre de 1895); «Unlawful Wounding at Aston», *BDP* (10 de diciembre de 1895).
68. Archibald, *Liverpool Gangs*, pp. 189–191.
69. «Heavy Sentence on Slogging Gang», *BDP* (11 de diciembre de 1895).
70. «A Violent Ruffian», *BDP* (3 de diciembre de 1895).
71. «Balsall Heath Police Court», *BDP* (13 de enero de 1877).
72. «Ruffianism at Balsall Heath», *BDP* (20 de noviembre de 1879).
73. «Riotous Proceedings in Balsall Heath Road», *BM* (9 de marzo de 1883).
74. «Hardened Young Criminals», *BDP* (2 de noviembre de 1888).

75. Henry Lightfoot, fichas policiales de 1870–1935, Audiencias Trimestrales de Birmingham, 1839–1971 (QS/B/20/69). Biblioteca de Birmingham, (29 de abril de 1907).
76. Henry Lightfoot 3200, registro de nuevos reclutas. Certificado de servicio, The National Archives, Ministerio de Guerra: Documentos de reclamación de pensiones de los soldados, Primera Guerra Mundial, WO364; archivo: 2097 (1914).
77. Henry Lightfoot, 201128, certificado de fuerza territorial, The National Archives, Ministerio de Guerra: Documentos de reclamación de pensiones de los soldados, Primera Guerra Mundial, WO364; archivo: 2097 (1925).
78. «"Tommy Giblin" and the Roughs generally», *BM* (8 de enero de 1896).
79. C. H. Lea, «The Fair – But Not the Onions», *BDG* (26 de septiembre de 1935).
80. «Seventy years a Showman», *BDP* (4 de noviembre de 1939).
81. Terry Proctor, carta, BLA (8 de marzo de 1996).
82. «Peaky Blinders», *Coventry Evening Telegraph* (30 de diciembre de 1896).
83. «Topics of the Day» *Coventry Evening Telegraph* (11 de octubre de 1895).
84. «Tommy Giblin and Roughs Generally», *BM* (10 de enero de 1896).
85. Véase, por ejemplo, «The Reign of the Rough in Birmingham», *Dundee Courier* (22 de julio de 1897) y «Birmingham Roughs on the Rampage», *Leeds Times* (24 de julio de 1897).
86. «Policeman Killed in Birmingham», *Manchester Evening News* (19 de julio de 1897).
87. «Assault on a Policeman», *BDP* (29 de septiembre de 1891); «Cowardly Assaults on the Police», *BDP* (23 de febrero de 1892); «Assaults on the Police», *BDP* (26 de abril de 1892); «Assaulting Neighbours and Policeman», *BDP* (23 de agosto de 1892); «Assaulting Policemen», *BDP* (13 de marzo de 1894); «Assaults on Constables», *BDP* (9 de abril de 1895); y «Violent Assaults on Policemen», *BDP* (12 de noviembre de 1895).
88. «Funeral of Snipe», *Sports Argus* (24 de julio de 1897); «The Reign of Violence in Birmingham», *Lloyd's Weekly Newspaper* (25 de julio de 1897).

89. «VIOLENCE IN BIRMINGHAM», *The Times* [Londres, Inglaterra] (14 de octubre de 1897) Archivos digitales del *Times* (consultado el 28 de junio de 2018).

Capítulo 3: El final del reinado de los *peaky blinders*

1. Temporada 1, capítulo 2, *Peaky Blinders* (BBC2, 2013).
2. «Chief Constable Rafter. A Character Sketch», *Weekly Irish Times* (28 de octubre de 1899); y «An Epidemic of Brutality», *Globe* (30 de julio de 1897).
3. Véase Gooderson, *The Gangs of Birmingham,* pp. 263–64.
4. «The Epidemic of Ruffianism in Birmingham», *Edinburgh Evening News* (12 de agosto de 1897).
5. Vince, *History of the Corporation, vol. III,* p. 218.
6. Geoffrey Pearson, «Victorian Boys, We are Here!» en *Criminology. A Reader,* Yvonne Jewkes y Gail Letherby (ed.), (Londres, 2002), p. 8.
7. Vince, *History of the Corporation, vol. III,* pp. 218, 226–229 y 232, y Bunce, *History of the Corporation, vol. II* (Birmingham, 1885), p. 300.
8. «Cheltenham Man Injured», *Cheltenham Chronicle* (30 de abril de 1898).
9. *The Moseley and Kings Heath Journal,* vol. 8 (agosto de 1899), pp. 1–14.
10. «Street Ruffianism», *Globe* (sábado, 21 de enero 1899).
11. «Exit Mr Farndale», *The Birmingham Owl* (20 de junio de 1899), p. 9; véase también, «Death of Mr Joseph Farndale», *BDG* (9 de agosto de 1901).
12. Véase, por ejemplo, «Playing Space Problem», *Sports Argus* (29 de junio de 1901).
13. «Cleaned Up Black Spots», *Birmingham Gazette* [de aquí en adelante *BG]* (24 de agosto de 1935).
14. «Thousands See the Passing of Sir Charles Rafter in Birmingham», *BG* (28 de agosto de 1935).
15. «Death of Sir C. Rafter», *Police Review* (30 de agosto de 1935).
16. «Cleaned Up' Black Spots», *BG* (24 de agosto de 1935).

17. «The New Chief», *The Birmingham Owl* (21 de julio de 1899), p. 9.
18. «Chief Constable Rafter. A Character Sketch», *Weekly Irish Times* (28 de octubre de 1899).
19. Percy Langridge, policía metropolitana: registro de delincuentes habituales de 1904, archivo 15.
20. «Ruffianism in Birmingham», *BM* (29 de junio de 1900).
21. Vince, *History of the Corporation of Birmingham, vol. IV*, pp. 226 y 246.
22. «Sentence on a "Peaky Blinder"», *Cheltenham Chronicle* (12 de enero de 1901). El agente Bennett se convertiría en superintendente jefe y se lo considera una figura clave en la represión de la *Vendetta* de Garrison Lane por llevar a los cabecillas ante la ley; «B'ham Former Police Chief Dies», recortable de periódico cortesía de Ruby Massa, nieta de Bennett.
23. «A Ruffian Silenced for a Time», *Ross Gazette* (10 de enero de 1901); «Penal Servitude for a Hooligan», *Sheffield Daily Telegraph* (10 de enero de 1901).
24. «Rowdysim in Garrison Lane», *BM* (10 de julio de 1901).
25. Walter G. Chinn, *From Victoria's Image (A Reminiscence in Reflection)* (manuscrito inédito, Birmingham, alrededor de 1978), p. 18.
26. «Ruffianism in Birmingham the Stipendiary's Resolution», *BM* (5 de noviembre de 1901).
27. J. Cuming Walters, *Scenes in Slumland: Pen Pictures of the Black Spots in Birmingham* (Birmingham, 1901), p. 5.
28. «The Gunter Case», *BM* (14 de diciembre de 1901).
29. «Verdict of Wilful Murder», *BM* (30 de octubre de 1901).
30. «Funeral of the Victim», *BM* (31 de octubre de 1901).
31. «The Gunter Murder Trial. Verdict and Sentences», *BM* (14 de diciembre de 1901).
32. T. J. Bass, *Hope in Shadowland* (Birmingham, 1903), p. 31; «The Birmingham Peaky Blinders», *BDG* (14 de diciembre de 1901).
33. Para el tema de la intimidación, véase «The Gunter case. Alleged intimidation of Witnesses», *BM* (7 de noviembre de 1901).
34. «Terrible Assault in Birmingham», *Coventry Herald* (31 de enero de 1902).
35. «The Murderous Attack on PC Blinko», *BDG* (15 de marzo de 1902).

36. «Murderous Attack on a Police Constable», *London Daily News* (29 de enero de 1902).
37. «The Murderous Attack on PC Blinko», *BDG* (15 de marzo de 1902).
38. *BDG* (25 de marzo de 1903).
39. Vince, *History of the Corporation of Birmingham. Vol. IV*, pp. 346.
40. *BDG* (13 de septiembre de 1905).
41. «Two Murder Trials», *BDG* (16 de diciembre de 1905).
42. Vince, *History of the Corporation of Birmingham, vol. IV*, pp. 346.
43. «Hooligan outrages», *BDG* (11 de enero de 1907).
44. «Night Adventure», *BDG* (19 de noviembre de 1912).
45. Davies, *Gangs of Manchester*, pp. 334–343.
46. Gooderson, *Gangs of Birmingham*, p. 255; véase también «Birmingham's Sporting Parson», *BDG* (11 de diciembre de 1934).
47. «The Rev. Arnold Pinchard», *Pall Mall Gazette* (4 de octubre de 1907); para el padre Jay, véase Raphael Samuel, *East End Underworld. Chapters in the life of Arthur Harding* (Londres, 1981), pp. 2, 19 y 286–288, y para Old Nicholl, véase Sarah Wise, *The Blackest Streets: The life and death of a Victorian slum* (Londres, ed. 2009).
48. Sarah Wise, «Inside the Skin of a Slum», *Church Times* (2 de julio de 2008).
49. J. R. C., «Peaky Blinders», p. 72.
50. «Table Talk», *BM* (16 de abril de 1881).
51. «Sparkbrook Boxing Club», *BDG* (12 de agosto de 1908).
52. «Changed a Bad Parish», *BDG* (11 de diciembre de 1934).
53. «Women's Election Preparations», *BDG* (23 de enero de 1929).
54. «Birmingham Kyrle Society in the Seven Dials», *BDP* (8 de julio de 1889); «The Birmingham Kyrle Society. A Proposed "Kyrle Hall"», *BDP* (27 de noviembre de 1891).
55. «The Birmingham Kyrle Society», *BDP* (27 de septiembre de 1893).
56. «Birmingham Street Boys Union», *BM* (27 de septiembre de 1906).
57. Arnold Freeman, *Boy Life and Labour: The Manufacture of Inefficiency* (Londres, 1914), p. 130.
58. Davies, *Gangs of Manchester*, pp. 343–44 y 353.

59. Véase, por ejemplo, «Aston Board School Football Association», *BDP* (12 de mayo de 1886); «Junior League», *Sports Argus* (21 de octubre de 1905).
60. Freeman, *Boy Labour*, pp. 110–115.
61. Davies, *Gangs of Manchester*, pp. 353–54.
62. Freeman, *Boy Labour*, p. 133 y pp. 88–89.
63. «Ruffianism in Birmingham the Stipendiary's Resolution', *BM* (5 de noviembre de 1901).
64. «Hooliganism Redivivus», *BM* (5 de noviembre de 1901).
65. «The Navigation Street Riot», *BDP* (25 de marzo de 1875).
66. T. J. Bass, *Everyday Life in Blackest Birmingham: Facts Not Fiction* (Birmingham, 1898), p. 9.
67. «Hooliganism in Birmingham», *BM* (13 de mayo de 1901).
68. «Police Attacked at Key Hill. Civilians to the Rescue», *BM* (27 de marzo de 1905).
69. Vince, *History of the Corporation of Birmingham vol. IV*, pp. 326–7.
70. «Local News and Jottings», *BM* (14 de diciembre de 1901).
71. «Birmingham Watch Committee», *BM* (13 de noviembre de 1901).
72. «Wanted», *Cheltenham Chronicle* (30 de julio de 1910).
73. «Cowardly Constable», *Worcestershire Chronicle* (19 de septiembre de 1903).
74. «Memories of Peaky Blinder Gangs», *Evening Despatch* (29 de enero de 1930).
75. «Murder of PC Lines», *BWP* (27 de mayo de 1955).
76. «News of the Day», *BDP* (2 de julio de 1900).
77. «Órdenes policiales del 17 de diciembre de 1901 al 8 de octubre de 1903».
78. «Testing the Police Staves», *BDP* (22 de noviembre de 1890).
79. «Notes and News», *BM* (9 de diciembre de 1890).
80. Walter Chinn, entrevista, BLA (número 2, 1979).
81. Véase «The History of Police Uniform in Manchester Up Until WW2», http://www.gmpmuseum.co.uk/collectionitem/the-history-of-policeuniform-in-manchester-upuntil-ww2/ (consultado el 15 de julio de 2018).
82. «Connaught Man», *Weekly Irish Times* (19 de octubre de 1907).
83. «Reservists and the Birmingham City Police», *BM* (11 de febrero de 1901).

84. «Table Talk», *BM* (24 de agosto de 1901).
85. «The Birmingham Police Force. Where The Recruits Come From», *BM* (26 de octubre de 1901).
86. Superintendente en jefe C. W. Lloyd, carta, BLA (18 de junio de 1987).
87. «Ex-Police Chief», *BDG* (13 de febrero de 1928).
88. «Half-Century of Police Service», *BDG* (6 de marzo de 1918).
89. «Juvenile Slogging Gangs», *BM* (21 de septiembre de 1918).
90. «The Resignation of Superintendent Walker», *BM* (6 de febrero de 1900).
91. «The Disappearance of Tramps», *BM* (4 de diciembre de 1915).
92. «Murder of PC Lines», *BWP* (27 de mayo de 1955).
93. «The Ten Arches Gang», *BM* (10 de enero de 1883); «Aston Police Cricket Club», *BDP* (18 de enero de 1895).
94. «Rowdyism at Ten Arches», *BDP* (22 de mayo de 1900).
95. George Hickling 145403, certificado de servicio, The National Archives, documentación de los soldados, «Archivos quemados» de la Primera Guerra Mundial (1915).
96. C. R. S., «Forward. How Birmingham is Changing», *BDG* (30 de diciembre de 1925).
97. «Less Crimes. Birmingham Returns», *BDG* (9 de mayo de 1929).
98. «Bricks and Bottles Thrown by a Hostile Crowd», *BDG* (21 de junio de 1910).
99. «Street Terrorists. Six Months' Hard Labour for Young Hooligans», *BDG* (15 de junio de 1920).
100. Dundee Evening Telegraph (21 de marzo de 1927).
101. «Terrorising Gang Sent to Prison. Expert Crooks' Crimes», *BDG* (8 de mayo de 1930).
102. Tampoco existe mención alguna de los *peaky blinders* en Deritend y Bordesley en la década de 1920, donde abundaban hasta unos años antes de la Primera Guerra Mundial. Véase, por ejemplo, Mary Elizabeth Shott, *Brum and Candlelight: A Walk Down Memory Lanes* (1995), y también Tom Golding, *96 Years a Brummie, 1889–1896* (1986).
103. Beattie Hamill, de soltera Carson, entrevista, BLA (1987).
104. Victor J. Andrews, *Patched Parts* [publicado originalmente por entregas en el *Sunday Mercury* como «I Remember Garrison Lane»] (Birmingham, 1999), p. 37–40.

Capítulo 4: Corredores de apuestas ilegales y una vendetta

1. Temporada 1, capítulo 1, *Peaky Blinders* (BBC2, 2013).
2. «Behind the scenes on the set of BBC drama Peaky Blinders», http://www.bbc.co.uk/news/av/entertainment-arts-23795850/behind-the-scenes-on-the-setof-bbc-drama-peaky-blinders.
3. Chinn, *Better Betting,* p. 102; y Geoffrey Floy, *Policing Birmingham,* p. 226 y p. 203.
4. Véase David Dixon, «"Class Law": The Street Betting Act of 1906», *International Journal of the Sociology of Law*, vol. 8 (1980), p. 109.
5. Charles Vince, *History of the Corporation of Birmingham, vol. IV (1900–1915)* (Birmingham, 1923), pp. 348–49.
6. Floy, *Policing in Birmingham,* p. 228.
7. Chinn, *Better Betting,* pp. 136–40.
8. «Year's Crime in Birmingham», *BDG* (1 de septiembre de 1920).
9. Chinn, *Better Betting,* pp. 136–40.
10. Harry Vokes, carta, BLA (1988).
11. Hetty Bradbury, carta, Archivo de Apuestas de Carl Chinn [de aquí en adelante AA], Biblioteca de Investigación Cadbury, Universidad de Birmingham.
12. Véase «Law on Betting», *BDG* (9 de mayo de 1913).
13. Chinn, *Better Betting,* pp. 109 y pp. 142–4.
14. Clements, «*Historia* Interviews: Steven Knight».
15. Albert Judd, entrevista, AA (1988).
16. Señor A. T. Richardson, carta, BLA (23.3.88).
17. George W. Langham, carta, BLA (1988).
18. Vokes, carta, BLA (1988).
19. Chinn, *Better Betting,* p. 125.
20. Richardson, carta, BLA (1988).
21. Carl Chinn, *The Anatomy of a Working-Class Neighbourhood: West Sparkbrook 1871 to 1914* (Universidad de Birmingham, tesis doctoral, 1986), p. 151.
22. «Successful Novel Police Ruse», *BDG* (17 de noviembre de 1928).
23. Chinn, *Better Betting,* p. 208.

24. William Chinn, entrevista, BLA (1987).
25. Señora V. G. Pullin (de soltera Foster), carta, BLA (2007).
26. Olga Packer, de soltera Pickering, entrevista (1988); y para saber más sobre las mujeres que apuestan, véase Chinn, *Better Betting*, pp. 144–47.
27. Richard Pickering, entrevista, AA (1993).
28. Chinn, *Better Betting,* pp. 130–31.
29. Katherine Clements, «*Historia* Interviews: Steven Knight», *Historia* (2 de mayo de 2016), http://www.historiamag.com/historiainterviews-steven-knight/
30. Jonathan Wright, «Peaky Blinders: behind the scenes with creator Steven Knight», *HistoryExtra,* (2018), https://www.historyextra.com/period/20th-century/peakyblinders-behind-the-sceneswith-creator-steven-knight/
31. Para los Burger Boys y Johnson Crew véase Caroline Gall, «Birmingham gangs: How two rivals poisoned a city's streets», (23 de Agosto de 2017) https://www.bbc.co.uk/news/uk-englandbirmingham-41024825
32. Censo de 1871, The National Archives, expediente: RG10; archivo: 3015; folio: 17; página: 27; número GSU: 838861.
33. Censo de 1881, The National Archives, expediente: RG11; archivo: 3013; folio: 108; página: 51; número GSU: 1341720.
34. Véase G. C. Allen, *The Industrial Development of Birmingham and the Black Country 1860–1927* (publicado por primera vez en 1929, Nueva York, edición de 1866), pp. 233–43.
35. Censo de 1891, The National Archives, expediente: RG12; archivo: 2413; folio: 76; página: 4.
36. Censo de 1911, The National Archives, expediente: RG14; archivo: 18165.
37. Censo de 1901, The National Archives, expediente: RG13; archivo: 2855; folio: 44; página: 38; y censo de 1911, expediente: RG14; archivo: 18357.
38. «Birmingham Police Court», *BM* (23 de abril de 1881).
39. «Riding without a Ticket», *BM* (10 de enero de 1884).
40. «Unprovoked Attack», *BDP* (6 de noviembre de 1895).
41. «Alleged Counterfeiters at Warwick», *Leamington Spa Courier* (4 de julio de 1896); «Counterfeiters get their Deserts», *Leamington Spa Courier* (11 de julio de 1896).

42. «Samuel Sheldon, 147», *Convicts on License 9* (Policía de Birmingham City, 1911–1912), Museo de la Policía de las Midlands Occidentales; «Samuel Sheldon, 2546», fotografías policiales (29 de octubre de 1907), Museo de la Policía de las Midlands Occidentales.
43. «An Intolerable Nuisance», *BDP* (29 de junio de 1886).
44. «Assaulting the Police», *BM* (14 de mayo de 1887).
45. «Another Rough Severely Punished», *BDP* (15 de noviembre de 1888).
46. «The Assault in Allison Street», *BDP* (3 de agosto de 1889).
47. «Disgraceful Assault on a Girl», *BDP* (5 de noviembre de 1889).
48. «Street Ruffianism», *BDP* (9 de julio de 1890).
49. «Committed for Trial», *BDP* (20 de marzo de 1895) y Samuel Sheldon, ficha policial (28 de octubre de 1907), QS/B/20/72.
50. Banns, St Laurence, Samuel Sheldon (22 de septiembre de 1890), número de referencia: EP 69/2/3/1; archivo: 12.
51. Censo de 1891, The National Archives, expediente: RG12; archivo: 2403; folio: 55; página: 12.
52. «The Most Lawless Part of Birmingham», *BDP* (28 de febrero de 1900).
53. Censo de 1901, The National Archives, expediente: RG13; archivo: 2855; folio: 37; página: 23.
54. Censo de 1911, The National Archives, expediente: RG14; archivo: 18264.
55. Amonestaciones de Saint James el Menor, Ashted, Ella Maria Small (6 de agosto de 1917). Número de referencia: DRO 10; Archive Roll: 643.
56. «Daring Robbery in Leicester», *Leicester Chronicle* (28 de julio de 1900).
57. Samuel Sheldon, ficha policial (28 de octubre de 1907), QS/B/20/72.
58. Véase https://www.legislation.gov.uk/ukpga/Geo4/5/83/section/4.
59. «The Stratford Road Riot», *BM* (5 de junio de 1905).
60. «Quarter Sessions», *BDG* (31 de octubre de 1907).
61. «Samuel Sheldon, 147», *Convicts on License 9*.
62. Joseph Sheldon, ficha policial (19 de noviembre), QS/B/20/94.
63. John Sheldon, oficina de Antecedentes Penales de la Policía Metropolitana que contiene los registros de los delincuentes habituales y documentos varios (1914).

64. «Charge of Uttering Base Coin», *Worcestershire Chronicle* (27 de junio de 1903).
65. «House Ransacked», *BDG* (20 de mayo de 1905).
66. Censo de 1901, The National Archives, expediente: RG13; archivo: 2855; folio: 32; página: 13; y «John Sheldon», ficha policial (17 de marzo de 1906), QS/B/20/112.
67. «Racecourse Pests», *Nottingham Evening Post* (3 de septiembre de 1919).
68. «John Sheldon», oficina de Antecedentes Penales de la Policía Metropolitana que contiene los registros de los delincuentes habituales y documentos varios (1903).
69. «Policeman and a Commission Agent» (21 de marzo de 1906).
70. Censo de 1901, The National Archives, expediente: RG12; archivo: 2403; folio: 62; página: 25
71. Correo electrónico de Janice Jackson (21 de noviembre de 2014); «William Beach», certificado de la milicia (22 de septiembre de 1898); «William Beach 24109», Canadá, expedientes del personal de la Fuerza Expedicionaria Canadiense, Primera Guerra Mundial, 1914–1918, caja 0530: Bea – Bel (Beach, Oliver – Beech, William James).
72. Margaret Beale, correo electrónico (1 de octubre de 2014).
73. Señor Beasley, entrevista, AA (1989).
74. Ray Lewis, entrevista, AA (1989); Terry Lines, correo electrónico (24 de febrero de 2014).
75. «Garrison Lane Vendetta», *Birmingham Gazette and Express* [de aquí en Adelante *BGE]* (14 de octubre de 1912).
76. «Shooting Affray», *BDG* (9 de enero de 1909).
77. «Shots in a City Street», *BDG* (22 de junio de 1908).
78. «Charles Jones», ficha policial (19 de noviembre de 1910), QS/B/20/112.
79. Superintendente en funciones, «Re Unlawful Assemblies in Watery Lane and district» (manuscrito a mano, 1909), Museo de la Policía de las Midlands Occidentales, p. 1.
80. Beasley, entrevista, AA (1989).
81. «Shooting Affray», *BDG* (9 de enero de 1909).
82. «Birmingham Vendetta», *BM* (30 de enero de 1909).
83. «Theft of Cheese», *BDP* (1 de mayo de 1900); «A Question of Time» *BDP* (29 de septiembre de 1900); «Peace and Goodwill», *BDG* (29 de diciembre de 1903).

84. «The Dartmouth Street Vendetta», *BDG* (3 de mayo de 1909); «Garrison Street Vendetta», *BGE* (20 de septiembre de 1920).
85. Superintendente en funciones, «Re Unlawful Assemblies in Watery Lane and District», pp. 1–2.
86. «Arthur Morris», ficha policial (26 de febrero de 1913), QS/B/20/110.
87. «Dartmouth Street Vendetta», *BED* (5 de mayo de 1909).
88. «William Beach», ficha policial, (26 de marzo de 1909), QS/B/20/83.
89. Lewis, entrevista, AA (1989)
90. «Garrison Street Vendetta», *BDG* (20 de septiembre de 1910).
91. «Garrison Street Vendetta Case», *BDG* (29 de noviembre de 1910).
92. «Garrison Street Vendetta. Heavy Sentences», *BDG* (1 de diciembre de 1910).
93. «Birmingham Stabbing Case», *BM* (25 de enero de 1911).
94. «Women Stabbed», *BDG* (22 de marzo de 1911).
95. «Garrison Lane Vendetta», *BM* (27 de marzo de 1912).
96. Beasley, entrevista, AA (1989).
97. Anónimo, 15 de octubre de 1912, «A BIRMINGHAM VENDETTA: MAN SHOT IN THE HEAD IN A PUBLIC HOUSE», *The Manchester Guardian* (1901-1959), 11.
98. «Garrison Lane Vendetta», *BGE* (30 de octubre de 1912).
99. «A Vendetta in Garrison Lane», *BDP* (7 de diciembre de 1912).
100. «Rival Gangs», *BDP* (5 de noviembre de 1912).
101. «Garrison Lane Vendetta», *BGE* (30 de octubre de 1912).
102. «Birmingham Vendetta», *News of the World* (8 de diciembre de 1912).
103. «Garrison Lane Feud», *BDP* (14 de octubre de 1912).
104. «Garrison Lane Vendetta», *BGE* (30 de octubre de 1912).
105. «Reign of Terror», recorte de periódico (Museo de la Policía de las Midlands Occidentales).
106. «Garrison Lane Vendetta», *BM* (7 de diciembre de 1912) y «Sentence Reduced», *BDG* (21 de enero de 1913).
107. «Watery Lane Shooting Affray», *BM* (20 de marzo de 1906).
108. «The End of the Peaky Blinders», *Sheffield Independent* (28 de junio de 1923).
109. «Racecourse Pests», *Nottingham Evening Post* (3 de septiembre de 1919).

110. Janice Jackson, correo electrónico, (21 de noviembre de 2014).
111. «William Beach 24109», Canadá, expedientes del personal de la Fuerza Expedicionaria Canadiense, Primera Guerra Mundial, 1914–1918, caja 0530: Bea – Bel (Beach, Oliver – Beech, William James). Le doy las gracias a Janice Jackson por avisarme de la existencia de este material. Para la batalla en la que Beach resulto herido, véase R.C. Fetherstonhaugh (editado y recopilado), *13th Battalion Royal Highlanders of Canada 1914–1919* (Canadá, 1925).
112. «William Beach», Midlands, Inglaterra, censo electoral, 1832–1955, pisos de protección oficial, 33 de Palmer Street, Deritend (1920).
113. Censo electoral de las Midlands, Inglaterra, 1832–1955: Charles Henry Street, Deritend, 1925; y The National Archives, registro de 1939; referencia: RG 101/5538I.
114. Registro civil de Inglaterra y Gales, índice de defunciones, 1916–2007, Samuel Sheldon, diciembre de 1943, Birmingham, volumen 6d, p. 638.
115. The National Archives, Registro de 1939; referencia: RG 101/5541B.
116. Registro civil de Inglaterra y Gales, índice de defunciones, 1916–2000, John Sheldon, diciembre de 1941, Birmingham, volumen 6d, p. 208.

Capítulo 5: Los auténticos líderes de las bandas de 1920

1. Temporada 1, capítulo 2, *Peaky Blinders* (BBC2, 2013).
2. William Kimber, W168959, copia certificada de nacimiento, Oficina del Registro (3 de febrero de 2005).
3. Censo de 1891, The National Archives, expediente: RG12; archivo: 2387; folio: 125; página: 37. Para un análisis completo de los orígenes de Kimber, véase Chinn, *The Real Peaky Blinders*, pp. 44–6.
4. William Kimber, The National Archives, HO140, ficha policial, archivo 239 (27 de octubre de 1904).
5. «Chase among the Chimney Pots», *Leominster News and North West Herefordshire & Radnorshire Advertiser* (5 de octubre de

1900); censo de 1901, expediente: RG13; archivo: 2853; folio: 155; página: 7.

6. William Kimber, The National Archives, oficina de Antecedentes Penales de la Policía Metropolitana que contiene los registros de los delincuentes habituales y documentos varios (1913).
7. William Kimber, ficha policial (27 de octubre de 1904).
8. William Kimber, amonestaciones, número de referencia: DRO 9; archivo: 608 (1 de noviembre de 1902).
9. Juliet Banyard, correo electrónico (7 de septiembre de 2013).
10. William Kimber, ficha policial (27 de octubre de 1904); «A Question of Identity», *BM* (29 de octubre de 1904).
11. «Trip Tickets», *BM* (29 de enero de 1906).
12. «After the Races. Sequel to the Birmingham Derby. Loiterers Sentenced», *BDG* (24 de mayo de 1907).
13. Censo de 1911, The National Archives, expediente: RG14; archivo: 24018.
14. Justin Jones, correo electrónico (27 de agosto de 2013).
15. Maude Kimber, Midlands, Inglaterra, censo electoral 1832–1955, West Birmingham, 5 Charlotte Street (1920 y 1925).
16. Banyard, correo electrónico (7 de septiembre de 2013).
17. Censo de 1911, The National Archives, expediente: RG14; archivo: 17989.
18. «Roughs of the Turf», *The Daily Telegraph* (13 de agosto de 1898). Para un análisis más profundo de los Brummagem Boys, véase Chinn, *The Real Peaky Blinders*, pp. 20–30.
19. «Cup Tie Prosecution», *Derby Daily Telegraph* (16 de enero de 1913).
20. Joseph Kimber, ficha policial, QS/B/20/64 (27 de julio de 1906); «Doncaster Police Court. After the St Leger», *Yorkshire Post and Leeds Intelligencer* (13 de septiembre de 1912); y «Scene at the Maze Races», *Northern Whig* (4 de agosto de 1913).
21. «Crowd Looks on While Constable is Attacked», *BDG* (17 de febrero de 1922).
22. Thomas McDonagh, 154 y 83, condenados en libertad condicional (Policía de Birmingham City, 1911–1912; Museo de la Policía de las Midlands Occidentales). «Slashed with a Razor», *BDG* (17 de junio de 1925).
23. McDonald, *Gangs of London*, p. 218 y p. 123.

24. Brian McDonald, *Elephant Boys Tales of London and Los Angeles Underworlds* (Edimburgo y Londres, 2000), p. 62
25. Brian McDonald, correo electrónico (28 de agosto de 2013).
26. McDonald, *Gangs of London*, pp. 125–28.
27. «A Charge of Stabbing», *Illustrated Police News* (20 de febrero de 1913).
28. «Alleged Wounding», *East London Observer* (15 de marzo de 1913).
29. *Illustrated Police News* (20 de febrero de 1913). En este testimonio, Tamplin aparece como Templar.
30. «After the Races», *Bedfordshire Advertiser and Luton Times* (17 de abril de 1914).
31. Véase Wray Vamplew, *A Social and Economic History of Horse Racing* (Londres, 1976), pp. 62–75.
32. Denny Green, entrevista, AA (2005).
33. Chinn, *The Real Peaky Blinders,* pp. 92–3.
34. «Englishmen Charged in Dublin», *Dublin Daily Express* (11 de mayo de 1917). Para Cope, véase Chinn, *The Real Peaky Blinders,* pp. 92–3.
35. W. Kimber, almirante 194: registros del Tribunal Militar, suboficial 86: oficina del Abogado Militar General: registros del Tribunal Militar Municipal, Gran Bretaña y El extranjero, archivo 078: Registro de Cargos: Gran Bretaña y el Extranjero (1917), p. 203 (11 de octubre de 1917).
36. «How Fortunes Have Been Lost and Won», *Hull Daily Mail* (14 de noviembre de 1931); Thomas Henry Dey, *Leaves from a Bookmaker's Book* (Londres, 1931).
37. Mike Huggins, *Horseracing and the British 1919–1939* (Mánchester, 2003), p. 21.
38. Tom Divall, *Scoundrels and Scallywags (And Some Honest Men)* (Londres, 1929), p. 199.
39. *Centenary Supplement of the «Sporting Chronicle»* (29 de mayo de 1971).
40. «Charge of Molesting Bookmakers», *The Times* (24 de junio de 1919).
41. Sam Dell, entrevista, AA (1987)
42. Dave Langham, entrevista, AA (1988).
43. Dell, entrevista, y Simmy Lewis (Simeon Solomon), entrevista (1988).

44. Dell, entrevista.
45. Chinn, *Better Betting*, pp. 177–8.
46. Divall, *Scoundrels and Scallywags*, pp. 207–8.
47. McDonald, *Gangs of London*, pp. 140–1.
48. «Desperate Thieves», *Daily Mail* (18 de octubre de 1919): 5. Archivo histórico del *Daily Mail*. Web: consultado el 2 de septiembre de 2018.
49. «Rogues of the Racecourse», *The Times* (17 de julio de 1920): 13. Archivo digital del *Times*. Web: consultado el 2 de septiembre de 2018.
50. McDonald, *Gangs of London*, p. 140 y pp. 103–128.
51. W. Bebbington, *Rogues Go Racing* (Londres, alrededor de 1947), p. 95.
52. Ali Harris, entrevista, AA (1987) y Dell (1987).
53. Tommy Garnham, entrevista, AA (2013).
54. Divall, *Scoundrels and Scallywags*, p. 199 y McDonald, *Gangs of London*, pp. 153–4.
55. Censo de 1901, expediente: RG13; archivo: 240; folio: 103; página: 42; y censo de 1911, expediente: RG14; archivo: 1191.
56. «Alfred Solomon 83939», certificado de servicio.
57. «Betting in City Road», *Hackney and Kingsland Gazette* (30 de agosto de 1907).
58. «Alfred Solomon, 83939», certificado de servicio.
59. Simmy Lewis (Simeon Solomon), entrevista, AA (1989).
60. Edward Greeno, *War on the Underworld* (Londres, alrededor de 1960), p. 17.
61. Moss Deyong, *Everybody Boo* (Londres, 1951), p. 55.
62. Para el relato completo del ataque de Armstrong, véase Chinn, *The Real Peaky Blinders*, pp. 68–9.
63. McDonald, *Gangs of London*, p. 160 y pp. 146 y 155–59.
64. Garnham, entrevista, AA (2013).
65. ALFRED SOLOMON, acusado del homicidio premeditado de BARNET BLITZ, The National Archives, Policía Metropolitana archivo 3/374, imagen 3.
66. Para la familia de Emanuel, véase el censo de 1871, The National Archives, expediente: RG10; archivo: 413; folio: 38; página: 1; número GSU: 824629; censo de 1841, The National Archives, expediente: HO107; archivo: 725; libro: 5; parroquia civil: Saint

Botolph Aldersgate; condado: Middlesex; distrito: 16; folio: 33; página: 2; línea: 8; número GSU: 438830; registro civil de Inglaterra & Gales, índice de defunciones, 1837–1915: Barnet Emanuel, (1873) Q3-jul-ago-sep E.

67. Censo de 1871, The National Archives, expediente: RG10; archivo: 413; folio: 38; página: 1; número GSU: 824629; censo de 1881, The National Archives, expediente: RG11; archivo: 567; folio: 75; página: 25; número GSU: 1341129; y censo de 1891, The National Archives, expediente: RG12; archivo: 376; folio: 82; página: 17. Para la familia de Emanuel, véase el censo de 1871, The National Archives, expediente: RG10; archivo: 413; folio: 38; página: 1; número GSU: 824629; censo de 1841, The National Archives, expediente: HO107; archivo: 725; libro: 5; parroquia civil: Saint Botolph Aldersgate; condado: Middlesex; distrito: 16; folio: 33; página: 2; línea: 8; número GSU: 438830; y registro civil de Inglaterra & Gales, índice de defunciones, 1837–1915: Barnet Emanuel, (1873) Q3-jul-ago-sep E.
68. Censo de 1891, The National Archives, expediente: RG13; archivo: 262; folio: 56; página: 22.
69. Edward Emanuel, ficha policial (25 de abril de 1902).
70. «North London», *London Evening Standard* (24 de diciembre de 1904).
71. Procedimientos de Old Bailey, contenido *online* (www.oldbaileyonline.org, versión 8.0, 24 de agosto de 2018); juicio de JOHN McCARTHY, septiembre de 1908 (27, contratista) (t19080908-48).
72. Censo de 1911, The National Archives, expediente: RG14; archivo: 1410
73. Prince, entrevista, AA (1987); Samuel, *East Underworld*, p. 131.
74. «A Whitechapel Case», *Sheffield Daily Telegraph* (22 de enero de 1912) y «The East End Gambling Raid», *East London Observer* (10 de febrero de 1912).
75. «Recruiting Scandal», *Lincolnshire Echo* (17 de septiembre de 1917), «London Gambling Den. Patronised Mostly by Jews», *Nottingham Evening Post* (17 de septiembre de 1917); *BDP* (18 de septiembre de 1917); «Aliens Crowd Police Court», *The People* (23 de septiembre de 1917).

76. «Aliens Crowd Police Court», *The People* (23 de septiembre de 1917); «£300 fine for Gaming», *Daily Mirror* (18 de septiembre de 1917).
77. Prince, entrevista, AA (1987) y véase también McDonald, pp. 145–6.
78. Raphael Samuel, *East Underworld: Chapters in the Life of Arthur Harding* (Londres, 1981), p. 131.
79. Prince, entrevista, AA (1987).
80. «£300 Fine for Gaming», *Daily Mirror* (18 de septiembre de 1917).
81. Censo de 1891, The National Archives, expediente: RG12; archivo: 201; folio: 96; página: 104.
82. Censo de 1901, The National Archives, expediente: RG13; archivo: 1616; folio: 7; página: 5.
83. «The Savoy Club Raid», *Globe* (12 de mayo de 1922); «The Raid on a Strand Club» y «The Police Raid on a Club», *Sunderland Daily Echo* (22 de mayo de 1902). «Always First to Start Betting», *Daily Herald* (7 de septiembre de 1931).
84. «Always First to Start Betting», *Daily Herald* (7 de septiembre de 1931).
85. Netley Lucas, *London and Its Criminals* (Londres, 1926), p. 76.
86. http://www.bbc.co.uk/programmes/profiles/3rgnlRdfWMFsMMwDXN14yW5/darby-sabini
87. Norman Lucas, *Britain's Gangland* (Londres, 1969), p. 23; y «Ugly violent criminals of the past» (22 de abril de 2005) https://www.telegraph.co.uk/news/uknews/1488384/Ugly-violentcriminals-of-the-past.html
88. Catharine Arnold, *Underworld London: Crime and Punishment in the Capital City* (Londres, 2012), pp. 284–6.
89. Edward T. Hart, *Britain's Godfather* (Londres, 1993), pp. 3, 6–7, 13, 15 y 56–71. El debate sobre la representación italiana de Sabini se benefició de las conversaciones que se mantuvieron con Sam Bernard, un estudiante de la Universidad de Birmingham que se graduó en 2017, cuyo trabajo de fin de carrera sobre la banda de Sabini supervisé.
90. Censo de 1911, The National Archives, expediente: RG14; archivo: 902.
91. Ottavio Sabini, Archivo Regional de Londres, número de referencia: p76/phi/016 (21 de diciembre 1913); y Doris Annie Amelia

Sabini, Archivo Regional de Londres, Registro de las Parroquias de Inglaterra, 1754–1906; número de referencia: p90/jud/005 (25 de enero de 1916).

92. The National Archives: HO45/23691, «Octavius Sabini, alias Darby Sabini Internment».
93. Lucio Sponza, *Italian immigrants in Nineteenth Century Britain Realities and Images* (Leicester, 1988), pp. 32–6; y https://www.genesreunited.co.uk/boards/board/ancestors/thread/1163482 (16 de julio de 2009).
94. David R. Green, «Little Italy in Victorian London. Holborn's Italian Community», *Camden History Review*, vol. 15 (1988), pp. 5–6.
95. «Serious Assault Cases», *Morning Post* (28 de diciembre de 1883).
96. Archivo Regional de Londres, Registro de admisiones y bajas escolares, número de referencia: LCC/EO/DIV03/LAS/AD/002; Registro civil de Inglaterra y Gales, índice de nacimientos de 1837–1915, Londres, Holborn, volumen: 1b, página: 683 (jul-ago-sep 1888). En este último aparece registrado como Q?tavia hHndley.
97. Registro civil de Inglaterra y Gales, índice de nacimientos de 1837–1915, Londres, Holborn, volumen: 1b, página: 76881 (ene-feb-mar 1881); Registro civil de Inglaterra y Gales, índice de nacimientos de 1837–1915, Londres, Holborn, volumen: 1b, página: 775 (ene-feb-mar 1883); y censo de 1871, The National Archives, expediente: RG11; archivo: 351; folio: 12; página: 17; número GSU: 1341076.
98. «Denies He Is King of Sabini Gang», *Sunday Post* (4 de julio de 1926); The National Archives: CRIM1/209; declaración de Charles Sabini, (5 de diciembre 1922); y The National Archives: HO45/23691, «Octavius Sabini, alias Darby Sabini Internment».
99. Censo de 1891, The National Archives, expediente: RG13; archivo: 253; folio: 170; página: 1
100. Archivo Regional de Londres, Registro de admisiones y bajas escolares, referencia: LCC/EO/DIV03/LAS/AD/002.
101. http://www.childrenshomes.org.uk/DruryLaneID/.
102. Shore, *Organised Crime*, p. 183.
103. Ottavio Sabini, Archivo Regional de Londres, número de referencia: p76/phi/016 (21 de diciembre de 1913); y Doris Annie

Amelia Sabini, Archivo Regional de Londres, Registro de las Parroquias de Inglaterra, 1754–1906, número de referencia: p90/jud/005 (25 de enero de 1916).

104. «Denied he was the King of the Sabini Gang», *Sunday Post* (4 de julio de 1926).
105. Shore, *Organised Crime,* pp. 186–7
106. *Globe* (20 de mayo de 1898).
107. «Serious Assault Cases», *Morning Post* (28 de diciembre de 1883); «Stabbing in Clerkenwell», *Islington Gazette* (30 de agosto de 1888).
108. «Italians in Trouble», *Islington* Gazette (27 de junio de 1895) y «Italian Stabbing case», *Henley Advertiser* (10 de marzo de 1894).
109. «Not Willing to be Killed for 5s 6d», *Islington Gazette* (24 de junio de 1909). A Darby se lo confunde a menudo con Charles. Sin embargo, este último nació en 1883, como indica la edad citada en este caso judicial y en los censos.
110. Procedimientos de Old Bailey, contenido *online* (www.oldbaileyonline.org, version 8.0, 27 de agosto de 2018): enero de 1910, proceso contra CORTESI, George (20, trabajador del alambre) SABINI, Vincent (24, conductor) (t19100111-46).
111. «Italian Affray», *Daily Telegraph & Courier* (28 de diciembre de 1909).
112. Censo de 1891, expediente: RG12; archivo: 223; folio: 58; página: 8.
113. Ficha policial, HO140, archivo 226 (3 de mayo de 1903); y The National Archives, Tribunal Penal Central: ficha policial tras el juicio, CRIM9, archivo 59, folio 5 (22 de abril de 1913).
114. Véase Chinn, *The Real Peaky Blinders,* p. 70.
115. Shore, *Organised Crime,* p. 178.
116. Prince, entrevista, AA (1987).
117. Dival, *Scoundrels and Scallywags,* p. 199.
118. Para Alf White véase McDonald, *Gangs of London,* pp. 101–2 y 139–40, y James Morton, *Gangland* (Londres, 1993), pp .29–31, 33–4 y 42–4.
119. «Crowd Shot at on Trotting Ground», *Nottingham Evening Post* (31 de marzo de 1921).
120. Greeno, *War on the Underworld,* p. 21.

121. «Ugly Scene at Race Meeting», *The Courier* (edición de Dundee) (25 de marzo de 1921).
122. «Crowd Shot at on Trotting Ground», *Nottingham Evening Post* (31 de marzo de 1921).
123. McDonald, *Gangs of London,* p. 156; Samuel, *East End Underworld,* pp. 204–5.
124. «Shot after Orgy», *BDG* (6 de abril de 1921).
125. «King's Cross Mystery», *Nottingham Journal* (29 de marzo de 1921).
126. «Hit First Then Shot», *BDG* (20 de abril de 1921).
127. «A Gang of Terrors», *Nottingham Journal* (28 de abril de 1921).
128. «Epsom Road Battle», *The Times* (4 de junio de 1921).
129. Para un análisis en profundidad de estos acontecimientos, véase Chinn, *The Real Peaky Blinders,* pp. 72–6.
130. «Racing Gang's Vendetta», *The Gloucester Citizen* (18 de agosto de 1921).
131. «Rival Bookies' Vendetta», *The Sunday Post* (21 de agosto de 1921).
132. «Racecourse Feud. Is it a Settlement?», *Western Daily Press* (5 de octubre de 1921).
133. The Bookmakers and Backers Racecourse Protection Association (BPA). *What It Has Done and What It Can Do, with YOUR Help,* National Association of Bookmakers File, «History» (1921).
134. Actas del Comité General, Bookmakers and Backers Racecourse Protection Association (BPA), (12 De septiembre 1921).
135. «The B.P.A.», *The Sportsman* (10 de diciembre de 1921).
136. Para un análisis complete de estos acontecimientos, véase Chinn, *The Real Peaky Blinders,* pp. 82–91.
137. McDonald, *Gangs of London,* pp. 167–185.
138. Actas del Comité General, Bookmakers and Backers Racecourse Protection Association (BPA), (15 de mayo, 12 de junio y 4 de septiembre).
139. «Sentence in Sabini Case», *Derby Daily Telegraph* (18 de enero de 1923).
140. «Wild West in London Club», *Nottingham Journal* (16 de enero de 1923).
141. Langham, entrevista, AA (1988).
142. «Racing Feud Sentences», *Pall Mall Gazette* (3 de noviembre de 1922).

143. «Attempt to Bribe Warders», *The Scotsman* (2 de julio de 1923).
144. «Club Tragedy Trial», *Hull Daily Mail* (18 de noviembre de 1924).
145. McDonald, *Gangs of London,* p. 182.
146. «A Terrific Hit», *Nottingham Journal* (18 de noviembre de 1924).
147. «A Silent Quarrel», *Sheffield Daily Telegraph* (10 de octubre de 1924).
148. «Club Tragedy Trial», *Hull Daily Mail* (18 de noviembre de 1924).
149. «Street Stabbing Affray», *Dundee Evening Telegraph* (24 de septiembre de 1924).
150. Alfred Solomon, Registro de Delincuentes Habituales de la Policía Metropolitana de 1927, archivo 39 (21 de febrero de 1927).
151. Para más información sobre las agresiones a los corredores de apuestas, véase «Assault on bookmakers», *Western Daily Press* (14 de octubre de 1924); para el caso de los puños de acero, véase «It was a Fight among the Jews», *Evening Telegraph* (edición de Dundee) (8 de junio de 1923) y «Alleged use of a Knuckleduster», *The Scotsman* (19 de junio de 1923).
152. «How We Outwitted a Rival Gang», *Topical Times* (19 de marzo de 1924).
153. «A Libel Action Discontinued», *Hull Daily Mail* (15 de diciembre de 1925).
154. «Sabini Bankruptcy», *Daily Herald* (11 de junio de 1926).
155. «Sabini's Admissions in Bankruptcy Court», *Dundee Evening Telegraph* (29 de junio de 1926).
156. Para la banda de Sabini y los clubs nocturnos, véase Morton, *Gangland,* pp. 27–8.; «Dispute Over a Bet», *The Citizen* (edición de Gloucester) (30 de octubre de 1929).
157. The National Archives, Archivo de la Policía Metropolitana 3/374: ALFRED SOLOMON acusado del homicidio con premeditación de BARNET BLITZ (imagen 2).
158. Bebbington, *Rogues Go Racing,* pp. 102–3.
159. «Racecourse Scene Sequel», *Coventry Evening Telegraph* (27 de julio de 1936).
160. Para un análisis en profundidad, véase Chinn, *Better Betting,* p. 182.
161. Norman Sherry, *The Life of Graham Greene, vol. 1, 1904–1939* (Londres, 1989), pp. 634–5.
162. Véase, por ejemplo, Morton, *Gangland,* p. 32.

163. Graham Greene, carta, AA (9 de mayo de 1988).
164. The National Archives, HO 45/23691, Archivos de la Guerra: «Octavius Sabini, alias Darby Sabini, alias Frederick Handley, notorious race-course gangster and racketeer: internment» (1940–1941).
165. «Heavy Sentence on Receivers», *Kent & Sussex Courier* (25 de junio de 1943).
166. «£50 Produced from Sock», *Mid Sussex Times* (16 de mayo de 1945); Registro Civil, índice de defunciones de 1916–2007, volumen: 5h, página: 351, Hove, Sussex, Ottavio Sabini (diciembre de 1950).
167. Morton, *Gangland*, pp. 31–2.
168. Registro de 1939; The National Archives, referencia: RG 101/2511A.
169. Annie Emma Sabini, Registro General de Actos de Última Voluntad (Índice de Testamentos y Administración de Sucesiones), 1858–1966 y 1973–1995 (30 de octubre de 1978).
170. McDonald, *Gangs of London*, p. 188; «Nottingham Bookmaker Fined», *Nottingham Evening Post* (23 de marzo de 1925).
171. Registro General de Inglaterra y Gales, Holborn, (agosto–septiembre de 1926) volumen: 1b, página: 1341 (19 de julio de 1926).
172. Registro civil de Inglaterra y Gales, índice de defunciones de 1916–2007: Maud B Kimber, volumen: 6d, página: 11 (1926, Q3-jul-ago-sep K).
173. McDonald, *Gangs of London*, pp. 344–5.
174. Federal Bureau of Investigation (FBI), «Subject: Murray Humphreys», https://archive.org/details/MurrayHumphreys
175. McDonald, *Elephant Boys*, pp. 102–31.
176. Stuart McGurk, «Peaky Blinders creator Steven Knight on last night's cliffhanger and the all-out war to come», *GQ* (16 de noviembre de 2017), (https://www.gq-magazine.co.uk/article/peaky-blinders-creatorsteven-knight-on-last-nightscliffhanger-and-the-all-out-warto-come).
177. «Birmingham's Gunman», *BDG* (4 de marzo de 1933).
178. McDonald, *Gangs of London*, pp. 262–4.
179. *Ibid.*, y James Spenser, *Limey. An Englishman Joins the Gangs* (Londres, 1934).

180. *The Western Morning News* (18 de abril de 1938); y «Late Mr Bradshaw Smith», *Devon and Exeter Gazette* (25 de octubre de 1940).
181. William Kimber, England & Wales, Registro General de Actos de Última Voluntad (Índice de Testamentos y Administración de Sucesiones), 1858–1966 y 1973–1995 (20 de octubre de 1945).
182. Véase Chinn, *The Real Peaky Blinders,* pp. 100–1.
183. Censo electoral de 1832–1965, Londres, Inglaterra: Hackney, Portsea Works; y véase Pam Fox, *The Jewish Community of Golders Green: A Social History* (Stroud, 2016).
184. Registro civil de Inglaterra y Gales, índice de defunciones de 1916–2007, volumen: 3a; página: 948, Edmonton, Essex: Edward Emanuel (marzo de 1943).
185. Elizabeth Mary Emanuel, Registro General de Actos de Última Voluntad (Índice de Testamentos y Administración de Sucesiones), 1858–1966 y 1973–1995 (3 de febrero de 1951).
186. *Yorkshire Post and Leeds Intelligencer* (10 de octubre de 1924).

Epílogo

1. Temporada 3, capítulo 2, *Peaky Blinders* (BBC2, 2016).
2. Carl Chinn, «We All Come from Round Sora: Italians in Birmingham», en *The Duty of Discontent. Essays in Honour of Dorothy Thompson,* Owen Ashton, Robert Fyson and Stephen Roberts (ed.), (Londres, 1995), pp. 255–7.
3. Doreen Hopwood y Margaret Dilloway, *Bella Brum: A History of Birmingham's Italian Community* (Birmingham, 1996), p. 2.
4. Chinn, «We All Come from Round Sora», pp. 258–9; «Serious Affray in Bartholomew Street», *BDP* (24 de abril de 1886).
5. «Importing Organ grinders», *BDP* (3 de febrero de 1891).
6. Censo de 1901, expediente: RG13; archivo: 2868; folio: 95; página: 32; y Registro de 1939; The National Archives, expediente: RG78, archivo: 18142; Chinn, «We All Come from Round Sora», p. 260.
7. «Unemployed and the War Memorial», *BDM* (17 de julio de 1922).
8. «Angry Italians», *BDP* (4 de febrero de 1893).

9. Victoria Hooper (de soltera Jennings), «Gran and Granddad Ciangretta's Family», *Carl Chinn's Brummagem Magazine*, número 194 (mayo de 2017), p. 6.
10. Pam Overthrow, carta (14 de mayo de 2018).
11. «Unemployed and the War Memorial», *BDM* (17 de julio de 1922).
12. Charles Alberici, manuscrito inédito, BLA, (s.f.), pp. 14–15.
13. Hooper, de soltera Jennings, «Gran and Granddad Ciangretta's Family».
14. «Deaths on Active Service», *BM* (30 de septiembre de 1944).
15. Para un análisis completo y detallado de estos temas, véase Maria Konnikova, «Why Do We Admire Mobsters?», *The New Yorker* (16 de septiembre de 2015), https://www.newyorker.com/science/maria-konnikova/whydo-we-admire-mobsters

Principal de los Libros le agradece la atención dedicada a *Peaky Blinders*, de Carl Chinn. Esperamos que haya disfrutado de la lectura y le invitamos a visitarnos en www.principaldeloslibros.com, donde encontrará más información sobre nuestras publicaciones.

Si lo desea, también puede seguirnos
a través de Facebook, Twitter o Instagram
utilizando su teléfono móvil
para leer los siguientes códigos QR: